새로운 세상의 문 앞에서

홍세화와 이송희일의 대화

새로운 세상의 문 앞에서
홍세화와 이송희일의 대화

2022년 2월 25일 초판 1쇄 펴냄

대담 홍세화, 이송희일
편집 박장호
펴낸이 신길순

펴낸곳 (주)도서출판 삼인
전화 02-322-1845
팩스 02-322-1846
이메일 saminbooks@naver.com
등록 1996년 9월 16일 제25100-2012-000046호
주소 (03716) 서울시 서대문구 성산로 312 북산빌딩 1층

디자인 끄레디자인
인쇄 수이북스
제책 은정

ISBN 978-89-6436-213-6 03300

값 17,000원

새로운 세상의 문 앞에서

홍세화와 이송희일의 대화

삼인

코로나 바이러스가 침입한 이래, 지난 2년 동안 하루 만 보 걷기를 하면서 물러남에 대해 생각했다. 그 방식으로 소실점의 상을 떠올리곤 했다. 나는 KTX 열차를 탈 때마다 일부러 역방향 좌석을 택한다. 앞으로 나아가지 않고 뒤로 물러난다. 빠른 속도로 물러나고 또 물러나 마침내 소멸되는 그런 상을 머릿속에 그렸다. 집 안을 정리하고 책과 옷을 정리했다. 그랬던 내가 출판사의 대담 요청에 선뜻 응했다. 행동이 생각을 거역하는 일이 또 생긴 것이다. 《한겨레》 칼럼을 그만 쓸 때가 됐다고 생각했던 게 3년 전부터의 일인데 여전히 쓰고 있듯이. 최근에 월간 《작은책》 기고를 1년 더 연장키로 했듯이. 나로선 어렵고 또 어려운 글쓰기인데 아직 글쓰기에서 물러날 생각이 없는 것이다. 말하기도 글쓰기와 다르지 않아서 선뜻 대담에 응했던 걸까, 아니면 할 말이 아직 많이 남아서일까. 아무튼 그렇게 이송희일 감독과의 여섯 차례 만남이 이루어졌다.

성소수자와 난민 출신의 만남. 티 없는 소년의 마음으로 그저 좋았다. 그와 만나면서 타자의 철학자, 에마뉘엘 레비나스Emmanuel

Lévinas의 "타자를 존중하고 타자와 인격적 관계를 맺어야 나라는 존재의 유한성을 극복할 수 있다."라는 말을 느꼈다. 우리는 부딪칠 일이 없었고 부딪치지 않았다. 아리스토텔레스였나, 돈독한 인간관계는 세계를 같이 바라볼 때 가능하다고 했던 이가. 우리가 그에 버금갔는데, 그러면 대담이 흥미 없지 않았겠느냐고? 나는 대담을 통해 이송 감독한테서 많이 배웠다. 얼마 전부터 《르 몽드》 읽기를 거의 멈춘 나에게 이송 감독은 탁월한 외신기자 이상의 식견과 정보로 세계의 최근 소식에 대해 일깨워 주었다. 특히 기후위기의 실상과, 한국 정부와 다르게 대처하고 있는 외국 정부들과 세계 시민들의 움직임에 대해. 한편 직업이 작용한 걸까, 그와 나의 만남은 영상과 글의 만남이기도 했다. 설령 글로 용해되었다 해도 그 둘이 조화를 이루어 독자들에게 돋보일 수 있으면 참 좋겠다.

그 무엇보다 두 사람이 소수자와 사회적 약자의 처지에서 만났다는 점이 중요한 의미를 가질 것이다. 일종의 동병상련이랄까. 차별금지법이나 생활동반자법이 제정되지 않아 시민권조차 갖지 못한 이송 감독은 두말할 것도 없고, 난민·이주노동자 출신이라는 정체성에서 벗어날 수 없는 나 또한 한국 사회에, 그 주류 세력에게 던질 말이 적지 않다. 누군가 말했듯이 어느 날 눈 뜨니 선진국이 되었다는데, 그와 동시에 반지성주의와 차별과 혐오를 낳은 편견과 몰상식이 판치는 경제 동물의 사회, GDP 인종주의의 나라 아닌가.

어디선가 나는 어쭙잖게 이렇게 말했다. 『나는 빠리의 택시운전사』
가 없었더라면, 파리의 센강 변에서 소멸했을 존재의 자리에서, 사
물과 현상을 보고 사회적 발언을 했을 것이라고. 귀국을 결정했을
때 스스로에게 했던 다짐이었는데 그 뒤 20년의 세월이 흘렀다. 그
다짐은 감히 말하건대 변하지 않았고 변할 수 없었다. 세상이 변하
지 않았듯이. 다만 동년배들 중에 세상을 등진 이가 적지 않아 서
두에 말한 물러남과 소실점에 대한 상념이 떠나지 않게 되었을 뿐.
태어난 시대의 울타리를 벗어날 수 없어서일까. 돌아보니 계속 장
조가 아닌 단조의 삶을 살았는데, 젊은 시절에는 그 기조가 분노였
다면 이젠 그것이 쓸쓸함으로 바뀌고 있을 뿐.

기후위기, 소수자와 차별, 노동, 교육, 진보정치, 언론과 민주주의라
는 여섯 개의 주제에 관해 얘기를 나누었는데, 모든 주제가 정치로
수렴되는 것은 당연한 일이었다. 프랑스의 어느 신부는 "정치는 본
디 고귀한 것"이라고 말했다. 보이지 않는 사회적 연대의 실현이 정
치의 소명이기 때문이라고 했다. 여전히 분노의 눈빛으로 살림('죽
임'의 반대말로서)과 돌봄의 정치를 애타게 찾는 것은 너무나 많은
고통과 불행과 죽음이 있어서다. 오늘도 《한겨레신문》에서 산재로
죽임을 당한 노동자의 소식을 또 만날 것인가. 대부분은 서사도 없
이 다만 몇 명이라고 숫자로 표시된 채로. 현 집권세력에 대해 날
선 말이 나오지 않을 수 없었다. 대담 와중에 자꾸만 10년 전의 일

이 떠올랐다. 깜냥도 없이 진보신당 대표가 되었을 때 '배제된 자들의 서사'를 화두로 2012년 총선에 임했는데, 완벽한 실패였고 패배였다. 그때 당의 상징색이었던 붉은색은 새누리당(국힘당)에게 빼앗겼고, 당명은 통합진보당에 침범당했다. 노년의 쓸쓸함도 회한의 기억을 없애지 못한 듯하다.

'대전환'이라는 단어가 스스로 말해주듯이 모든 것을 바꿔야 한다. 아니, 바꾼다는 말로 부족하다. 뒤엎어야 한다. 뒤엎지 않고서는 대전환을 이룰 수 없다. 후대 몫까지 수탈하는 기후위기, 동시대인들을 착취하고 수탈한 결과물인 불평등과 차별에 맞서 정치는, 그리고 시민은 응답해야 한다. 그 도정에 이송 감독과 나의 날선 말들과 들춰낸 불편한 기억들이 작은 그림자라도 얹을 수 있기를 바란다.

이 대담을 기획, 추진하신 홍승권 삼인출판사 부대표님과, 대담에 성실히 임해주신 이송희일 감독께, 그리고 대담을 기록하고 편집하느라 가장 애를 많이 쓰신 박장호 시인께 감사드린다.

이송희일

4년 전, 마음의 병을 치유하고자 자전거에 텐트를 얹은 채 정처 없이 전국의 오지를 돌아다녔다. 3,700킬로미터, 3개월간의 여행. 기어이 왼쪽 무릎이 망가져 못자리 찾듯 떠도는 여행이 되고 말았는데, 공교롭게도 그 오지들 속에서 목도한 것은 나보다 더 망가지고 있는 세계의 풍경들이었다.

쥐 죽은 듯 소멸하고 있는 농촌, 일요일엔 버스가 끊기는 스산한 어촌 마을들, 전신주에 걸려 찢어진 채 나부끼는 태양광 반대 플래카드들, 그 와중에 골프장과 호화 리조트를 짓겠다고 닥치는 대로 파헤쳐진 해안가 오지들, 라면과 소주를 들고 비닐 움막으로 들어가는 검은 낯빛의 이주노동자들.

서울살이에 부대끼며 영화 만든다고 바빠 살아오면서 까무룩 잊고 살았던 실재의 풍경들. 훨씬 더 나빠지고 있었다. 고흥의 어느 해안가 마을에서 우연히 만났던 70대 노인이 바다를 보며 짓던 그 쓸쓸한 표정이 선연하다.

"자식들도 서울로 떠났고, 마을에도 사람이 없는데, 이젠 전어도 안 잡혀. 물고기들도 다 떠났나 봐."

왜 이 세계는 점점 나빠지고 있는 걸까. 병을 고치려고 떠난 여행길이었는데, 소멸의 풍경들과 궁금증만 잔뜩 이고 돌아왔었다. 내친김에, 마치 답을 찾듯이 세계의 오지들을 더 둘러보고 싶었다. 그렇게 3년여 동안 SNS와 인터넷을 밤낮으로 뒤적이며 미처 보지 못한 다른 나라 풍경들을 응시했다. 지금껏 살아오면서 이렇게 몰두한 적이 없었다. 그 덕에 마주하게 된 지구 곳곳의 표정들.

여지없이 세계의 모서리들이 기후위기와 불평등으로 부서져 내리고 있었다. 아마존과 인도네시아 열대우림은 소고기와 팜유 생산에 희생되어 불타오르고, 중앙아메리카의 기후 난민들은 생존의 길을 찾아 미국 장벽을 두드리고, 아프리카와 마다가스카르에선 수백만 명이 가뭄 때문에 굶주리고, 재생에너지 개발이라는 미명하에 전 세계 원주민들이 삶의 터전에서 쫓겨나고, 이란에선 물 부족 때문에 시위를 하다 사람들이 총에 맞고, 남미 볼리비아에선 리튬 때문에 쿠데타가 일어나고, 미국 아마존 물류 창고에선 화장실 갈 시간이 없어 노동자가 오줌통에다 볼 일을 보고 있었다. 그러나 여봐란듯이 세계의 불평등은 더욱 가속화되고 있고, 아마존의 제프 베조스와 테슬라의 일론 머스크 같은 억만장자들은 축포를 터뜨리듯 관광용 우주선을 쏘아대며 허공에 돈을 뿌려대고 있었다. 그런데도 기후위기 대응을 주장하는 자칭 한국 환경단체와 전문가들의 상당수가 테슬라의 전기자동차에 열광했다.

그로테스크. 세상은 왜 점점 기이해지는가. 피상적으로만 인지하던 실재의 부조리를 목도한 듯했다. 그동안 딱 손바닥 크기의 앎에 의지한 채 얼마나 편협하게 세상을 읽어왔는지 조금은 깨달은 것 같았다. 앓고 있던 마음의 병은 세계에 대한 앎의 의지와 근심으로 전이됐다. 역설적이게도 되레 그게 마음의 근육을 키운 걸까. 나의 가치관은 종전보다 왼쪽으로 더 휘어졌고, 세계가 급진적 기획 속에서 바뀌지 않는 한 인민의 삶과 생태계는 더욱 처참하게 부서질 거라는 확신이 들었다.

미력하나마 보고 느낀 것들을 사람들과 소소하게 공유하고자 접어뒀던 SNS를 다시 시작했다. 일기를 쓰듯, 그렇게 눈에 담아뒀던 풍경들을 묘사하고 있던 차에, 우연히 출판사로부터 대담 제안을 받았다.

내내 망설였다. 체계적으로 이론 공부를 했거나 사회운동을 지속한 것도 아닌 데다, 설익은 언어들에 대한 걱정이 앞섰다. 나에게 '책'이란 여전히 세상을 독해하는 현자들의 돌이었다. 감히 엄두가 나지 않았다. 줄곧 영화나 만들던 사람이 정연하게 이야기를 풀어낼 수 있을까, 하는 의심에 짓눌렸다. 그러던 차에, 대담 상대가 홍세화 선생님이라는 소식이 귓등에 내려앉았다.

살아가면서 평소 존경하던 시대의 스승과 대담할 수 있는 기회가 주어진다는 건 분명 행운일 것이다. 그 귀한 기회를 놓치고 싶지 않은 마음이 걱정과 기우보다 앞섰다. 부슬부슬 비가 내리는 늦가을 오후 선생님을 처음 뵈었고, 그렇게 여섯 번의 대담이 시작됐다. 기후위기, 불평등, 노동, 사회적 차별, 교육, 진보정치, 언론 등에 관한 사유의 실타래를 풀어놓았다.

배움의 시간이었다. 선생님이 정확하고 명료한 인식 틀로 한국 사회의 맥을 짚었다면, 나는 주관과 경험치에 의거해 디테일에 집중했던 것 같다. 하지만 '비관'이 희망을 압도한다는 점에서는 공히 같은 감정선이었다. 여전히 기후위기 대응은 일천하고, 사회 도처에 흑마술처럼 백래시가 도래하고 있고, 조직화된 자본에 비해 노동의 힘은 미약하기 짝이 없다. 흑백의 진영 논리와 반지성주의가 지배하는 공론장은 더 나은 정치적 가치들을 사산시키고 있다. 또 역대 최악의 비호감 대선인데도, 사회운동과 진보정당은 그 앞에서 비틀비틀 맥을 못 추고 있다. 불평등이 아니라 온통 능력주의와 공정 담론에 정박된 우리 시대의 풍경은 분명 정신의 그믐일 터다.

희망은 존재하는 걸까. 당연히 존재한다. 절망이 없으면 희망도 없는 까닭이다. 그만큼 절망이 압도하는 시대니까.

"우리에게 희망이 주어진 것은 오로지 희망이 없는 사람들을 위해서이다."

허버트 마르쿠제Herbert Marcuse의 『일차원적 인간』의 맨 마지막 문장을 가끔 곱씹는다. 희망이 없기 때문에 희망을 찾아야 한다는 역설이 우리의 삶을 채근하는 동력일지도 모르겠다. 그게 우리가 부서지는 세계의 귀퉁이에 앉아 희망을 물레질해야 하는 이유일 것이다. 이 대담은 그 희망의 이유를 찾는 여정이었다.

왜 탈성장이어야 하는가

#기후위기의 원인 #인류세 #자본세

#기후운동 #체제 전환 #프론트 라인(제3세계 기후 약자)

#기후 난민 #우익 정치

#COP26 #탄소중립 #재생에너지 #기술·성장주의 중독

#기후 인터내셔널 #소유에서 관계로 #성장에서 성숙으로 #생태공동체

#IPCC 6차 보고서 #식량 위기 #미래 세대 #어린이 투표권

이송희일(이하 '희일') 선생님, 안녕하세요? 저는 영화 만드는 이송희일이라고 합니다. 평소 존경하던 선생님과 이렇게 귀한 만남 갖게 돼서 영광입니다.

홍세화(이하 '세화') 안녕하세요, 저는 홍세화입니다. 만나서 반갑습니다. 아… 그런데 제가 감독님 작품을 본 게 없어서… 작품을 보고 나오는 게 예의인데 그러질 못했네요. 감독님 작품을 어디에서 볼 수가 있을까요?

희일 왓챠에서는 몇 편 서비스가 되고 있더라고요.

세화 아, 그래요? 왓챠?

희일 요즘 OTT 서비스가 많이 생겼는데요, 너무 많이 생겨서 저도 몇 개만 알고 있는데, 넷플릭스는 아니고 한국에서 운영하는 OTT 서비스가 있거든요. 그런데 제 작품은 안 보셔도 됩니다. 부족한 영화거든요. (웃음)

세화 그럴 리가요. 꼭 찾아보도록 하지요.

희일 (웃음) 우리 대담이 모두 끝난 직후에 프랑스에 가신다고 들었어요. 프랑스에 가시면 자가 격리는 안 하시는 거예요?

세화 네, 그쪽은 없어요. 한국보다는 자유롭습니다.

희일 격리 1일도 없이 그냥 바로 들어가시나요?

세화 네.

희일 역시 프랑스구나!

세화 뭐 유럽 쪽은, 영국은 더하고요. 지금 뭐 마스크도 안 하고 다
니고(2021년 10월 기준).

희일 백신 안 맞고 들어가도 그런가요?

세화 비행기를 타려면 백신 접종 확인서가 필요할 거예요. 프랑스
안에서 카페나 식당에 들어가려면 백신 패스가 필요하고요.
지금도 확진자가 하루에 한 4,000명 나온다고 하던데(2022
년 1월에는 하루 30만 명이 넘는 확진자가 나왔음)… 영국은 더 많
고요.

희일 내년으로 넘어가면 코로나랑 그냥 같이 살 거 같아요.

세화 네, 그럴 것 같네요. 그런데 한국은 '위드 코로나'에 대한 경계심이 큰 것 같아요. '위드 코로나', 이미 할 수도 있는데. 제가 워낙 불온한 시각을 갖고 있는 탓인지 모르겠습니다만, 문재인 정부가 위기관리 차원에서 코로나 사태를 계엄령 비슷하게 이용하는 측면이 있다고 생각해요. '코로나 계엄'이란 말을 모 교수가 처음 사용한 것 같은데… 예를 들어, 부동산 폭등에 대한 민중의 집단적인 분노가 촛불집회로 표출될 수도 있었잖아요. 그걸 코로나가 막아주었죠. 민주노총 집회에 문 정권이 코로나를 빙자하여 과잉 반응을 보이는 것도 그런 움직임을 미연에 방지하려는 게 아닌가 싶기도 하고. 삼성의 이재용 부회장 가석방에 대한 불만도 마찬가지고요. 그런 걸 코로나가 다 막아준 셈이 됐지요.

희일 그렇네요.

세화 유럽에 비하면 한국은 좀 통제가 심한 것 같아요.

기후위기, 인류세가 아니라 자본세!

세화 아, 기후위기~~ 글쎄요… 뭐, 지금 팬데믹 상황이고 하니까 그 얘기를 좀 하게 됐네요.

그런데 '인류세'라고 하잖아요? 인류세… 저는 그 '인류세'라는 말보다 '자본세'라고 해야 한다는 일부 사람들의 견해에 공감하죠. 인류세라고 하면, 인류가 탄생한 지 수십만 년 지났는데, 기후위기가 그 긴 세월 전체에 걸쳐 축적된 문제가 아니잖아요. 결국 인간의 문제라고 할 수 있지만, 자본주의가 약 500년의 역사를 통해서 주도해 온 성장주의가 야기한 문제잖아요. 자본주의가 문제의 핵심이라는 걸 곧바로 드러나지 않게, 슬쩍 호도하려는 의도가 '인류세'라는 말에 담겨 있지 않나 이런 생각이 드는 거예요. 그래서 '자본세'라는 말이 훨씬 더 온당한 규정이다, 이렇게 생각을 하죠. 기후위기라는 것은, 팬데믹도 마찬가지고요, 자연의 역습이랄까, 기본적으로 그런 생각을 저는 하죠. '지구가 네 개 필요하다'는 얘기를 하는 정도니까. '자연의 역습', 거기에 인간이 제대로 대응할 수 있을지는 여전히 의문이고요. 그런 얘기 많이 해왔잖아요. "인류의 종말은 상상할 수 있지만 자본주의의 종말은 상상할 수 없다."

희일 (웃음)

세화 그만큼 문제의 해법을 찾으려면 자본주의의 이 강고함을 어떻게 극복할 수 있을지를 논의해야 한다고 봐요.

희일 요즘 매일 아침 일어나면, 영미권의 좌파들이나 기후 활동가들을 팔로잉한 구독용 트위터 계정을 우두커니 바라봐요. 그 사람들이 올려놓은 사진도 보고요. 한 2년 가까이 아침에 커피 한잔하면서 그걸 보는 게 루틴이 되었는데, 급속도로 확 바뀌는 게 보이더라고요. 가장 인상적이었던 장면 중에 하나가 한 언론사 사진기자가 찍은 사진이에요. 작년이었죠? 미국 캘리포니아 쪽에 굉장히 큰 산불이 일어났는데, 불길이 번져 요양원까지 위협하는 거예요. 요양원에는 할머니·할아버지 들이 다 모여 있잖아요? 화염과 연기에 휩싸인 요양원 푯말에 "마스크 착용, 손 씻기, 사회적 거리두기, 안전 유지, 우리와 함께하십시오"라는 문구가 적혀 있는 거예요. 굉장히 상징적인 장면이라고 생각했어요. 코로나와 기후위기, 그 두 개가 사진 한 샷 안에 들어가 있더라고요. 미국에서 작년 8월쯤 굉장히 화제가 된 사진이었어요.

그리고 그즈음 유명한 과학자가 한 칼럼에서 "앞으로 우리들은 언젠가 2020년을 평화로운 해로 기억하게 될 것이다. 향후 기후위기가 계속 몰아닥치면, 2020년을 정말 그리워하게 될 것이다."라고 이야기했어요. 2021년이 되니까 실제로 유럽의 산불이며, 독일의 홍수며, 너무 긴박하게 몰아치는 거예요. 그 과학자의 말이 현실이 되는 게 아닌가 싶었어요. 거기에 전력난까지 발생하고 있고요.

오늘 여기 오면서 관련 기사들을 좀 읽었는데요, 지금 중국,

유럽, 인도, 브라질 등에서 동시다발적으로 일어나는 전력난이 1970년대 오일쇼크를 연상시킨다고 하더라고요. 산불에 홍수에 에너지 위기까지 이거 정말 큰일 난 거 아니냐는 거죠. 그 면면들을 보면 2021년은 정말 종합적인 기후위기 풍경을 눈앞에 보여준다는 생각이 들어요. 마치 예고편처럼 말이죠.

어떤 학자는 또 이런 얘길 하더라고요. 코로나가 전 세계 팬데믹이 되었던 것은 유럽을 먼저 쳤기 때문이라고요. 이탈리아를 시작으로 유럽의 한복판에서 시작된 거잖아요. 만약 코로나가 제3세계에서 발생했고 거기에서 게토화되는 전염병이었으면, 이렇게 크게 봉쇄령을 내린다든지 전 세계적으로 호들갑을 떨지 않았을 텐데, 유럽 정중앙을 치니까 난리가 났다는 거예요. 기후위기도 마찬가지인 것 같아요. 그동안 기후위기와 관련해서 북반구 사람들은 절실하게 대응하지 않았거든요. 아프리카를 비롯해 제3세계가 기후위기로 부서져 내리고 있는데도 그저 늑장만 부렸었죠. 근데 2021년 여름, 독일에서 수백 명이 홍수로 목숨을 잃었잖아요? 캐나다랑 미국에서는 큰 산불이 일어나고요. 서구 북반구 중심에서 홍수며 산불이 나니까 이제야 부랴부랴 난리가 난 거죠. 그 와중에 겨울을 앞두고 에너지 위기까지 터지고요. 그 과학자 말처럼 이러다가는 정말 2020년이 평화로운 해로 기억될 수도 있겠다는 생각이 들더라고요.

세화 예, 그렇죠. 실제로 소위 선진국이라 불리는 미국이나 유럽의
고소득 국가를 중심으로 세계 언론이 움직이죠. 기후위기 문
제도 연구자들이 계속 연구해 온 것인데, 탄소의 축적이라든
지 이런 것을 주로 영국 등 자본주의 선발 국가들부터 책임져
야 한다는 목소리도 있지만, 지금까지 계속 피해를 봤던 쪽은
이른바 제3세계 후발 국가들 쪽이었어요. '물 부족' 문제가 아
주 심각했고 '사막화' 현상이 곳곳에서 일어났어요. 하지만 세
계 언론 자체가 워낙 중심국 위주이기 때문에, 강 건너 불구
경하는 식이었죠. 독일의 홍수 피해나 캘리포니아 산불 피해
도 물론 심각하지만, 후발 국가들이 겪고 있는 문제는 구조적
이라고 할까, 거의 상시적이었는데, 그런 것은 여태 제대로 부
각되거나 인식되지 않은 측면이 있었다고 봅니다.

희일 영미권, 그러니까 미국과 유럽 쪽은 기후운동의 성격이 약간 다른 것 같아요. 미국 쪽은 '기후정의'에 방점이 찍혀 있다면, 유럽 쪽은 '멸종 반란' 같은 운동들이 영국을 기점으로 해서 크게 활성화됐어요. 그런데 유럽 쪽 운동은 초기에는 기후위기를 촉발시킨 원인을 자본주의라고 정확히 명시하지 않고 '인류' 전체의 잘못으로 추상화한다는 비판을 종종 받아왔어요. 하지만 근래에 운동의 관점이 많이 진화하더라고요. 체제 전환을 하자, 기후정의를 세우자 등 보다 더 급진화된 느낌이에요. 최근에 기후운동 진영에서 '프론트 라인Front-line'이라는 표현을 많이 쓰는데, 기후위기 '최전선'에 있는 당사자들을 가리키는 말이에요. 그러니까 선생님께서 말씀하셨던 제3세계의 기후 약자들 말이지요. 저도 관심이 많아서 계속 자료들을 살펴보고 있는 중이에요. 예를 들면 중앙아메리카 쪽에 지금 난민이 800만 명 정도가 된다고 추정돼요. 그 난민의 일부가 '기후 난민'이라고 해요. 중앙아메리카는 농사를 많이 짓는 곳이고, 전 세계 탄소 배출량 중 0.6퍼센트밖에 배출하지 않아요. 온두라스나 니카라과 이런 나라들이지요. 그런데 이 지역에 지금 20년 동안 태풍이 무려 12배 이상이나 증가했어요. 사이클론과 극단적인 가뭄 때문에 농사도 짓지 못하고 먹고살 게 없으니 어쩔 수 없이 난민이 되는 거예요. 생존을 위해 부자 나라인 미국으로 넘어가려고 거대한 난민 행렬을 이루고 있죠. 그런데 이 기후위기가 우익 정치를 만들어내는 계기가 되고 있어요. 미국인들 입장에서는 난민이 막 밀려오니까 두려움과 불안이 생기고 담을 쌓아야 한다는 목소리가 커지게 된 거죠. 그래서 등장한 사람이 트럼프잖아요. 유럽에서 난민과 이민 문제 때문에 우익 정치가 기승을 부리게 된 것도 거의 흡사한 경로 같아요. 그렇다 보니, 좀 늦긴 했지만, 이제야 기후운동 진영에서도 '기후정의'와 '최전선 공동체'에 대한 논의들이 활발하게 이루어지고 있어요. 잘사는 북반구 자본주의 국가들이 배출한 탄소 때문에 정작 탄소 배출을 거의하지 않았던 가난한 나라들에서 가장 먼저 기후 재난에 휩쓸리고 있고 난민들이 발생하니까요.

그런데 이 불평등의 경로는 한 나라의 내부에도 흡사하게 존재하는 것 같아요. 한국 같은 경우는 우선 농민들. 제가 농부 자식이라서 지금도 가끔 내려가 농사를 짓거든요. 그래서 좀 예민합니다. 지난 10여 년 농촌에 너무 많은 변화가 닥쳤어요. 올해는 배추가 다 썩었고요. 어머니는 계속 한숨만 쉬고 계세요. 해마다 장마와 폭염, 각종 병충해가 더 심해지고 있으니까요. 하지만 한국 정부는 그깟 농산물 해외에서 수입해다 먹으면 되지, 이렇게만 여기고 있잖아요. 책임을 지지 않는 거죠. 너무 한심해요. 이렇게 최전선 공동체에는 농촌도 해당됩니다. 어쨌든 국제 문제로 다시 돌아가면, 2009년인가, 코펜하겐 기후협약에서 처음으로 북반구 자본주의가 '책임'을 지기로 합의한 바 있어요. 선진국들이 배출한 탄소 때문에 기후위기 최전선에서 고통을 당하고 있는 개발도상국과 저소득 국가들이 재난에 대비해 인프라를 구축하고 위기에 대응할 수 있도록 선진국들이 1,000억 달러를 조성해 2020년부터 주기로 협약을 했죠. 그러니까 작년에 줬어야 하잖아요. 그런데 안 준 거예요. 오죽하면 유엔UN 사무총장이 2020년 12월에 "너희들이 주기로 하지 않았느냐? 제발 부탁이다."라고 통사정을 할 정도였죠. 지금도 마다가스카르는 극심한 가뭄 때문에 130만 명이 기아 상태예요. 아주 심각해요. 물이 없으니까 강바닥을 막 가족끼리 파는 거예요. 그리고 물이 조금이라도 괴면 그 웅덩이 주위에 모여서 마치 집처럼 그곳에서 살아가요. 먹을 것이 없으니까 진흙 먹고, 선인장 껍질 까서 먹고, 곤충을 잡아먹고 있어요. 사태가 너무 심각하니까 보수적인 유엔조차도 북반구 자본주의를 나무라고 있는 겁니다. 누가 보더라도 명확하게 기후위기 때문에 지금 이런 상황이 벌어졌는데, 잘사는 북반구 자본주의 국가들이 전혀 책임을 지지 않는다는 거예요. 올해 11월에 유엔 기후변화협약 당사국 총회(COP, Conference of the Parties)가 26번째로 영국 글래스고Glasgow에서 열리는데, 그때 아마 또 이 얘기가 나올 거예요. 제3세계 기후운동 활동가들은 지금 벼르고 있어요. 글래스고에 쳐들어가 '이거 너희들 탄소 감축도 해야 하지만, 기후 약자들, 프론트 라인에 서 있는 당사자들에 대해서 책임을 져야 하지 않겠느냐' 하고 대규모 시위를 조직할 거예요. 근데 뭐

COP26 개최를 앞두고 글래스고 거리에 나선 시위대. 기후위기를 초래한 자본주의를 규탄하고 있다. [CC BY 2.0] Francis Mckee

세계 정상들은 계속 그래왔던 것처럼 귀를 막을 거예요.

세화 항상 힘센 자들이 다 결정지어 왔던 역사의 흐름이랄까, 언제나 그래왔던 것 같아요. 세계적·지구적 차원에서도 그렇고, 한 나라 안에서도 그렇고, 항상 피해 보는 사람들이 결정자는 아닌, 결정을 지을 수 없는, 항상 피해만 보는 그런 상황이 아닌가 싶고요. 지금 말씀하신 대로 그나마 독일에 홍수가 나고, 캘리포니아 산불이라든지 소위 선진국에서 그런 상황이 벌어지니까 이제 관심이 높아지는 그런 경향이고. 말씀하신 대로 후발 국가들에 있어왔던 그런 상황들에 대해서는 세계 여론이나 이런 것들이 제대로 반응하지 않아왔던 이런 문제들을 최근에 와서 만나게 되는 게 아닌가 싶은데요. 여전히 어려운 점은 유엔에서 지금 말씀하신 것처럼 그런 결정을 한들, 기후정상회의를 하고 약속을 한들 과연 그걸 지키는가….

희일 그렇죠.

세화 지키지 않는다는 거죠. 그러니까 이 문제, 규제할 수 있는 힘이 작동하지 않으리라는 걸 거의 모든 사람이 알고 있는, 일종의 체념 상태에 있는 게 아닌가 싶은 거예요. 어떤 면에서는 전쟁을 바라보는 관점과 비슷하다고나 할까요? 인간이 이성을 갖고 있다고 하지만, 워낙 도구적 이성이 성찰적 이성을 압도하기에 전쟁을 계속 벌이고 있는데, 인간이 다른 인간을, 그것도 짧은 시간에 되도록 많은 인간을 죽일 수 있는 기술을 발전시켜 왔잖아요. 실상 전쟁기술이 과학기술 발전의 가장 중요한 계기였다는 점을 돌아보면, 전쟁을 이제껏 멈추지 못한 인간이 기후위기를 극복할 수 있을지 의문시되는 겁니다. 지난날 유럽 나라들에 '전쟁부'가 있었는데 그것을 국방부라고 바꾸었다고 하여 전쟁을 바라보는 사람들의 인식이 달라진 긴 아니니까요. 저는 인간이 전쟁을 멈추어야 한다는 정언명령이랄까, 이런 관점에서 보면 칸트Immanuel Kant가 『영구평화론』을 썼던 18세기 말에 비해, 오늘 전쟁을 바라보는 사람들의 인식이 퇴보했다고 보거든요. 지금도 미중 간 신냉전이나 우크라이나 사태를 전하는 언론 보도를 보면 전쟁 가능성에 대한 공포나 긴장감이 잘 느껴지지 않아요. 그게 저는 무척 두렵거든요. 강대국들이 대리전이나 국지전으로 직접 피해를 크게 보지 않기 때문이라고 말하겠지만, 익숙해진 탓인지 전쟁에 무감각해진 것이 아니냐, 전쟁은 일어날 수 있는 거야, 라고 체념하고 있는 게 아닌가 그런 생각을 하고 있는 거예요. 한 나라 안에서는 그나마 투표를 하고 어쨌거나 시민 통제가 가능한 면이 있는데 반해, 세계정부라는 차원이 없는 현 지구적 현실에서 앞서 말씀하신 것처럼 강대국이 약속을 지키지 않아도 대응할 수 있는 게 아무것도 없잖아요. 강대국들이 좌지우지하는 그런 악순환에서 벗어날 길이 잘 보이지 않습니다. 또 그것이 자본의 힘과 연결된다는 점에서, 결국 세계 시민들이 각국 정부는 물론 세계 여론을 얼마만큼 움직일 수 있는가, 자본의 힘을 어떻게 통제할 수 있을 것인가,라는 문제로 귀결되겠지요.

저는 솔직히 비관적이에요. 앞서 말씀드렸듯이 전쟁을 멈추지 않고 있는 인간인데, 기후위기에 제대로 대처할 것인지 의문스러우니까요. 파리에서 지구 평균기온 상승을 1.5℃ 이내로 하겠다는 약속(2015년 파리 기후협약)도 하고, 2050년 탄소중립, 이런 얘기를 하지만, 저는 이미 늦은 게 아닌가 싶어요. 이른바 '티핑 포인트Tipping Point', 10년 안에 티핑 포인트가 온다는, 그래서 되돌릴 수 없는 시기가 10년 내로 올 수 있다고 하잖아요. 제가 이미 늦었다고 생각하는 것은 500년간 지속된 자본주의가 인간의 일상, 인간의 의식, 인간의 소비 패턴, 욕망 구조까지도 이미 지배했는데 이걸 단기간 안에 전환하자면 그야말로 변혁적인 전환이 필요하고, 그 길은 '탈성장'이라고 하는 것일 텐데요, 자본주의의 관성, 거기에 익숙해진 인간의 소비와 욕망에 비추어 과연 그게 가능할까 싶은 겁니다. 게다가 소위 가진 사람들을 중심으로 기술을 통하여 기후위기 문제도 해결할 수 있고, 설령 기후위기가 와도 자기들은 벗어날 수 있으리라고 보는 시각도 만만치 않다고 봐요. 앞서 처음 말씀드린 대로, 이걸 '자본세'라고 해야 하는데 '인류세'라고 부르는 것에도 그런 함의가 담겨 있다고 보는 거거든요. 자본주의를 문제 삼고 성장주의에 문제를 제기해야 하는데, '인류세'라고 함으로써 그냥 뭉뚱그린 그런 면에서도 쉽지 않은 과제일 수밖에 없다. 그 누굽니까 스웨덴의 저…

희일 그레타 툰베리Greta ThUNberg.

세화 네, 툰베리. 에구! 나이가 드니까 사람 이름도 금세 떠오르지 않고 그러네요. 툰베리가 뉴욕에서 했던 얘기대로, 지금 미래가 있느냐 없느냐 하는 상황인데 여전히 성장 얘기를 하고 있는 원인을 과연 어디에서 찾을 수 있을까…. 그동안 인간의 일상 자체가 기후위기에 대처하기엔 이미 돌이킬 수 없는 지경에 와 있다는 생각을 하는 거죠. 일부에서는 아까 말씀드린 대로 기술에 의해서, 레이 커즈와일Ray Kurzweil이던가요, 『특이점이 온다』에서 이제 인간은 운명을 지배할 수 있고 죽음도 제어할 수 있다고 했거든요. 이른바 'GNR 혁명'이라 해서 유전공학, 나노nano 기술, 로봇 공학, 인공두뇌, 그리고 빅데이터 이런 것들을 통합함으로써 가진 자들이 세계를, 인간을 분리하고 지배하는 그런 그림을 그리고 있습니다. 자기들은 영생을 하는 그런 그림까지 그리고 있거든요. 유발 하라리Yuval Harari가 얘기했던 호모데우스homo deus, 그야말로 신이 되겠다는 그런 전망을 갖고 있는 사람들이, 엄청난 영향력을 가진 자들인데, 기후위기라는 이 대위기 앞에서 자신들의 욕망을 접을 수 있을까, 그런 이야기도 할 수 있을 것 같아요.

자본주의가 초래한 기후위기, 탈성장만이 막을 수 있어!

희일 이게 참⋯ 1970년대 초반에 오일쇼크 터지고 나서 그때부터 탈성장론의 맹아들이 싹트기 시작했던 것 같아요. 앞으로 계속 이렇게 가면 지구에서의 인간의 삶이 정말 큰 도전에 직면할 것이라는 우울한 전망이 있었죠. 슈마허Ernst Friedrich Schumacher의 '작은 것이 아름답다' 같은 주장들이 나오기 시작했고요. 여러 가지 환경과 생태에 관한 논의들이 생겨났지요. 예를 들면, 자전거 타기 운동도 그때 생긴 거예요. 지금 서유럽의 잘사는 나라들에서 자전거 도로를 더 확장하고 '15분 도시'를 이야기하고 있는데, 대부분 1970년대 초반에 나온 이야기들입니다. 그런데 선생님이 말씀하셨던 것처럼 기술주의자들은 그때 70년대에도 기술로 문제를 극복할 수 있다고 주장했고, 지금도 여전히 기술로 위기에 대응할 수 있다고 말하고 있어요.

세화 그렇죠. 계속 그렇게 주장하죠. 인간의 손이 만든 기계가 인간을 지배하듯이, 기술주의자들은 기술에 의해 스스로 지배당하는 사람들이죠. 거기서 헤어나려고 하지 않아요. 자기 재주에 자기가 넘어간다고나 할까요.

희일 그렇게 50년이 지나고 나서 이 야단이 난 거예요. 훨씬 더 심각해진 거죠. 기술로 기후위기와 생태 문제를 해결하겠다고 했지만, 세계는 지금 최악을 향해 달려가고 있잖아요. 당연하게도 코로나가 그 시작입니다. 올해 여름에 그리스 산불을 유심히 지켜봤는데, 그게 무슨 섬이었죠? 그리스에서 두 번째로 큰 섬(에비아Évvoia섬). 산불이 섬 전체를 덮어버리니까 밤에 주민들이 페리호를 타고 다급하게 탈출했어요. 그 장면을 누가 찍어서 SNS에 올렸는데, 배 바깥으로 섬 전체가 시뻘겋게 타오르고 있더라고요. 무슨 이런 지옥이 다 있나 하고 사람들이 충격을 받았어요. 저도 페이스북으로 그 영상을 소개했는데, KBS에서 연락이 왔어요. 영상 출처 좀 알려달라고. 쓰고싶다고. 이번에 무슨 4부작 다큐멘터리(KBS 기후변화 특별기획 4부작 다큐멘터리)를 제작했는데 거기에 사용될 정도로 참혹한 장면이었죠. 기술적으로 다 해결할 수 있다던 사람들은 세상이 이 지경이 될 때까지 도대체 뭘 했다는 건지.

그리고 지금 탄소중립을 하자는 것도 크게 두 가지 측면으로 작동되는 것 같아요. 하나는 기술주의적인 접근입니다. "탄소포집을 할 수 있어, 탄소를 어떻게든 저장할 수 있어, 지하에다 어떻게든 파묻을 수 있어." 또 다른 하나는 시장에 맡기자는 접근 방식이에요. 탄소배출권이라든지, 탄소 상쇄라든지. 한쪽에선 계속 탄소를 배출하는 대신에, 다른 쪽에 가서 나무를 심는다든지 탄소배출권을 구매한다든지 재생에너지 쪽에 투자를 하면 수치상 탄소 상쇄가 이루어지는 걸로 간주하는 게 현재의 탄소중립 이데올로기입니다. 수치상의 마술이죠. 말씀하신 것처럼 탄소 자체가 아니라 탄소를 배출할 수밖에 없었던 자본주의의 구조에 대해서 면밀하게 성찰하고 이걸 뜯어고치지 않는 이상 기후위기는 계속될 수밖에 없는 건데, 이제 와서 고작 얘기하는 게 탄소 자체가 문제고, 또 모든 인간이 그에 대한 책임을 져야 된다, 뭐 이런 식으로 자본주의의 책임을 회피하는 거예요. 그동안 탄소를 배출하면서 돈을 벌어왔던 건 자본인데, 이제 와서 모두에게 책임이 있다고 말하는 거죠. 이런 방식으로 문제를 풀면 기후위기는 계속 지연 될 수밖에 없어요.

코로나 록다운locked down 때문에 전 세계적으로 탄소 배출 량이 8퍼센트 정도가 감축됐다고 합니다. 한국 같은 경우에 도 7퍼센트 정도. 그런데 그나마 그 문제의 탄소중립을 이루 려면 매년 6퍼센트 이상씩 절감해야 한대요. 그 말인즉, 코로 나 록다운처럼 경제성장을 제한해야 한다는 거예요.

세화 (웃음)

희일 올 스톱, 그래야 간신히 어떻게든지 인류의 미래가 가능하다 는 의미죠. 아까 말씀드린 것처럼, 세계적으로 백신을 맞고 위 드 코로나 이야기가 나오면서 갑자기 전력난이 발생했어요. 기존의 규모로 경제를 다시 가동하려다가 에너지 공급 문제 에 덜컥 봉착하게 된 거지요. 록다운이 풀리면서 공장도 돌 리고 경제 시스템도 운용하려면 전력이 필요하잖아요. 그런데 유럽의 천연가스 재고량이 바닥인 거예요. 가격이 폭발적으로 상승했어요. 이게 어떻게 된 거냐면 올해 봄에 프랑스를 비롯 해서 유럽에 한파가 몰아닥쳤어요. 그래서 프랑스 농부들이 포도밭을 살리려고 막 불 때고 이랬을 정도로…

세화 네, 그랬어요.

희일 그때 천연가스를 많이 쓴 거예요. 또 여름에 폭염이 유럽을 강타하면서 전력을 많이 사용했죠. 당연히 재고량이 부족해진 거예요. 물론 러시아가 유럽에 대한 천연가스 공급 문제에 어깃장을 놓으면서 차질이 생기기도 했지만, 폭염과 이상 한파 같은 기후 재난이 에너지 공급 문제를 교란하기 시작했다고 보는 게 맞는 분석입니다. 브라질의 경우도 마찬가지예요. 여기는 수력발전이 전력의 2/3를 상회하는데, 올해 100년 만에 가뭄이 왔어요. 당연히 수력발전으로 전기를 생산하는 게 여의치가 않았죠. 그런데 곧 대선이에요. 그래서 정부가 다급하게 미국에서 천연가스를 닥치는 대로 사들였어요. 전 세계적으로 천연가스 가격이 껑충 뛰어오를 수밖에 없게 된 거예요. 뿐만 아니라 지금 중국과 인도는 석탄 때문에 난리가 났죠. 중국은 전력 문제 때문에 도시의 불을 꺼버리고, 신호등을 차단할 정도예요. 호주와의 마찰 때문에 석탄 공급이 어려워졌다는 분석이 많은데, 사실은 여름에 역대급 폭염과 홍수가 온 것도 영향을 많이 줬어요. 홍수 때문에 여러 지역의 탄광들이 다 물에 잠겨서 채굴이 되지 않았거든요. 인도도 마찬가지예요. 1년 내내 지독하게 비가 내렸어요. 탄광이 죄다 잠겨버렸죠. 당연히 석탄을 채굴할 수 없어요. 지금 석탄 비축분이 3일 정도 남았다고 하더라고요. 한편으론 탄소중립을 이야기하지만, 또 한편으론 기존의 경제 규모로 돌아가려고 하고, 그런데 세계 도처에서 심화되고 있는 기후위기가 그 두 가지 경로를 교란하기 시작한 거죠. 선생님이 말씀하신 것처럼 탈성장 관점이든, 생태사회주의적 관점이든, 기후위기를 야기한 자본주의 구조 자체를 재구성하지 않으면 기후위기든 뭐든 해결할 방법이 없다는 생각이 듭니다.

안드레아스 말름Andreas Malm이라는 학자가 '생태레닌주의'라는 말을 쓰더라고요. 경제 흐름이 됐든, 정치적인 과정이 됐든, 정신 바짝 차리고 전시 동원 체제처럼 가지 않으면 위기를 타개할 방법이 없다고요. 어떤 의미에서 보면 저도 선생님 못지않게 비관적이에요.

세화 그렇군요.

희일 왜냐하면 이 위기를 넘어서려면 1920년대, 1930년대에 존재했던 사회주의 인터내셔널보다 더 강력한 국제 기후운동, 예컨대 '기후 인터내셔널' 형태의 운동이 있어야 한다고 생각해요. 유엔 당사자 총회처럼 각 정부 수장들이 모여서 하는 형식적인 국제 담화로 이 절체절명의 위기를 타개한다는 건 거의 농담에 가깝죠. 계속 자본의 이윤 창출에 목을 매고, 축적 과정을 지연시키는 것 외에는 어떠한 것도 결정하지 않는 무능력한 조직으로 어떻게 이 위기를 극복할 수 있겠어요. 국제적 차원에서도 강력한 기후운동도 존재하고, 또 일국적 차원에서도 급격한 변화를 요청하는 기후운동이 있어야 하는데 참 쉽지가 않은 것 같아요. 지금 이게 개인적으로 뭘 줄여서 되는 문제가 아니잖아요. 전기를 아끼기 위해 불을 끈다든지, 쓰레기를 줄인다든지, 채식을 한다든지 하는 거 말이에요. 구조를 변화시키는 게 아니라 모든 사람들에게 1/N로 위기의 책임을 전가하는 방식으로 점점 보수화되는 게 아닌가 하는 의심이 들어요. 그건 1/N로 모든 인간에게 책임을 돌리고 있는 자본의 입장이기도 해요. 이익은 철저히 사유화하고 피해는 모두에게 할당하는 그 지긋지긋한 이데올로기 말이에요. 최근에 독일 녹색당도 자본주의에 책임을 묻는 대신에 채식을 하자, 자전거를 타자, 분리수거를 하자 등과 같이 개인적 실천에 집중하는 이야기를 해서 많은 비판이 쏟아지고 있는 걸로 알고 있어요. 어찌 보면 한국도 비슷한 것 같아요. 한쪽에선 기후 활동가들이 '협치' 명목으로 정부 안에 포섭되거나 개인의 책임에 방점을 찍고 '착한소비운동'을 전개하고 있어요. 아주 답답하죠. 물론 뒤늦게나마 기후정의와 체제 전환을 요구하는 목소리들이 나오고 있는 상황이기는 합니다. 그러나 여전히 그 힘이 약하다는 생각이 들어요. 물론 당연하게도 그냥 단념하거나 체념할 수도 없는 것 같고요.

세화 그렇죠. 아까도 말씀드렸지만, 결정하는 자, 이 세력이 자본과 연결돼 있는 카르텔이라고 보면 되니까. 가령 한국에서 부동산 문제를 해결한다고 하지만, 부동산 정책을 세우는 세력이 대부분 강남에 아파트 가진 사람들이고. 그런 면에서 변혁적인 전환이 필요한데, 세력이 형성돼야 하는데, 그러자면 시민의회 같은 것이 이루어지는 그런 가능성이 있어야 하는데, 이미 관료주의 시스템에 익숙해져 버렸기 때문에 그런 발상의 전환 자체가 불가능하지 않나 싶어요. 말씀하신 대로 상황은 매우 엄중한데 그에 비하여 대처할 수 있는 시스템도 부족하고, 인식도 결여돼 있고, 영향력도 없는, 결국 기술주의자들의 논리에 포섭될 수밖에 없지 않을까, 그런 우려도 들고 그렇죠.

소유에서 관계로! 성장에서 성숙으로!
인간과 자연·동물·타인의 관계 재설정해야

세화 아까 생태사회주의 말씀을 하셨는데, 생태공동체라고 할까, 자본주의 이후 사회의 가능한 모습으로는 그것밖에 없지 않을까 싶거든요. 인류가 최초로 형성했던 사회를 흔히 원시공동체 또는 원시공산사회라고 부르는데, 그것이 축적의 가능성에서, 즉 잉여생산물이 토지에서 나오면서 봉건사회로 넘어갔고, 그다음 오늘날의 자본주의사회에 이르렀는데, 원시공동체 또는 원시공산사회의 가장 중요한 특징은 자연과 인간과의 관계에 있어서 자연이 우위였다는 점을 꼽을 수 있거든요. 그것이 당시 인간으로 하여금 엄혹한 자연 앞에서 서로 연대하게 했죠. 그다음에 잉여생산물이 없었던 점이 원시공산사회 또는 원시공동체 사회의 가장 중요한 특징이라고 할 수 있겠지요. 그 점을 우리가 한번 짚어봐야 한다고 저는 생각해요.

당시에는 자연과의 관계에서 인간이 자연을 몰랐기 때문에 자연에 대한 두려움이 인간들로 하여금 서로 연대하게끔 만들었어요. 지금은 오히려 지혜가 있으므로 인간이 자연과 맺는 관계를 재설정해야 하는 상황이 벌어진 거죠. 그래서 과거처럼 자연 앞에서 인간이 스스로 자연을 외경하는 존재로 대하고 자연 안에서 인간은 서로 연대해야 한다고 봐요. 인간이 지향해야 할 생태공동체, 생태사회주의 사회의 모습이어야 하지 않을까 싶거든요. 그랬을 때 앞서 말씀드린 대로 녹색개발이니 녹색성장이니, 성장이나 개발 중심에서부터 벗어나야 하는 건 두말할 필요가 없겠지요. 인간이 자연과의 관계를 통하여 다른 인간과의 관계도 재설정할 수 있는 근본적인 사유의 전환이 요구되는 시점인데, 앞서 말씀드린 대로 이미 시스템도 그렇고, 사유 구조도 그렇고, 일상도 그렇고, 그런 기대에는 미치지 못하는, 이미 너무 많은 시간을 놓쳐버린 점이 있다는 생각을 하고 있는 거죠.

저는 이제 "소유에서 관계로! 성장에서 성숙으로!"라는 화두가 긴급하다는 말을 하고 있어요. 자본주의 체제하에서 인간이 자연을 소유, 착취, 추출의 대상으로 보았다면 이제 인간은 인간과 자연의 관계성 속에서 자연과 새롭게 관계 맺음을 해야 하고, 그것은 다른 동물과의 관계도 마찬가지고, 다른 인간과의 관계도 마찬가지라는 겁니다. 소유 대상으로 보고 추출하고, 정복하고, 지배하는 것이 자연에 대한 태도였고, 그런 것이 동물에 대해서도, 다른 인간에 대해서도 마찬가지였던 것이라면, 이제는 정말 자연이 대전환을 요구하고 있다, 이런 생각을 하게 된 것인데요. 그래서 사실은 오래전부터 저는 이 소유, 지배 문제, 착취 문제와 관련해서, 인간 해방과 관련해서도 마찬가진데요, 애당초 인간에 의한 '자발적 반란'으로는 그게 가능하지 않다고 봤어요. 가능하면 참 좋겠지만 가능하지 않다! 그게 자본주의 축적 초기에 농민 반란이 실패하면서부터 지금까지 지속되어 왔다고 보는 거죠. 인간의 자발적 반란이 거의 다 실패하는데, 어쩌다 성공해도, 가령 노예 반란이라고 얘기한다면 그것의 성공 가능성은 높지 않은데, 설령 성공한다고 해도 주인만 바뀔 뿐 노예의 처지에는, 지배당하는 노예의 처지에는 큰 변화가 없어 왔던 면에서, 혁명에 대한 기대를 가지면서도 인류의 역사를 봤을 때 그 가능성은, 해방의 가능성은 거의 불가능하다고 봐왔던 거예요. 이제 자연의 '비자발적 반란'에 오히려 우리가 기대할 수 있는 것이 아니겠는가. 결국 인간도 자연에 속할 수밖에 없으니까. 지금까지는 이원론적으로 인간과 자연을 구분하고, 주체와 객체라는 데카르트René Descartes적인 측면에서 자연을 끊임없이 대상화해 왔는데, 그 자연 속에 인간도 포함될 수밖에 없다는 것을 인식하게 된다면 결국 자연에 투항할 수밖에 없지 않을까. 그러면 원시공동체와 다른 생태공동체의 출현을 기대할 수 있지 않겠는가, 이런 생각을 했던 거죠. 그런데 기술주의자들은 앞으로도 계속 버티겠죠. 어떤 사람이 저한테 그러더군요. 그건 이상주의적 생각이다, 돈을 아주 많이 가져보지 못한 사람의 순진한 생각이다. 억만장자들의 생각은 전혀 다르다는 거예요.

IPCC 6차 보고서와 눈앞의 현실

희일 오늘 오면서 기사를 하나 봤어요. 과학 저널 《사이언스 Science》라는, 과학자들이 새로운 연구를 발표하는 그런 잡지인데, 1960년에 태어난 사람에 비해 2020년에 태어난 아이들은 앞으로 산불은 2배, 홍수는 3배, 농작물 흉작은 4배, 가뭄은 5배, 폭염은 7배 더 많이 겪게 될 거라고 해요. 그런데 그 기사 내용에 신뢰가 가지 않더라고요. 선생님은 기술주의자들을 안 믿는다고 하셨는데, 저는 과학자들도 못 믿겠거든요. 그동안 주류 과학계가 기후변화에 대해 되게 보수적으로 접근해 왔었잖아요. 그들은 세상이 이렇게 빠르게 붕괴되는 걸 예측하지 못했어요. IPCC(Intergovernmental Panel on Climate Change, 기후변화에 관한 정부 간 패널)가 얼마 전 6차

보고서를 발표했는데, 내용을 간단히 정리하면 이렇습니다.

"야 큰일 났어. 2050년까지 탄소중립을 하자고 했는데, 적어도 10년은 앞당겨서 2040년까지 탄소중립을 해야 될 것 같아. 안 그러면 우리 망할 것 같아."[1]

미국의 대표적인 기후운동 조직이 '선라이즈 무브먼트Sunrise Movement'예요. 그린뉴딜[2]도 이 단체가 점거 농성을 하며 세상에 알렸고, 조 바이든Joe Biden을 대통령에 당선시켜 그린뉴딜을 제도화하기 위해 많은 노력을 기울였죠. 그런데 IPCC 6차 보고서가 발표되자 이 단체 공식 SNS 계정에 이런 식의 글이 올라왔어요. "굳이 이런 수치들을 들먹이지 않아도 충분히 알 수 있는 이야기들이다. 지금 2021년, 저기 불나고 여기 홍수 나고 난리가 났다. 최근 뉴욕 홍수로 인해 지하에 살던 미등록 이주자들이 수장됐다."라고 말이에요. 버니 샌더스 Bernie Sanders도 비슷한 이야기를 했어요. 굳이 수치를 확인하지 않더라도 실제 세계가 붕괴되고 있는 걸 지금 눈으로 직

---

1 2013년에 발표된 5차 보고서 이후 8년 만에 개정된 6차 보고서는 인구, 에너지 소비, 경제 활동 등 인간이 지구에 영향을 미칠 수 있는 여러 요인을 바탕으로 미래 지구의 기온이 어떻게 변할 것인지 예측한 다섯 가지 시나리오를 제시했다. 그중 가장 낙관적인 시나리오마저 2050년까지 탄소중립을 하더라도 21세기 말인 2081~2100년 기온은 산업화 때보다 1~1.8도 오를 것이라고 전망했다.

2 그린뉴딜Green New Deal은 녹색산업을 뜻하는 '그린'과 1930년대 미국의 국가 주도 경기부양책 '뉴딜'을 합친 말로, 신재생에너지 같은 친환경 사업에 대규모 투자를 하여 기후 변화와 경제 문제를 동시에 풀고자 하는 정책을 말한다.

접 보고 있지 않느냐고. 맞아요. 통계와 수치보다 실제의 풍경이 더 많은 진실을 품고 있어요. 물론 과학자들의 말을 존중해야 하지만, 눈을 똑바로 뜨면 더 많은 걸 볼 수 있는 것 같아요. 또 그만큼 기후위기가 심각하다는 뜻이기도 하고요. 과연 우리는 정말 이 위기를 극복할 수 있을까? 안타깝게도 희망보다 절망이 더 큰 게 사실이에요. 하지만 그럴 때마다 제 조카를 떠올립니다. 우리야 이제 제법 살았고, 앞으로 조금 더 살다가 죽겠지만, 이 어린 친구들은 어떻게 해야 되나….

세화 그렇죠.

희일 그러니까 절망적이기도 하지만, 한편으로는 조카처럼 어린 친구들을 보면 아휴 이걸 어떻게 해야 하지? 그런 고민이 계속 들더라고요.

제가 마음의 병이 있어서 작년까지도 거의 외부로 나가지 않았어요. 대신 SNS에 계속 기후와 농촌 이야기를 일기처럼 썼어요. 그런데 자꾸 농민 이야기, 농촌 이야기를 하니까 어디에서 연락이 왔어요. 농촌 관련 세미나 한다고 발제를 좀 해달라는 거예요. 아니, 저 영화 만드는 사람이라고, 농민 아니라고… 그런데 한편으로는 마음이 좀 아프더라고요. 너무 소외됐고, 아무도 이야기를 들어주지 않고, 그렇다고 누가 그 사람들 이야기를 재현해 주는 것도 아니니까요. 오죽하면 영화감독이 페이스북에 농민 이야기를 떠드니까 "너 여기 와서 발제하면 안 되니?"라고 부탁하는 거잖아요. 그게 너무 속상한 거예요. 한국의 농촌은 거의 천민처럼 외면당하고 있는 것 같아요. 예를 들어 한국의 곡물 자급률이 대략 25퍼센트 정도 돼요. 쌀이 92퍼센트예요. 쌀을 빼고 나면 곡물 자급률이 5퍼센트 남짓으로 내려갑니다. 밀 자급률은 고작 0.7퍼센트예요. 그런데 올해 서유럽, 미국, 캐나다 등 밀 수확 지역이 폭염과 가뭄으로 작살나니까 밀 가격이 수직 상승하고 있죠. 우리나라는 세계 곡물 5대 수입국이에요. 밀도 죄다 수입해야 합니다. 밀 가격이 올라가니까 당연히 라면과 밀 식품 가격이 죄다 뛸 수밖에 없죠. 정말 웃긴 게 언론과 도시 사람들은 라면값 뛰는 것에 대해서는 별로 이야기 안 해요. 대신 채소 가격이 100원, 200원 오르면 금방 세상 망할 것처럼 물가 상승한다고 난리를 쳐요. 신자유주의 체제가 어떻게 농촌을 경시해 왔는지 단적으로 보여준달까. 그 와중에 기후위기 피해 당사자인 농민에 대해서 정부든, 언론이든, 입품 꽤나 파는 지식인이든 아무도 얘기를 안 하니까 이게 참 화가 나죠.

세화 그렇죠. 프랑스의 어느 농민운동가가 이런 말을 했어요. "당신의 농업에 관해 말해달라. 그러면 나는 당신이 어떤 사회에 살고 있는지 말해줄 수 있다."라고요. 이 말에는 많은 의미가 함축돼 있다고 봅니다. 만물의 거처인 대지와 거기에 깃든 뭇 생

명을 농민의 시각으로 바라보는가. 인간 생존에 필수적인 식
량 문제는 물론이거니와 인류의 역사를 인식하는 데 있어서
직선적이 아닌 순환적으로 바라보게 한다는 점도 근대성에
대한 물음이 제기되는 오늘날 대단히 중요하다고 봅니다.

희일 식량 문제도 그래요. 유엔에서도 기후위기 때문에 '식량 문제
큰일 났다'는 경고 메시지를 반복적으로 보내고 있어요. 팬데
믹에 따른 시장과 노동력 수급도 문제지만, 도처에서 발생하
는 기후 재난 때문에 점점 식량 문제가 대두될 수밖에 없는
거죠. 밀, 콩, 설탕, 커피 등의 가격이 계속 심상치 않게 오르
고 있어요. 앞으로 식량자급률을 올리지 않으면 난리가 날 거
예요. 유럽 같은 경우 기민하게 대처하기 시작했어요. 자급률
을 올려 식량 위기에 대처하자는 거죠. 앞으로 곡물이 반도체
이상으로 소중하게 다뤄질 거라는 인식이 생겼거든요. 그런데
한국은 심각할 정도로 식량 문제에 무관심해요. 문재인 정부,
홍남기 기재부, 언론과 도시 중산층 모두 마찬가지죠. "농촌에
는 그냥 태양광이나 깔아. 식량? 사다 먹으면 되잖아." 이런 식
이에요. 공산품을 만들고 팔아 이윤을 축적하는 데만 골몰해
온 자본주의가 어떻게 농촌을 수탈해 왔고, 또 지금에 이르러
서도 어떻게 농촌을 집요하게 식민지화하는지를 알 수 있어
요. 참 그래요. 농민도 문제고, 어린 친구들의 삶도 안타까운
거예요. 여전히 성장을 위해 폭주만 할 뿐 전망도, 준비도 없

는 사회니까요. 그렇다고 기후운동이나 좌파세력이 유의미한
궤적을 그리고 있는 것도 아니고요.

세화 맞습니다. 그 점에서도 아주 소수가 그런 얘길 하지만, 어린
이 투표권도 지금 이 문제와 관련해서 제기해야 한다고 봅니
다. 지금 유럽만 해도 현실 정치의 장에 30대도 많이 참여하
고 그러는데, 한국은 정말 50대, 60대가 주름잡고 있는 이러
한 형편인데, 사실 의사결정권을 가진 파워 엘리트들이 전부
'나야 뭐 앞으로 길어야 20~30년 더 살면 그만인데' 하는 거
에 비해서, 말씀하신 대로 지금 태어나는 아이들의 경우에는
자기 의사결정권 없이, 자기들의 미래가 결정되어 버리는 이런
문제에 대해서 정말 진지하게 고려해야 될 것 중에 하나가 '어
린이 투표권'이라는 생각을 갖게 돼요. 앞서도 말씀드린 바와
같이 의사결정을 하는 사람과 피해를 당하는 사람, 그것이 국
내 차원에서도 지나치게 비대칭적이거든요. 전 세계적인 측면
에서도 선발 국가와 후발 국가들 사이에 누가 더 책임을 져야
하는가, 그런데 피해는 누가 더 많이 보고 있나를 따져봐도 결
정권은 여전히 책임져야 하는 세력들이 다 가지고 있는 상황
이거든요. 그야말로 팬데믹, 코로나만 아니었더라면 내일 당
장 시위라도 조직해야 할 상황이라는 생각이 들죠. 인디언인
가 유태인인가 정확히 기억나지 않는데, 중대한 결정을 할 때
에는 7대 뒤를 보고 한다고 했어요. 우리는 7대는커녕 지금

태어나는 아이들의, 자라나는 아이들의 자리에서도 사유하지 않는, 그럴 만큼 성장주의 중독자, 고객화된 소비 중독자가 돼버린, 그런 지경이란 생각도 들고요.

희일 정말 코로나 이거 때문에… 나가 싸우게 된다면 정신 차리라고 멱살을 잡아 흔들고 싶을 정도로… 지금 우리는 청소년과 아이들의 미래 자체를 사채처럼 끌어다가 쓰고 있는 거잖아요.

세화 그렇죠. 『어린 왕자』를 쓴 생텍쥐페리의 말이었지요. "우리는 이 땅을 우리 조상에게서 물려받은 게 아니다. 우리 자손에게서 빌린 것이다." 지금 우리는 이 대지의 실제 주인인 자손의 몫까지 수탈하고 있어요. 인간사가 약자들에 대한 끝없는 착취와 수탈의 과정이었는데 마침내 아직 태어나지 않은 자손들까지 그 대상이 되고 말았어요.

희일 불평등과 기후위기 시대의 최전선에 노동자, 농민, 그리고 청소년이 있죠. 탄소중립위원회가 비판받는 이유 중 하나도 말씀하셨던 것처럼 논의 테이블에 이 당사자 주체들이 하나도 없다는 거예요. 노동자도 없고, 농민도 없고, 청소년도 없고, 주변화된 소수자들도 없어요. 의사결정 과정에서 철저히 배제됐어요. 자칭 전문가들과 기후·환경 운동판 활동가들이 모여서 자본에 유리한 탄소중립 일정을 짠 게 다예요. 다른 나라들은 2030년까지 탄소 배출량을 2010년 대비 최소한 45퍼센트 감축하기 위해 노력하고 있는데, 한국은 고작 18퍼센트 (2021년 11월, COP26에 참석한 문재인 대통령은 2030년까지 온실가스를 2018년 대비 40퍼센트 이상 감축하겠다고 공언했다)예요. 기후위기가 오든 말든 기업의 편의를 봐주는 데 열심이죠. 그리고 탄소중립에 따라 발전소와 내연기관 기업에 고용되어 있던 노동자들이 실직과 이직의 위험에 놓일 수밖에 없는데, 탄소중립위원회와 문재인 정부가 대책이라고 내놓은 게 고작 직업훈련 정도예요. 그것도 비정규직은 해당 사항이 없고요. 다른 국가들은 '정의로운 전환'을 다듬느라 열심인데, 한국은 그저 형식적으로만 흉내를 낼 뿐이에요. 이대로 방치되면 당사자인 노동자들의 고통이 가중될 거예요. 참 답답합니다.

제가 아까 한국 기후운동의 일부가 많이 보수화됐다는 걸 지적했는데, 자칭 활동가들이 이 탄소중립위원회에 많이 들어갔었어요. 자신들은 '활동'을 했다고 주장하지만, 밖에서 보면 그냥 '부역'일 뿐이죠. 물론 전부가 다 그렇게 보수적으로 변한 건 아닌 것 같아요. 코로나 때문에 막혀 있긴 하지만 내부에서 막 끓어오르는 분노의 목소리들도 분명 존재하고 있으니까요. 참 마음이 싱숭생숭 복잡합니다. 한편으론 기운 빠지는 얘기 그만 하고 피켓이라도 들자는 그런 마음이고, 또 한편으론 '이거 뭐, 늦었어, 이미' 이런 마음이 막 들거든요.

세화 물론 저도 같은 생각이 들지만 그래도 이제 적극적으로 부딪쳐 보는 수밖에 없죠. 그래도 해보는 데까진 해야 하는 거고 그 길을 모색해야 하는 거니까. 실천적인 측면에서도 그렇고 그냥 눌러앉을 순 없죠. 이미 늦었다는, 그런 식으로는 아무것도 할 수 없다는 건 당연한 전제인 건 맞는데요, 사실 아까 '코로나 계엄'이라는 말씀을 드렸지만, 지금 문제인 정부 위기관리에 코로나가 은근히 도움을 많이 주고 있는 건 사실인 것 같고.

희일 나오미 클라인Naomi Klein의 '재난 자본주의'를 한국적 상황에 적용하면, 코로나를 계기로 교묘하게 이재용은 풀어주고, 민주노총 위원장은 코로나 방역을 이유로 잡아들이고. 재난을 핑계로 자본의 힘은 키워주고 대신 노동의 힘은 교묘하게 약화시키는 거죠. 그게 바로 재난 자본주의라고 지적했더니, 사람들이 웃더라고요. 웃든지 말든지….

세화 아까 식량 문제 말씀하셨는데, 앞으로 점점 더 심각해질 문제인데 우리가 자동차를 먹을 수 있는 것도 아니고, 반도체를 먹을 수 있는 것도 아닌데…

희일 그럼요, 맨날 하는 얘기인데 "너네 전기가 정말 그렇게 중요하면, 코드를 연결해서 전기를 처먹어라." 맨날 그 얘기 하거든요. 반도체를 먹을 수 있으면….

세화 (웃음)

미국·유럽의 농촌 문제 대응과 우리의 현실

희일 올해의 충격적인 장면 몇 개. 폭염이 너무 심하니까 미국 쪽
에선 체리가 타버리더라고요, 나무에 매달린 채. 그리고 프랑
스에서는 봄 냉해 때문에, 또 미국에서는 여름 폭염 때문에
와인이 작살나더라고요. 그리고 연어가 뜨거운 수온을 견디
지 못하고 살갗이 익어버렸어요. 끔찍하죠. 캐나다 BC(British
Columbia, 브리티시컬럼비아)주 바닷가에선 역사상 가장 심한
폭염 때문에 홍합 등의 해안 생물들이 그대로 삶아지기도 했
고요. 하기는 외국으로 멀리 갈 필요도 없어요. 한국에서도
폭우가 막 쏟아지니까 바다 쪽으로 흙물이 대량으로 유입돼
요. 그럼 전복이 다 폐사하는 거예요. 흙물에서는 숨을 쉴 수
가 없으니까. 양식 해산물들이 고스란히 피해를 당하는 거
죠. 그리고 계속 기온이 상승하면 30년 이내에 한반도에서 김
이 사라진대요. 이제 우리는 김 먹으려면 북한 수역에다가 양
식장을 짓거나, 육지에서 멀리 떨어진 곳으로 양식장을 옮겨
야 해요. 그런데 정말 역설적이게도 한국 김을 생산하는 노동

력의 90퍼센트 이상이 이주노동자예요. 모든 게 다 엮여 있는 거죠. 기후위기와 난민, 이주의 문제까지도요. 이렇게 도처에 위기의 시그널이 나타나고 있어요. 그럼에도 한국의 관료들, 시장주의자들은 여전히 사다 먹으면 된다고만 생각해요. 아니면 '스마트팜smart farm 만들면 되지'라고만 여기죠. 근데 스마트팜은 곡류를 만들어낼 수가 없어요. 고작 방울토마토, 미니 파프리카 뭐 이런 채소류만 생산할 수가 있고, 쌀이나 밀은 대량으로 재배할 수가 없죠. 스마트팜이라는 게 말은 그럴듯해 보이지만, 기존의 시설 재배에 디지털 기술 몇 가지를 접목시킨 것에 불과해요. 농촌을 그저 도시에 종속된 식량 기지로 여기는 빈곤한 철학의 반영물이 바로 스마트팜이에요. 그 정도로 안이한 겁니다. 현재 유럽연합 같은 경우 농토의 25퍼센트를 친환경으로 확대하기 시작했어요. 농약과 비료를 사용하지 않고 땅을 기름지게 만들어야 그놈의 탄소도 저장할 수 있고, 생물다양성도 증대시킬 수 있으며, 소비자에게 건강한 먹거리를 제공하고, 지속 가능한 농사를 가능하게 할 수 있거든요. 미국도 마찬가지예요. 조 바이든 정부도 친환경 농지를 확대하려고 1년에 10억 달러씩 농촌 쪽에 쏟아붓고 있어요. 겨울에 호밀 같은 피복작물을 심어 탄소격리 능력을 올리고 화학비료 사용을 줄여보자는 거죠. 기후위기에 대응하고 농촌의 탄력성을 회복시키는 데 친환경농법만 한 게 없어요. 그만큼 중요합니다. 하지만 문재인 정부는 농민들이 그렇게 친환경

농법이 중요하다고 하소연을 해도 귓등으로도 안 들어요. 문재인 정부가 그린뉴딜이라고 예산 편성해 놓은 게 몇십 조 예요. 그런데 농촌 부분에 할당된 게 고작 139억이에요. 미쳐 버리는 거죠. 한국이 선진국이라고 그렇게 자랑을 하는데, 유럽이나 미국은 지금 식량 문제 대책을 세우기 위해 노력하고 있고, 친환경농법으로 탄소 감축에 활로를 뚫으려고 하는데, 한국 정부는 아무런 관심이 없는 거예요. 디지털과 수소에 목을 매단 채 대기업에 공적 자금을 쏟아붓는 것 외에는 아무 관심이 없어요. 사실 농민들한테 기본소득 할당하고, 친환경 농법과 관련해서 생태직불금 지불하고, 청년 일자리도 농촌 쪽으로 좀 견인하고, 농민기본법도 좀 제정하고 그러면 많은 게 달라질 거예요. 탄소도 격리시키고, 식량 위기에도 대처할

수 있고, 일자리도 보장할 수 있고, 지역과 서울의 이 말도 안 되는 불균형도 조금 완화시킬 수 있는데 정말 아무것도 안 하고 있는 거죠. 농업 예산이 박근혜 때는 3.4퍼센트였거든요. 이게 문재인 정부 들어 점점 줄어들더니 지금 2.8퍼센트까지 떨어졌어요. 3퍼센트가 안 돼요, 전체 예산 중에. 뭐 엉망진창인 거죠. 농림부는 그냥 문재인 정부의 보훈 인사, 회전문 인사. 선거캠프에 있던 사람들이 자기들끼리 계속 돌고 도는 회전문. 개념 자체가 없는 거예요. 그 무능력을 보고 있자면 속에서 열불이 나요.

세화 굉장히 중요한 분야인데 말이죠, 농촌… 농민…. 중국만 해도 삼농이라든지 그런 움직임이 중요하게…

희일 뭐 일본만 해도 '미도리 프로젝트'라고 해서 친환경농법을 확장시키고 있어요. 왜냐하면 한국 못지않게…

세화 분위기 자체가 다르지요. 그런데 우리는 왜 이 지경으로… 농촌, 농민, 농업. 이게 정말 기후위기 문제하고도 관련해서 대단히 중요하게 접근해야 하는 분야인데.

희일 그러니까요.

세화 인클로저enclosure 이래 자본주의 축적기에 값싼 노동력을
위해 탈농촌이 강요되었고, 그래서 도시화의 과정이 지금까
지 지속됐다고 할 때, 이제 우리에게 닥친 기후위기는 방향 선
회를 요구하고 있다, 도시화가 아닌 농촌화로 가야 한다, 이런
기조가 조성되어야 할 텐데, 그냥 곳곳에 태양광 만드는 걸로
마감하고 있는 건가 하는 생각도 들고…

희일 미국에서는 태양광을 네바다에 설치하잖아요, 사막에다가. 땅
덩어리가 넓고 농토도 아니니까 거기에 깔아도 돼요. 그리고
조 바이든 행정부에서 그렇게 태양광 깔고 재생에너지를 확
대하려고 계속 노력 중이에요. 지금 미국은 두 가지의 인프라
예산안 통과에 주력하고 있죠. 하나는 물적 기반 뜯어고치는
초당적 인프라 예산안이에요. 낡은 상수도, 도로 이런 거 뜯어
고치는 데 1조 2천억 달러가 들어갈 예정이래요. 그리고 다른
하나가 버니 샌더스와 조 바이든이 함께 만든 사회복지 및 기
후 예산안이에요.

세화 지금 버니 샌더스가 예산 위원장인 거죠? 상원의…

희일 예, 민주당 경선에서 물러나면서 퇴로를 만들었어요. "나에게
는 나를 지지하는 많은 젊은 유권자의 표가 있다. 내가 경선
에서 물러나는 대신, 나와 함께 협상하자." 그렇게 만들어진

협상 테이블에 버니 샌더스도 앉았고, 미국 젊은 진보의 상징이자 그린뉴딜 발의자 중 한 명인 AOC(Alexandria Ocasio-Cortez, 민주당 하원의원)도 앉았던 거예요. 두 번째 예산안이 그렇게 만들어졌죠. 저소득 계층을 위한 사회복지 강화와 기후위기에 대한 대응이 담겨 있어요. 그 안에 담겨 있는 것 중 하나가 '기후시민단(Civilian Climate Corps)'이라는 게 있습니다. 썩 매력적인 아이디어라고 생각돼 저도 페이스북에 여러 번 소개 글을 올리기도 했죠. 이 단체의 전신이 루스벨트 대공황 시절에 만든 '시민자원보존단'이에요. 당시 대공황 시절에 미국 서부가 워낙 가물고 거대한 황사가 계속 덮쳐서 미국인들이 충격에 빠졌었죠. 그때도 환경이 많이 오염됐던 거예요. 그래서 루스벨트Franklin D. Roosevelt가 청년들한테 주당 얼마씩 돈을 줄 테니 와서 미국을 재건하자고 했어요. 이렇게 모인 청년들을 '시민자원보존단'이라고 불렀던 거죠. 산불방지 시스템 만들고, 나무 심고, 도로를 가꾸고, 농토도 가꿨어요. 그랜드 캐니언Grand Canyon같이 유명한 미국 국립공원의 트레일을 그때 다 만든 거예요. 버니 샌더스와 AOC, 상원의원 에드 마키Edward Markey 등이 그 아이디어를 차용해 '기후시민단'을 제안한 겁니다. 미국의 청년들, 유색 인종들, 저소득층에게 일자리를 보장하고 기후위기에 대응하자는 거예요. 생물 다양성과 생태 환경도 보존하고, 재생에너지도 확대하고 말이죠. 굉장히 좋은 아이디어라고 생각했어요. 무슨 얘기를 하다가 지금 이 얘기로 왔는지… (웃음) 하여간…

세화 (웃음) 한국이 전혀 대응하고 있지 않은 상황에 견주어서 지금…

희일 미국은 그런데 지금 뭐 공화당이 겐세… 아, 이런 말 쓰면 안 되지, 방해 놓고, 민주당 내에서도 석유 자본과 제약회사에 엮인 두 명의 상원의원이 있어요. 되게 유명한 악질. 얘네가 보이콧하고.

세화 아, 뭐 그렇겠죠.

희일 아까 말씀드린 미국 기후운동 조직인 선라이즈 무브먼트를 비롯해 진보 단체들이 저 두 번째 예산안을 통과시키려고 지금 고군분투하고 있더라고요. 아, 그 얘기 하려고 그랬구나. 미국에서 어쨌든 기후위기 대응 차원에서 친환경농법에 관심을 많이 두고 있습니다. 연간 10억 달러를 지원하니까 꽤 되죠. 탄소은행을 만들어 피복작물을 심고, 유기농법을 하는 농민들한테 신용을 줘요. 물론 탄소배출권 형태이고 이게 문제가 많아서 미국 기후·생태 운동가들에게 비판을 받고 있습니다만, 그래도 종전보다 진일보한 행보임에는 분명해요. 그리고 무엇보다 정부 지원 대상이 흑인 농부들 먼저예요. 작년에 대대적으로 벌어진 '흑인 생명은 소중하다(Black Lives Matter)' 운동의 여파이기도 하지만, 대농에 비해 소농들에게 더 많은 지원을 하겠다는 의지의 표현이죠. 흑인들 대부분이 소농이 거든요. 그런데 한국은 뭐, 문재인 정부 들어 친환경농법에 대한 정부 지원이 오히려 후퇴했어요. 친환경 농민들에게 뭘 지원하는 줄 아세요? 호밀이나 자운영 같은 피복작물을 재배할 경우, 그 씨앗의 반값을 지원해요. 씨앗의 반값. 그게 지원이에요. 미쳐버리는 거죠. 다른 나라는 환경직불금 주네, 뭘 주네, 뭘 주네… 그렇게 혜택을 줘야 뭔가 움직이니까요. 화학비료보다 친환경농법이 훨씬 더 어렵고 일손이 더 들어갑니다. 여기에도 '정의로운 전환'이 필요한 거예요. 꼴랑 씨앗값 반절 주면 누가 그걸 하겠어요? 저도 나이 더 들면 은퇴하고 말년엔 고향에 내려가 농사짓고 살려고 하는데, 내려가서 친환경 농사를 지을 동력이 하나도 없는 거예요. 저처럼 고향 땅이 있는 사람도 이런데, 도시에 사는 사람 중 누가 내려갈까요? 보수 양당이야 뭐 농촌을 수탈의 대상으로만 여기고, 세계사적 흐름에도 무지하니 저렇게 반농민 정책으로 일관하고 있지만, 한국의 진보정당들도 농촌 문제에 여전히 부족한 감각을 드러내는 것 같아요. 지난주였나? 진보정당의 농촌 공약과 정책들을 주욱 살펴보는데 많이 안타깝더라고요. 여전히 농촌을 바라보는 태도나 시야 자체에 한계가 있어요. 농촌 문제는 단순히 농촌 문제가 아니잖습니까. 자본주의가 자연을 어떻게

대해왔는지, 추상화된 화폐의 질서가 어떻게 인간과 자연의
직접적 관계를 파괴해 왔는지를 고스란히 보여주는 게 지금
의 농촌의 상황이라고 생각해요. 기후위기는 곧 농촌의 위기
인 거죠. 앞서 선생님이 말씀하셨던 것처럼 자연과 인간의 관
계를 사유하는 방식이 달라져야 하는데, 여전히…

세화 예, 그걸 이제 국가, 정부 차원에서 그런 방향으로 갈 수 있도
록 지원이, 아주 강력한 지원이 필요한 시점이잖아요?

희일 그렇죠.

세화 그리고 말씀하신 대로 청년들이 농촌으로 갈 수 있게끔 하는
그러한 철학도 필요하고. 하여튼 변화를 일으켜야 하는데, 어
디에서도 그런 조짐이 보이지 않으니까, 참… 농촌, 농민, 농업
의 중요성을 알아야 하는데 정말 우리가 왜 이렇게 돼버렸는
지 모르겠네요. 정말 강조하고 또 강조하고 그래야 하는데, 왜
이 지경이 됐는지… 한때는 '농자천하지대본農者天下之大本',
그런 시절도 있었는데 어떻게 이 지경이 되었는지.

희일 뭐, 너무 압축적인 근대화를 겪기도 했고, 성장을 앞세운 채
공산품 수출 위주로 경제 체제가 화석처럼 굳어지면서 그렇
게 된 것 같아요. GDP 성장주의랄까. 인간과 자연을 대하는

태도가 폭력적으로 변하게 된 것도 영향을 미쳤을 거고요.

수치에 가려진 생태 학살 그리고 에너지 식민주의

희일 얼마 전에 돌아가신, 《녹색평론》 김종철 선생님과 몇 년 전에 했던 대담이 문득 떠오릅니다. 제가 질문을 하고 선생님이 응답하는 방식의 대담이었는데, 맨 마지막에 제가 이런 질문을 드렸어요. "혹시 기회가 된다면 어느 나라에 가고 싶으세요?" 그랬더니 "난 코스타리카." 하시더라고요. 그때는 별로 동의가 안 됐었어요. 저는 우루과이로 가고 싶다고 그랬어요. 바라보는 게 좀 달랐달까. 생태사회주의적 지향을 하는 우루과이를 저는 마음에 들어했고, 훨씬 생태주의 측면이 강한 코스타리카를 선생님은 좋아하셨던 것 같아요.

코스타리카는 꽤 놀라운 숲의 역사를 가진 나라예요. 그곳은 1940년대만 해도 산림 비율이 70퍼센트를 넘었었는데, 1950년대부터 개간을 하기 시작했어요. 경제성장을 위해 벌채를 하고, 커피와 바나나를 심고, 산림을 계속 훼손했어요. 그러다가 1980년대 어느 날 문득 보니 전 국토의 숲이 25퍼센트 남짓까지 바짝 줄어든 거예요. 그 때문에 오염도 심하고, 홍수도 더 잦아지고 그랬죠. 그때 결단을 하게 됩니다. 성장주의가 아니라, 숲과 인간이 공존하는 방향으로 정책을 돌리기로 한 거죠. 정부는 그때부터 숲을 개간하며 살던 농부들에게 외려 나무를 심거나 숲을 보호하고, 양봉을 하면 지원금을 주기 시작했어요. 그러니까 농부들이 더 이상 나무를 벌채하지 않고 숲을 가꾸기 시작한 거예요. 그렇게 20~30년 지나고 나니까 전 세계에서 그 아름다운 숲을 보러 오기 시작했어요. 지금은 어마어마한 관광자원이 됐죠. 숲의 나라가 됐어요.

그런데 한국 산림청의 경우, 올해 초에 나무 10억 그루를 심겠다고 발표했어요. 그냥 들으면 나무를 심는 거니 좋은 거라고 생각되겠죠. 하지만 한국은 산림녹화가 가장 잘된 나라 중 하나예요. 나무 심을 곳이 그리 많지 않습니다. 나무를 심으려면 나무를 베어내야 해요. 산림청은 수목 연령이 30년이 넘으면 탄소격리 능력이 떨어지니 어린나무를 심어야 한다고 주장해요. 거짓말이에요. 나무는 오래 살수록, 숲의 에코시스템은 오래될수록 탄소를 더 많이 격리해요. 산림청이 그렇게 거짓말하는 이유가 바로 '탄소상쇄 이데올로기' 때문이에요. 오염 기업들이 계속 탄소를 배출하는 동안 멀쩡하게 탄소를 빨아들이던 나무를 베어내고, 어린나무를 심으면 그게 탄소를 감축한 수치로 계산이 되거든요. 이쪽에서 오염 플러스, 저쪽에서 감축 마이너스, 탄소중립이 이루어지는 거라고 우기는 거예요. 벌채를 통해 숲이 오염되며 메탄을 비롯해 탄소가 방출되는데 그건 계산에 넣지 않아요. 무조건 어린나무의 탄소 배출량만 산술적으로 측정되는 마술이 행해지는 거죠. 바로 산림청의 10억 그루 심기 프로젝트의 숨겨진 진실이에요. 죽어도 자본의 탄소는 줄이지 않고, 멀쩡한 나무들을 다 베어내고 어린나무를 심어 수치의 마술을 부려 탄소중립을 했다고 우기는 전략이죠. 거짓말, '생태 학살'이에요.

정말로 탄소를 더 많이 격리하고 싶으면 코스타리카처럼 숲을 보호하면 돼요. 그런데 한국의 경우 거꾸로 가는 거죠. 정말 치가 떨리더라고요. 저희 고향이 그렇거든요. 고향 산에 딱 갔더니 아작이 났어요. 다 벌채해 놨더라고요. 너무너무 열이 받아요. 거기는 녹화 조림 이후에 자연스럽게 나무들이 스스로 섞여들어 천연화된 숲이에요. 탄소격리 능력도 뛰어난 곳인데, 그냥 막 다 잘라냈어요. 산림청 발표 이후, 환경단체와 사람들이 난리를 치니까 산림청이 잘못했다, 교정하겠다고 했지만 그 태도엔 변함이 없습니다. 탄소중립위원회도 산림청과 짝꿍처럼 붙어서 여전히 '탄소상쇄'와 나무 심기를 독려하는 모양새예요.

게다가 한국은 우드펠릿wood pellet 최대 수입국 중 하나예요. 우드펠릿은 나무를 쪼개고 쪄서 총알 크기로 만든 거예요. 그것을 발전소에 넣고 태워 전력을 얻죠. 그런데 수많은 학자들과 그레타 툰베리를 비롯한 환경운동가들이 우드펠릿은 결코 재생에너지가 아니라고 그렇게 하소연하고 있는데도, 한국과 유럽은 계속 전 세계에서 나무를 잘라 우드펠릿으로 가공해 불태우고 있어요. 참으로 아이러니하게도, 우드펠릿을 위해 나무를 벌채하고 가공해서 실어 오는 곳이 정확히 예전의 식민지 수탈 경로와 겹쳐집니다. 예를 들어 미국의 경우, 남부 지역에서 나무를 벌채하는데, 대부분 가난한 흑인들이 사는 곳이에요. 그곳에서 나무를 자르고 공장에서 우드펠릿으로 가공하죠. 그 공장에서 일하는 흑인 노동자들은 하루 종일 분진 속에서 일을 합니다. 폐가 썩어 들어가고 있죠. 예전에 자기 조상들이 목화를 따서 유럽으로 보내는 바로 똑같은 장소에서 이제는 우드펠릿을 가공해 배에 실어 보내는 거죠. 캐나다 BC주, 남아시아 등 다른 지역도 마찬가지로 기존 식민지 경로와 겹쳐집니다. 유럽과 일본, 그리고 한국이 그런 식으로 '에너지 식민주의'를 가동하고 있는 거예요. 기후위기 대응과 재생에너지 확보라는 미명하에. 그래서 전 기후위기를 촉발한 책임을 정확히 지목하지 않고, 또 체제 전환을 촉구하지 않는 기후운동은 그것 자체로 모순적이라고 생각합니다.

세화 정말 우리 인간이 지금 이 자본주의 위기를 극복하려면 탈성장으로 가야 한다고 할 때, 지금까지 살아온 삶의 방식과 다른 완벽한 전환이 필요한데, 지금 정치권이라든지 언론이라든지 시민사회라든지 목소리가 너무 미약한, 취약한 이런 형편인 것 같네요. 이게 또 그야말로 위기라고 느껴질 정도로.

희일 요즘 진보정당들도 탄소세 얘기를 해요. 그러면 최소한 토마 피케티Thomas Piketty가 얘기했던 것처럼 탄소 배출의 책임이 있는 10퍼센트, 전 세계 상위 10퍼센트가 탄소 배출의 50퍼센트 이상의 책임이 있거든요. 얘네들한테 누진적으로 탄소세를 걸고, 거둬들인 걸로 기후위기 최전선에 있는 공동체를 지원하는 어떤 구조가 돼야 해요. 간접세 형태로 탄소세를 부과하는 것은 책임 회피죠. 진보진영은 그런 언어들을 섬세히 개발했으면 좋겠어요.

세화 한국이 지금 진보정당이 계속 힘을 잃어가는, 힘이 약해지는 상황이라 그런 면에서 우려가 되는군요. 대선 다가오는데 어떤 방식으로든 압력을 가할 수 있었으면 하는 바람인데, 진보정당 후보야 그런 얘기를 하겠지만…

희일 얼마 전에, 뭐 개인적인 주장에 불과하지만, 페이스북에 조심스럽게 그런 제안을 했어요. '기후시민의회'를 꾸리는 게 어떻겠느냐. '민주노총', '전농', '농민의 길' 같은 농민 단체들, 진보정당들, 청소년들, 기후정의에 동의하는 제반 진보세력들을 규합해서 탄소중립위원회의 허위성을 폭로하고, 체제를 전환하라는 요구를 함께 하는 게 어떨까 싶었어요.

세화 그런 게 꼭 필요한 상황이지요.

희일 예, 왜냐하면 지금 다 분리된 상황에서 해본들 힘도 약하고 의미의 궤적도 희미할 것 같으니까요. 불평등과 함께 기후 문제를 해결하자고, 체제를 전환하자고, 그런 목소리를 낼 협의체를 만들자는 거죠. 머지않아 위드 코로나가 될 거 같으니까 이제는 데모도 하고 시위도 해야 되니까, 그런 형태로 좀 싸울 수 있는 어떤 본거지라도 있어야 되잖아요? 어떤 마음들의 본거지라도.

세화 뭔가 진작되는 게 좀 있어야지요. 지금 코로나 때문에 조금 위축되어 있는 상황이긴 하지만 앞으로 위드 코로나가 되고 그러면 이 문제를 좀 더 집중적으로 부각하고, 정치권을 압박하고, 여론을 형성하는 게 굉장히 중요한 시점인 것 같습니다.

희일 토론하고 세미나하는 것도 중요하지만, 결국엔 아스팔트 싸움에 달려 있다고 봐요. 다들 뛰쳐나가서 관심을 보여야, 절박함을 보여야 되지 않을까. 지금도 적지 않은 사람들이 여전히 기술적으로 접근하고 있거든요. 심지어 진보정당들의 기후 관련 전문가들도 그래요. 모 유명 환경단체의 기후위원이라는 사람은 테슬라 주식 있다고 자랑하더라고요. 전기차, 핵융합, 그린 수소 등 여전히 기술주의적으로 접근을 하고 있고, 그런 방식으로 기후위기에 대응할 수 있다고 생각하는 거죠. 참 한가하고 나이브해요. 아니, 1970년대 오일쇼크 이후 50년 동안 기술로 기후 문제 해결 가능하다고 그렇게 큰소리를 쳐왔지만 목전까지 물이 차오르는 지금도 기술 타령을 해요.

세화 아직도 그런 생각을 갖고 있는 사람들이 많죠. 앞서 말씀드린 가진 사람들, 많이 가진 사람들, 그 가능성을 맹신하는 사람들, 기술주의자들… 쉽게 수그러들지 않을 거예요. 핵융합 문제도 그렇고, 거기에 탄소포집 이런 기술도 그렇고, 계속 그런 거에 기대를 하겠죠.

희일 그런데 또 한편으론 반성하는 마음이 들기도 합니다. 얼마 전에, 물론 녹색연합이 의뢰해서 그런 결과가 나왔을 수도 있는데, 국민들 대상으로 기후위기 관련 조사를 대대적으로 했더니 '80퍼센트가 심각하다, 91퍼센트는 대선에 기후위기 이야기가 전면적으로 드러나야 한다'고 대답했더라고요. 그 기사 보고 많은 생각이 들었어요. 기후와 불평등 문제에 관심이 없다고 되레 시민들을 나도 모르게 '우매화'하지 않았던가. 속단과 단정의 근거는 무엇이었던 걸까. 돌이켜 보면, 제가 자유주의자들의 '착한 소비'라고 비판해 왔던 시민들의 소극적인 실천들. 분리수거를 하고, 불을 끄고, 채식을 하고, 제로 웨이스트를 실천하는 그런 소소한 마음들 속엔 어떤 근심이 자리 잡고 있는 게 아닐까 싶은 거죠. 심지어 배달 음식 자주 시키거나 플라스틱 식기가 오면 적지 않은 시민들이 죄의식을 느끼기도 한대요. 혹여나 그 근심과 죄의식 이면엔 좌파와 진보세력의 무능이 자리하고 있는 건 아닐까 하는 생각이 듭니다. 기후위기에 대응할 수 있는 싸움의 언어를 세공하거나 공유하지 못한 무능력 말입니다.

지구를 위해 탈성장 요구 횃불 들어야 할 때

세화 저는 앞서 계속 강조한 것처럼 한국 사회가 이 위기 상황을 너무 막연하게 인식하고 있다는 생각이 듭니다. 정치권은 물론이고, 시민사회도 그렇고요. 이 상황을 정말 위기로 느끼기는 하는 걸까, 라는 생각이 들 정도예요. 그래서 코로나 상황이 어느 정도 진정되고 위축 상황이 좀 풀어진다면 정말 젊은 세대와 지금 태어나는 세대, 이런 연대 차원에서도 촛불을 들어야 하는 때가 아닌가, 이 기후위기 심각성을 공감할 수 있게끔 하는 그런 움직임, 위기라는 것을 그냥 말로 할 게 아니라 정말 우리 삶 속에서 그 위기를 인식하고, 대처해 나가는 모습을 보여줘야 한다고 봐요. 성장주의에서 벗어날 수 있는 근본적인 전환, 변혁이 필요한 그런 시점이라는 인식이 확산돼야 한다고 봐요. 그리고 일상의 변화도 필요하다는 생각이네요. 그리고 농업, 농촌, 농민의 문제를 정말 심각하게 돌아봐야 한다는 생각이 들고 그렇습니다.

희일 뭐 촛불도 들고, 짱돌도 던지고. 이거 화염병도 등장해야 되는 거 아닌가 하는 생각이 들 정도예요.

세화 기성세대로서 우리 젊은이들이나 어린애들을 볼 때, 또 교육 문제를 봐도 기성세대의 일원으로서 너무 미안한 마음이 들어요. 지금 기후위기 문제는, 저 같은 사람은 속된 표현으로 얼마 남지 않았지만, 앞으로 살아가야 할 사람, 태어날 아이들을 보면 '안됐다' 이런 정도의 문제를 넘어섰다고 봐요. 한편으로 옆 나라의 재난 보도 기사에 달린 '꼬시다' 같은 댓글을 보면 이게 참…. 유럽에서도 나타나는 제노포비아xenophobia 현상이 대개 살기가 좀 팍팍해지면 더 강하게 나타나잖아요? 우려되는 것은 기후위기로 성장을 멈추어야 할 때, 그런 속에서 불평등이 격심해지고 삶의 환경이 팍팍해질 때, 연대하기보다는 차별·배제·혐오의 심성도 같이 그런 방향으로 나아가지 않을까 싶은 겁니다. 우리 교육이 경쟁지상주의에 매몰돼 인문학적인 토대랄까 소양이 너무 일천하다는, 너무 부박하다는 생각을 하게 되면 마음이 어두워져요.

희일 이런 생각 저런 생각 하다 보면 우울할 수밖에 없더라고요. 얼마 전 추석 때 고향 내려간 김에 마늘 심고, 쪽파 심고, 일 좀 하고 보름 만에 상경했는데, 약간 밀린 것 좀 보려고 뉴스피드를 쭉 내리는데 사진 하나가 떠서 뭐지? 하고 보니까, 미국에서 며칠 전에 논란이 됐던 사진인데, 텍사스에서 국경을 넘으려는 아이티 난민을 미국 기마순찰대가 폭력을 행사하며 내쫓는 장면이었어요. 아이티가 정치적으로 위기잖아요. 분쟁도 일어나고, 지진도 자주 일어나고. 그런데 아이티를 비롯해 카리브해가 전반적으로 기후위기에 처해 있거든요. 아이티의 경우 지금 30퍼센트 이상이 굶주리고 있다고 해요. 당연히 미국으로 갈 수밖에 없잖아요. 현재 유엔 추산으로 보면 8,000만명 정도가 난민인데, 그중에 기후위기로 생긴 난민이 2,500만명 정도예요. 그런데 이게 점점 더 증가 추세에 있고요. 이번에 탈레반이 아프가니스탄을 쉽게 점령할 수 있었던 이유 중 하나도 기후위기였어요. 이미 가뭄과 식량 부족으로 황폐화되어 있었던 거죠. 수십만 명의 기후 난민이 발생했다고 합니다. 말씀하신 것처럼 기후위기 때문에 난민들이 더 폭증할 거예요. 미국이나 유럽의 국경선을 보세요. 들어가려는 자와 막으려는 자가 부딪치는 곳이잖아요. 기후 난민이 발생할수록 점점 더 격렬해질 겁니다. 그리고 각국 내부에서는 반이민 정서에 기초한 우익 정치가 기승을 부릴 거고요.

세화 말씀하신 그 사진, 아이티 난민이 텍사스로 넘어갈 때 기마순찰대가 사람을 마구 대하는 걸 보면서, 아이티에 지진까지 있었는데, 그들의 역사를 되돌아보면 마음이 참 아픕니다. 제 기억이 맞는다면 아이티가 프랑스로부터 독립할 때, 150년 동안

기후 변화 = 더 많은 기후 난민. 2019년 9월 20일 멜버른 글로벌 기후 파업 [CC BY 2.0] Takver from Australia

인가 프랑스에 부채를 갚는다는 조건으로 독립을 했던 거죠. 해방값이라고 해야 할까요. 국민총소득 중에 몇 퍼센트를 계속 프랑스에 갖다 바쳐야 되는, 그런 역사를 가진 데다가 지진 까지 나고, 지금 기후위기까지…

희일 네, 계속 가뭄이 들고 태풍이 왔죠.

세화 예, 그런 일까지 겪고 그런 걸 보면 어떻게 그렇게 핍박당하고 희생되는 역사의 수레바퀴에 계속 있게 되나 하는 그런 생각 이 떠나지 않네요. 아직 일부의 목소리이지만 아프리카도 그 렇고 아이티를 비롯해 앤틸리스Antilles도 그렇고, 배상을 요구하는 목소리가 나오고 있잖아요. 그게 힘의 역학관계로 봐도 성사되기는 거의 불가능한 일이겠지만, 그래도 그런 목소리들이 계속 이어졌으면 좋겠다는 생각이 듭니다. 기후위기의 책임 문제와 함께요.

희일 몇 달 전에 문재인 정부가 기후위기 관련해 국가 정상회담(P4G 서울 녹색미래 정상회의, 2021. 5. 30.~5. 31.)을 줌ZOOM으로 열었어요. 그때 문재인 대통령이 나와서 연설을 했죠. 근데 사실 말도 안 되는 소리들이었어요. 다른 나라들은 2030년까지 45퍼센트를 줄인다, 그것보다 더 많이 줄이겠다, NDC(Nationally Determined Contribution, 국가결정기여 온실가스 감축 목표) 목표를 이야기하는데 한국에선 18퍼센트 정도만 줄이겠다고 이야기하면서, 무슨 기후위기 대응 선도국인 양 연설을 했던 거죠. 그런데 더 가관은 국내 언론들 대부분이 대통령이 착용한 넥타이에만 관심을 갖는 거예요. 폐플라스틱으로 만든 친환경 소재 넥타이라고. 한심하죠. 그때 맞은편에 누가 있었냐면, 콜롬비아 대통령이었어요. 그 사람이 했던 이야기가 있는데, 국내 언론은 단 한 군데도 실어주지 않았어요. 문재인 대통령의 넥타이만 보도하고 말이죠. 콜롬비아 대통령이 뭐라고 했냐면 선생님께서 말씀하신 얘기를 하는 거예요. 채무와 배상. "당신들이 배출한 탄소 때문에 지금 우리의 삶이 무너지고 있다. 우리가 당신들한테 진 빚을 우선 면제할 필

요가 있다. 당신들이 책임을 져야 한다.” 그런데 선진국 자본
주의 국가들은 아무도 그 이야기를 안 들어요. 한국도 마찬가
지고요. 자꾸 귀를 닫아요. 최소한 그 줌 회담을 주최한 한국
은 그런 이야기를 보도할 책임이 있지 않나 싶은데, 페플라스
틱 넥타이만 줄창 떠들더라고요. 아예 책임과 부채 의식을 못
느끼는 거예요.

세화 그렇죠.

희일 한국이 1인당 탄소 배출량이 세계 6위예요. 전 세계 1인당 1
년 평균 탄소 배출량이 6.2톤이거든요. 그런데 한국 사람들은
1년에 14톤을 배출해요. 두 배 이상. 너무 많은 걸 쓰죠. 정말
거의 정점에서 탄소를 뿜고 있는 나라거든요. 정말 악당이에
요. 근데 줄이지도 않아, 아 미치겠다!

세화 기후 악당이죠. 완전히 기후 악당! 인간은 편함을 추구하는
동물인데 이제 불편함을 택해야 하지 않나 싶어요. 큰 것보다
작은 것, 빨리빨리보다 천천히, 거창하기보다는 섬세하게, ‘대
전환’이라는 말을 하는데 그 구체적 모습이 이런 것이어야 하
지 않나 싶습니다. 이른바 ‘소확행’으로도 기후 악당을 벗어날
수 없을 테니까요.

차별과 혐오는
어디에서 비롯되는가

#난민 #성소수자 #이주노동자 #제주 예멘 난민 혐오

#화성 외국인 보호소 #팍스PACS(시민연대계약) #차별금지법

#생활동반자법 #한국 사회의 보수화 #보수적 기독교 세력

#무지개 장막 #실존적 호모포비아 #정치적 호모포비아

#집권 여당의 기만 #GDP인종주의

#민도 #사회의 품격 #공존의 미학

어느 작가의 귀국

이송희일(이하 '희일') 제가 오늘 주제에 걸맞은 내용인 것 같아서, 지
　　　난주에 받은 책인데요….

홍세화(이하 '세화') 네.

희일 이 책으로 서문을 열면 어떨까 해서요.

세화 예, 좋네요.

희일 책을 덜 읽었었는데, 여기 오는 길에 전철 안에서 부랴부랴 다
　　　읽었어요. 저한테 이 책 보내주신 분이 강영훈이라는 작가예
　　　요. 성소수자와 관련된 길벗체[3]라고 하는 서체가 있어요. 온
　　　라인상이나 오프라인상에서 요즘 많이들 그 서체를 따라서
　　　해요. 강영훈 작가는 그 길벗체를 제작한 디자이너 중 한 분
　　　인데, 이분이 성소수자예요. 몇 년 전에 군대에서 커밍아웃을
　　　했었죠. 한국 군대에서 성소수자가 커밍아웃을 하면 종종 정
　　　신병원에 감금되기도 해요. 그리고 불명예제대 형태로 방출되

---

3 미국의 예술가이자 동성애 인권운동가로서 1978년 무지개기를 처음 디자인한
　길버트 베이커Gilbert Baker를 기리기 위해 만든 영문 글꼴이 길버트체인데,
　길벗체는 길버트체의 한글 글꼴이다.

죠. 강영훈 작가도 군 정신병원에 감금돼 강제로 약을 투여받고, 신체도 구속됐었어요. 불명예제대 조건으로 그의 어머니한테 군대에 어떤 책임도 묻지 않겠다는 각서가 요구됐대요.

세화 그래요? 군대에서 그런 요구를 했다고요?

희일 예, 그래서 되게 큰 상처를 받고, 공황장애까지 앓다가 영국으로 유학을 가셨대요. 그 왜 2018년도에 제주도에 300명이 넘는 예멘 난민들이 와서 사회적인 화두가 됐었잖아요? 근데 이 작가분이 제주 출신이에요. 영국에서 시각예술을 전공하고 있던 차였는데, 우연히 제주 난민 기사를 읽은 후에 뭐 도울 일이 있을까 하고 잠깐 귀국을 했고, 예멘의 두 난민과 인연이 닿았다고 해요. 난민 남자랑 여자랑 3년 동안의 어떤 동행의 기록을 이번에 이제 이 책으로 내놓기도 하고, 그림책으로도 내고, 영상 전시도 하고, 지금 계속 그 프로젝트를 진행하고 있는데 고맙게도 책을 보내주셨더라고요. 그래서 읽어보게 되었죠.

저도 성소수자 인권운동에 몸담은 적이 있었는데, 한 10여 년 전만 해도 저희 단체로 간혹 연락이 왔었어요. 제가 소속되어 있던 단체는 한국 게이 인권운동 단체인 '친구사이'라는 단체였어요. 주로 무슨 연락이었냐면, '내가 지금 캐나다에 있다, 혹은 내가 지금 유럽 어디에 있는데 난민 지위를 받고자 한다', '한국에서 커밍아웃을 했는데 집에서 쫓겨났다' 등등. 지금 난민법이라고 하는 게 1950년대, 1960년대 딱 그 수준이에요. 물론 그 이후로 수정이 되긴 했지만, 여전히 그 조건들이 좀 한정적이어서 성소수자가 난민 지위를 인정받는 게 무척 어렵더라고요. 2000년대 초반까지만 해도 그런 연락들이 가끔 왔었어요. 하지만 딱히 도울 방법이 없어서 속만 상하고 그랬었죠. 하여간 저한테 책을 보내준 그 작가도 한국을 떠나서 난민처럼 살려고 했었던 것 같아요. 그러다가 자기 고향에 난민들이 왔다가 고초를 겪고 있다는 이야기를 듣고 동질감을 느꼈다고 하더라고요. 난민과 성소수자. 서로 어떤 존재의 동일한 궤적들이 분명 있으니까요.

국내외 소수자 보호 현황

세화 그렇죠. 제가 1980년대 전두환 정권 때 프랑스 파리에서 정치적 난민 자격으로 있었는데, 그때 한국에서 온 젊은이 둘을 만난 적이 있어요. 성소수자였어요.

희일 아, 그래요? 1980년대에도 그런?

세화 80년대에 이미. 혹시 난민 자격을 얻을 수 없는지….

희일 아~~ 그렇구나~~

세화 그런 희망, 기대를 갖고 있더라고요. 제가 알기로는 1990년대인가 2000년대인가, 네덜란드와 호주, 캐나다에서 난민 자격을 얻은 걸로 알고 있어요. 그런데 성소수자로서만 난민 자격을 얻은 게 아니고, 한국에 대체복무제가 없다는 것, 그러니까 성소수자 청년들이 평화적인 신념으로 군대에 가고 싶지 않은데 대체복무제가 없다는 점이 같이 묶여서, 몇몇 나라에서, 프랑스에서도 난민 자격을 받은 청년이 있는 걸로 알고 있어요. 지금은 상황이 달라졌을 거예요. 대체복무제도 생겼으니까요. 지금은 역으로 아랍권 출신 성소수자들이 한국에 와서 난민 신청을 한 경우가 꽤 있어요.

희일 지금 화성 보호소에 있는?

세화 그분은 보호 일시 해제로 지금은 나와 있어요. 보호소에 갇혀 있는 동안 당뇨 증세가 엄청나게 심해졌거든요. 북아프리카 출신의 50대 남자예요. 나이도 많은 편인데 자기는 무슬림이 아닌 데다 성소수자여서, 자국에서 걸핏하면 돌팔매질을 당했다고 해요. 얼굴에 상처가 많고요. 지금 난민 자격 신청이 인정받지 못해 행정재판 중에 있는데 큰 기대를 하지는 못하고 있어요. 2017년에 나온 대법원 판례에 성소수자성을 드러내지 않고 살면 된다고 돼 있는 거예요. 판례의 정확한 서술은 이래요. "사회적 비난, 불명예, 수치를 피하기 위하여 스스로 자신의 성적 지향을 숨기기로 결심하는 것은 부당한 사회적 제약일 수 있으나 난민협약에서 말하는 박해에 해당하지 아니한다." 이게 대법원 판례의 수준입니다. 그냥 "난민 자격 주기 싫어!"라고 하는 편이 낫지요. 2007년에 캐나다 난민보호부가 내린 결정서에는 이렇게 나옵니다. "숨겨진 권리는 권리가 아니다(A hidden right is not a right)." 한국의 대법원과는 다르죠. 한국의 대법원이 성소수자의 정체성을 숨기고 살면 되잖아! 그러면 박해받지 않고 살 수 있잖아, 라고 말할 때, 캐나다 난민보호부는 정체성을 숨긴 채 얻는 권리는 권리가 아니다, 라고 말하고 있으니까요.

희일 2007년인가요? 파키스탄 성소수자가 한국에서 처음으로 난민 지위를 인정받은 후로 단 한 명도 그 지위를 인정받은 적이 없거든요. 지금까지도 계속 한국을 떠돌고 있더라고요.

세화 아랍권 출신 그분은 보호소에서 1년 동안 갇혀 있다가 나왔는데 막막한 상황이죠.

희일 제가 1997년에 성소수자 인권운동 하겠다고 단체에 들어갔었어요. 1998년만 해도 여러 가지 해야 할 업무가 많았어요. 밖에서는 대외 협력 등 인권운동도 해야 하고, 안에서는 또 커뮤니티도 돌봐야 하는 그런 사업들이 좀 많았었죠. 그중에 하나가 핫라인hotline을 두고 상담을 받는 거였어요. 온라인 상담도 있었고 직접 만나서 하는 상담도 있었죠. 기억나는 특이한 케이스가 하나 있어요. 1998년쯤에 북한 난민이 성소수자로 한국에 왔어요. 정말로 너무 힘들어서 자기는 남한으로 가야겠다고 해서 온 거죠. 그분이 하소연을 하는데 인권 단체가 도울 방법이 그때만 해도 되게 요원했었죠. 탈북민인 데다가 성소수자라서 굉장히 힘들어하셨어요. 당시 딱히 도울 방법이 없어서 속만 상했던 기억이 납니다. 그러다가 작년에 우연히 기사를 봤는데, 지금 재미교포인가 파트너를 만나서 미국에서 잘 살고 있다고 인터뷰를 하셨더라고요. 다행이다~~ 했죠. 그러니까 결국엔 미국에서 인연을 만나셨네. 와, 파란만

장하시구나. (웃음)

세화 캐나다로 가거나 그런 식이죠. 한국에서는 견디지 못하고. 저
는 프랑스의 성소수자들이 동성결혼권을 얻기까지의 과정
을 옆에서 지켜볼 수 있었어요. 1990년대 후반에 소위 팍스
PACS[4]라는 것부터 시작됐는데 한국에서는 뭐라고 하던가…?

희일 시민계약, 동반자법, 또는 파트너십이요.

세화 예, 그래서 그건 성소수자만이 아니고, 자매나 형제간에도 계
약을 맺을 수 있고, 그렇게 계약을 맺고 함께 살면, 세제상으
로 남녀 간 결혼 관계에 버금가는 혜택을 받을 수 있고 서로
법적 보호자의 자격을 가질 수 있는, 그런 내용이 담겨 있었

---

4 시민연대계약(PACS, PActe Civil de Solidarité, 팍스)이란 결혼하지 않아도 법적
·제도적으로 차별을 받지 않고 자유롭게 동거하고 아이를 낳아 기르는 등 부
부에 준하는 사회적 보장을 받을 수 있는 프랑스의 시민 결합 제도다. 1999년
프랑스에서 도입된 이후 동거의 유연성과 결혼의 보장성을 결합한 가족 구성
의 대안으로 각광받고 있다. PACS는 당초 동성 커플의 법적 결합 인정을 위해
도입됐으나, 90퍼센트 이상이 이성애자 커플이다. PACS로 맺어진 커플은 쉽게
갈라설 수 있으나 이 제도가 프랑스 출산율 상승을 도왔다는 의견이 많다. 국
내에서는 프랑스의 PACS를 모델로 한 '생활동반자법'이 논의된 바 있다. 지난
19대, 20대 진선미 더불어민주당 의원실이 입법을 추진했다. 생활동반자법은
혈연 및 혼인관계를 뛰어넘어 누군가와 함께 사는 사람들을 '생활동반자 관계'
로 인정하고, 더 안정적으로 살아갈 수 있도록 권리와 의무 등을 부여하자는
취지였으나 초기부터 '동성혼을 사실상 합법화하는 법'이라며 거센 비판에 휩
싸여 결국 발의되지 못했다. (DAUM 백과, 에듀윌 시사상식)

죠. 그때 사회당 정권이 PACS법안을 하원에 제출했는데, 보수적 가톨릭 쪽에서 엄청난 반대가 있었죠. 가족 파괴니 그러면서요. 이 법안에 대한 프랑스 여론은 찬반 50 대 50 정도로 팽팽했어요. 그래도 사회당을 비롯한 좌파와 급진당이 함께 밀어붙여서 통과가 됐어요. 그때를 돌이켜 보면 법 제정의 중요성을 다시금 느끼게 되는데, 법안 통과 1년 뒤 이 법안에 대한 찬반이 70 대 30으로 바뀌었거든요. 법이 제정되고 나니까 반대했던 사람들의 절반 가까이가 찬성 쪽으로 바뀐 거죠. 그다음은 잘 아시는 바와 같이 2000년대 들어오자마자 네덜란드가 제일 먼저 생활동반자법에서 멈추지 않고 동성결혼권을 법제화했어요. 그때가 2001년일 거예요. 그러고 나서 스위스, 스페인 같은 유럽 나라들에서 프랑스도 마찬가지고, 한 15년 정도 되는 것 같아요. PACS가 있은 뒤 그 정도 시간이 지난 뒤 동성결혼권이 법제화되었어요. 지금 암스테르담이나 파리의 유치학교 아이들 사이에는 엄마가 둘이거나 아빠가 둘인 아이들이 있어요. 아이들이 알고 있죠. 왜냐하면 어제 제 친구 찾으러 온 엄마하고 오늘 찾으러 온 엄마가 다른 엄마일수 있으니까. 또 아빠도 그럴 수 있고요. 그래서 아이들 사이에서, 흔히 얘기하는 '정상 가족'이라는 개념 자체가 사라지고 있어요. 유럽 국가 중에서 제일 늦은 나라가 독일이었는데 4년 전에 동성결혼권이 합법화가 됐고요.

희일 이번에 스위스가 동성결혼을 합법화했는데, 서유럽에서 동성
결혼의 마지막 열차를 탔다고 하더라고요. 아마 지난주에…

세화 아, 그랬나요?

희일 예, 국민투표를 거쳐서.

세화 아, 그런데 그건 아마 제가 알기로는 이미 실제로는 돼 있던
거를 뭐…

희일 동반자법이 있었던 건 확실한데…

세화 아, 그래요? 그러면 제가 그건 잘못 알고 있었던 것 같네요.
저는 독일이 제일 늦은 걸로 알고 있었는데…. 미국도 연방법
원에서 벌써 몇 년 전에, 그리고 또 더 잘 아시겠지만 아시아
에서는 대만이 그렇고…. 근데 지금 우리는 아직 생활동반자
법도 안 되고 있는 이런 상황인데, 더 잘 아시겠네요, 성소수
자 운동을 하셨다고 하니.

희일 떠난 지가 뭐, 강산도 바뀐다는 10년도 더 넘었는데요. (웃음)

세화 (웃음) 그래도… 당사자이시니까… 제가 알고 싶은 건 한국 사

회에서 성소수자로 사는 데에 있어서 전에 비해 조금이라도 나아진 게 있는지… 예컨대 퀴어queer 퍼레이드라든지 이런 것을 통해서… 20년이 됐잖아요? 그런 과정을 거치면서 그래도, 제도적인 차별이나 억압 이런 건 당연하겠지만, 아까 말씀하신 군대에서 벌어지는 황당한 일도 있고, 그럼에도 사회의 분위기라든지 이런 게 조금은 바뀌고 있다, 나아지고 있다, 이런 것을 느끼고 계시는지…

보수화되는 한국 사회, 정치적으로 가공되는 호모포비아!

희일 그게 좀 애매한 것 같아요. 1980년대에는 저는… 아까 그 한국의 성소수자가 유럽에 가서 난민을 신청했다는…

세화 아니, 그때 만났던 분들은 신청했던 게 아니라 가능성에 대해서 알아보고 있었다고 했어요. 말도 잘 안 통하는 어려운 상황이었고… 그때 저는 프랑스보다는 네덜란드가 좀 더 낫지 않을까, 그 정도 얘기를 해주었던 것 같아요. 저도 잘 몰랐기 때문에….

희일 이게 약간 비사 같은 건데, 유럽 쪽에서는 발음이 '눙왕' 뭐 이래요. 한국어로 발음하면 '용왕'이라고 합니다. 고대 중국의 유명한 미소년 신하 이름이 '용왕'이었어요. 왕의 사랑을 받아서 유명했죠. 여전히 중국에서는 동성애를 의미하는 단어로 사용됩니다. 그런데 유럽이나 미국, 필리핀 이런 데에서 백인 할아버지 게이와 아시아권 미소년들의 만남이 이뤄지는 술집들을 용왕클럽이라고 했던 거예요. 동성애를 처벌하거나 차별하는 아시아권 청년들이 유럽이나 미국으로 가서 나이 든 백인들을 그렇게 만났던 거죠. 도피하듯 말이에요. 당시의 상황을 상징적으로 보여주는 그림이랄까. 그런 이야기들을 들을 때마다 마음이 참 그랬어요.

세화 아~ 그런 또, 90년대 이후에…

희일 예 그랬었죠, 90년대까지는. 1993년 12월에 일곱 명의 게이, 레즈비언이 모여서 한국에서 최초로 '초동회'라는 인권운동 단체를 만들었어요. 그전에는 그냥 비가시 영역 속에서 사적인 만남을 갖거나, 뭐 숨어 있거나, 다 그렇게 살았었죠. 그렇게 한국에서 처음으로 성소수자 모임이 결성된 거예요. 그러다가 1994년에 초동회가 게이, 레즈비언 단체로 각각 분리됐어요. 게이들은 '친구사이'라는 단체로, 레즈비언은 '끼리끼리'라는 단체로. 따로 활동하는 게 좀 더 유리할 것 같다는 판단이 작용했나 봐요. 그리고 1995년도부터 대학교 내에서, 예를 들면 서울대 '마음001', 연대 '컴투게더' 같은 성소수자 동아리들이 슬슬 만들어지기 시작했고, 지역으로도 모임들이 생성되면서 다양하게 분기했거든요. 1990년대 후반은 정말 온갖 단체들이 폭발하듯이 증가했어요. 지향하는 것도 좀 다르고 정치적인 색깔도 달랐지만, 그동안 억눌려 살아왔던 걸 보상이라도 받으려는 듯이 정말 에너지 넘치게 막 분기했어요. 2000년대 초반, 그러니까 김대중 정부까지만 해도 민주화라는 담론 안에서 이런저런 실험과 도전을 용인하는 사회적 분위기가 존재했었던 것 같아요. 마치 공기처럼 말이죠. 그즈음 홍석천 씨가 커밍아웃을 했고, 많은 반향을 일으켰잖아요. 그런데 2000년대 중반부터 분위기가 확 달라졌어요. 보수적인 기독교 세력들이 반동성애 담론을 대대적으로 가동하기 시작했죠. 꽤 인상적인 장면이 있습니다. 김대중 정부는 87년 민주화 체제의 영향 때문이었는지, 비록 한계가 명확했지만 그나마 국가인권위원회를 만들었다면, 2007년 노무현 정부 때는 국가인권위원회 권고로 '어, 우리도 차별금지법[5] 만들어 볼까?' 했었다가, 기독교 세력이 막 몰려오니까 어우 포기! 이렇게 금세 표정을 바꿨어요. 현실의 벽을 느낀 거죠. 그때 이

---

5 차별금지법은 합리적 이유 없이 성별·장애·병력·나이·성적 지향 등의 이유로 고용·교육기관의 교육 및 직업훈련 등에서 차별을 받지 않도록 하는 내용이 담긴 법률이다. 해당 법안은 2007년 17대 국회에서 처음 발의된 후 20대 국회까지 14년 동안 여러 차례 논쟁의 불씨만 당기고 사라졌다. 한편, 21대 국회 들어서는 2020년 6월 30일 장혜영 정의당 의원이 차별금지법을 대표 발의했다. 해당 법안은 현재(2022년 1월 기준) 국회에서 계류 중이다. (DAUM백과, 에듀윌 시사상식)

후로 차별금지법이 공중에 뜬 채 14년이나 흘렀어요. 그사이에 기독교 혐오 세력은 더 커졌고, 한국의 보수세력들도 점점 더 반동성애 프레임을 이용하기 시작했어요. 지난 대선 때 보세요. 홍준표 후보가 문재인 대통령 후보에게, "동성애 찬성하십니까?" 하니까 "반대합니다!"라고 선언해 버렸잖아요. 아, 이게 뭐지? 굉장히 충격적이었죠. 보수세력이야 그렇다 쳐도 민주화세력이라는 사람들이 저렇게 당당하게 동성애 반대를 외칠 수 있다는 게 정말 놀라웠어요. 그리고 그 이유가 몹시 궁금했었어요. 왜 이렇게 갑자기 보수화됐지? 2000년대 초반만 하더라도 뭔가 될 거 같았었는데, 아무리 87년 체제가 한계가 있다고 하더라도 차별금지법 정도는 탄력을 받을 거라고

건물 외벽에
설치된
성소수자
혐오 광고판

생각했는데, 전혀 그게 아니었어요. 돌이켜 보면 노무현 정부를 경유하며, 비단 성소수자 담론뿐 아니라 전 사회적으로 보수화가 진행됐던 것 같아요.

영국의 《이코노미스트The Economist》지에서 처음 나온 표현인데, "예전에는 철의 장막이 있었다면, 지금은 '무지개 장막'이 유럽에 생겼다." 이게 무슨 말이냐면 예전에는 정치 이념으로 동쪽과 서쪽 사이에 장막이 형성됐다면, 이제는 성소수자에 대한 입장을 놓고 동쪽과 서쪽으로 갈라졌다는 이야기예요. 유럽 지도를 놓고 성소수자 인권 지표를 확인하면, 정말로 동쪽과 서쪽이 홍해 바다처럼 쫙 갈라져 있어요. 동유럽 같은 경우 최근 우익 정부들이 들어서면서 엄청나게 보수화됐거든요. 그래서 독일, 프랑스 등 서유럽 쪽에서 인권 상황을 어렵게 한다며 유럽연합 차원에서 폴란드와 헝가리처럼 성소수자들을 탄압하는 국가들을 제재해야 한다고 주장해요. 하지만 막상 투표를 하면 동유럽과 서유럽이 서로 입장 차이가 팽팽해 제재가 되지 않죠. 그래서 '무지개 장막'이라는 말이 나온 거예요. 한국도 마찬가지지만, 동유럽도 보수화되면서 호모포비아homophobia가 증가하고 있어요. 폴란드 대통령이 작년에 이런 말을 했어요. "성소수자들은 사람이 아니라 이데올로기다. 공산주의보다 더 나쁜."

세화 극우적인 담론이죠.

희일 정확하게 그 워딩을 몇 년 전에 러시아의 푸틴Vladimir Putin 이 사용했었죠. 성소수자를 어떤 존재의 양태로 보는 게 아니라 차별과 억압의 어떤 근거로서 위협적인 이데올로기로 바라보기 시작했어요. 그래서 미국의 한 LGBT 학자는 호모포비아의 형태가 바뀌었다고 분석했죠. 예전의 호모포비아가 성소수자를 낯선 이방인처럼 대하며 느끼는 실존적인 불안이었다면, 최근의 호모포비아는 특정의 정치적 가치와 정체성을 위협하는 적대 이데올로기로 인위적으로 가공된 형태라고 말이에요. 즉, '실존적 호모포비아'가 '정치적 호모포비아'로 둔갑된 거죠. 최근 좌우를 가리지 않고 전 세계적으로 비슷하게 증가하고 있는 게 바로 트랜스포비아transphobia예요. 서유럽은 물론 미국에서조차 트랜스젠더에 대한 혐오가 증가하고 있어요. 한국 역시 정치적 호모포비아와 트랜스포비아가 급증하는 형국입니다.

세화 그러니까 성소수자 문제도 사회가 보수화·우경화되는 문제와 함께 봐야 하죠. 동유럽은 워낙 극우적인 경향이었던 데다, 서유럽도 결국은… 1990년대 이후 2000년대 접어들면서 긍정적인 흐름 속에서 제도적인 변화가 있었지만, 백래시backlash라고 할까, 그런 것이 극우세력 중심으로 펼쳐지는 것 같아요. 현실사회주의가 무너지고 미소 간 세력균형이 깨지면서 아프리카와 중동에서 정치적 격변이 일어나고 전쟁도 터지면서 유럽에 유입되는 난민과 이주노동자가 급증했죠. 유럽의 극우 정치세력들은 이 문제를 국내 실업 상황과 연결시켜 제노포비아xenophobia를 선동하면서 정치적 영향력을 키우려고 했는데, 일정 정도 성공했거든요. 서유럽 사회도 프랑스어로 '솔리데르solidaire(연대하는)'가 아닌 '솔리테르solitaire(홀로)'라고 할까, 비판적 지식인이 "정신의 신자유주의화(neo-liberalisation de l'esprit)"라고 말한 그런 흐름이 점점 더 강화되고 있는 게 아닌가 싶은데요. 연대보다 경쟁을 부추기니 홀로서기가 대세가 된 겁니다.

무지개 장막에 관해 말씀하셨습니다만 동유럽은 더 심하죠. 서유럽과 동유럽 사이에 시민성의 층위 차이랄까, 그런 게 분명히 존재하는 것 같습니다. 동유럽의 현실은 사회주의 체제였다고 하지만 국가주의에 동원된 측면이 강했던 그런 인민, 그러니까 주체적인 시민이 아니라 동원되었던 인민이 아니었던가 싶고, 그 위에 신자유주의가 덮치고 욕망이 춤추면서 소비 주체가 돼버린 것 같아요. 저는 주체적 시민이 형성되지 못한 채 소비 고객이 되었다는 점에서 한국 사회도 동유럽과 크게 다르지 않다고 봐요. 제노포비아나 호모포비아의 면에서도 별 차이가 없거든요. 이런 것들을 극복하려면 결국 사회 구성원들의 인문학적 소양의 수준, 반지성주의나 편견에 얼마나 함몰돼 있는가 등을 살펴봐야겠지요. 제노포비아가 정치적 구루들이 선동하는 배타적 내셔널리즘에 기대고 있다면,

호모포비아는 정치적 구루들뿐만 아니라 종교적 구루들이 성소수자들에 대한 혐오를 선동한 결과라고 할 수 있으니까요. 인간은 비교하는 존재인데, 구루들은 혐오와 차별을 통하여 대중들에게 은근히 우월의식을 심어주면서 내부 단속이랄까 결속을 이끌어 자신의 영향력을 극대화하려고 합니다.

성소수자에 대한 혐오와 배제와 관련하여 제가 이런 얘기를 해왔습니다. 우리가 손을 오른손/왼손으로 구분하잖아요. 오른손의 '오른'은 '옳다'에서 왔거든요. 바른손의 '바른'은 '바르다'에서 왔고요. 그러면 왼손은 틀린 손인가요? 언어가 곧 사유잖아요. 오른손을 'the right hand'로 쓰는 영어도 마찬가지이고, 'la main droite'라고 쓰는 프랑스어도 마찬가지입니다. 모두 오른손이 옳다고 주장해요. 그런데 오른손이 옳다고 주장할 수 있는 이유는 오로지 오른손잡이가 다수라는 것밖에 없어요. 통계에 의하면 왼손잡이가 약 11퍼센트 나온다고 하거든요. 성소수자는 8퍼센트를 기준으로 4퍼센트 많거나 적다는 통계를 프랑스에 있을 때 읽은 기억이 있어요. 그러니까 많으면 12퍼센트, 적으면 4퍼센트인 거죠. 인간사에서 오른손잡이가 많다는 것만으로 '옳다', '바르다'라고 주장해 온 그 논리, 그 폭력적 논리가 성소수자들에게는 얼마나 엄청난 질곡이 되어왔을까 성찰이 필요하다고 보는 거죠.

국가가 탄생한 이래 국가의 가장 중요한 시책이 부국강병이었는데, 강병을 위해선 우선 인구가 많아야 하잖아요. 나치 독일을 비롯해 아이를 많이 낳으면 영웅 칭호를 주기도 했는데, 이런 국가 시책에 아무런 기여를 하지 않는 소수자들이니 왼손잡이 소수자에 비교할 바가 아니었지요. 그만큼 성소수자들의 해방이 얼마나 힘든 과정이었는가를 알아야 한다는 겁니다. 그래서일 거예요. 21세기 벽두에 유럽에서 이런 얘기가 나왔거든요. 19세기가 노예해방의 세기였고, 20세기가 여성참정권·보통선거권의 세기였다면, 21세기는 성소수자들이 해방되면서 시작되고 있다고요. 네덜란드에서 2001년에 동성결혼권이 통과되면서 나온 얘기였어요. 그만큼 성소수자 문제는 그 나라 사회 구성원들의 인문학적 소양이 광신적 편견이나 반지성주의를 압도하는가 아닌가를 보여주는 가늠자가 되지 않나 하는 그런 생각을 하게 되죠.

근데 앞서 말씀하셨듯이, 2007년에 차별금지법이 시도됐다가 어려워지고, 또 시도했다가 스스로 주저앉고 그랬잖습니까? 그만큼 개신교 일부 집단의 '동원'이 관철되고 있는 것이죠. 대형 교회를 중심으로 목사들이 총동원에 나서고 그러는데, 저는 한편으로 그들의 위기의식이 반영된 것일 수도 있겠다는 생각도 드는 거예요. 80년대까지 승승장구했던 대형 교회가 90년대 말을 변곡점으로 약세로 돌아서기 시작했잖아요. 그런 위기의식이 더 공격적으로 나서게 만들고 있는 게 아닌가 싶은 거죠. 말씀하신 것처럼 그 세력들이 성소수자 문제를 이데올로기화했다고 할 수 있겠고요. 외부에 적을 설정하여 내부를 단속하기 위한 이데올로기죠.

희일 뭐 보수적인 기독교도 먹고살아야 하니까.

세화 저도 생활동반자법이라도 해결이 됐으면 하는데, 물론 처음부터 대만처럼 갈 수 있으면 좋겠지만요. 그게 지금 당장 어렵다면 차별금지법이나 생활동반자법이라도 제정되어 성소수자들의 고통과 불행이 조금이라도 줄어들 수 있기를 바라고 있어요.

집권 여당의 기만, 표류하는 차별금지법!

희일 저랑 제일 친한, 커밍아웃한 변호사가 한 명 있어요. 술친구였는데, 요즘은 술을 마시지 못해요. 몇 년 전에 이 친구가 술을 먹고 넘어져서 머리를 좀 다쳤어요. 동거하던 애인이 쓰러진 걸 발견하고 급하게 병원으로 옮겼죠. 그런데 가족의 동의가 있어야 수술할 수가 있는 거예요. 쓰러진 이 친구의 가족들 몇몇에게 전화를 했는데, 너무 늦은 새벽이라 통화가 안 되는 거예요. 그 애인이 혼자 발을 동동거리며 정말 마음고생을 많이 했다고 하더라고요. 다행히 이제 회복됐는데… 이런 일이 성소수자 커플, 동성 커플 사이에서는 비일비재해요. 세금·주택 등의 서비스도 못 받지만, 제일 심한 게 어디가 아팠을 때 파트너십이 인정이 안 되니까 발을 구를 수밖에 없는 경우죠.

세화 예, 보호자 자격이 전혀 안 되니까.

희일 누가 죽어도 마찬가지예요. 한국 성소수자가 제기한 소송 중에 되게 인상적이었던 사건이 하나 있어요. 30년 가까이 살았던 레즈비언 커플이었는데, 한 명이 기저질환으로 죽었어요. 재산도 좀 남겼고, 유언도 남겼어요. 하지만 그 파트너가 아니라 가족들이 그 재산을 싹 가져갔어요.

세화 유언이 있는데도요?

희일 예, 인정이 안 되니까. "그냥, 이 사람은 그냥 친구야." 이렇게 되는 거죠. 30년을 같이 살았는데. 결국 남남 취급인 거죠. 얼마나 마음이 그랬을까요.

앞서 선생님이 말씀하셨던 PACS법이 프랑스에서 맨 처음 제기되고, 심지어는 데리다Jacques Derrida 같은 철학자들까지도 거리 행진하고 그랬었잖아요. 전 세계적으로 끼친 영향이 컸죠. 한국도 그랬고요. 그때 PACS법에 기초해 한국에서 고안된 개념이 '가족구성권'[6]이었어요. 성소수자뿐만 아니라 미혼모 등 소위 정상 가족 범위를 벗어난 다양한 삶의 형태를 존중하자, 뭐 그런 이야기들이 한참 오갔었어요. 차별금지법도 통과되지 못한 상황에서 말이죠. 하지만 가족구성권 관련한 단체와 모임들이 계속 활동하고 있습니다.

그런데 극우들이야 정체성 정치와 영업 차원에서 성소수자를 적대할 필요가 있겠지만, 전 극우보다 한국 리버럴의 문제가 더 크다고 보는 편이에요. 그동안 유럽이나 미국의 리버럴들은 신자유주의 자체, 그러니까 부의 불평등을 숨기고 우익들보다 상대적으로 진보적인 척을 하기 위해 페미니즘이나 성소수자 의제 중 만만한 부분을 전면에 배치해 왔어요. 예를 들면, 뭐 애플Apple(미국의 IT기업)만 하더라도 제3세계 아동 노동력을 착취하고 노동자들을 제대로 대우하지 않으면서, LGBT 인사를 수시로 등용하며 이렇게 말합니다. "우리는 혁신적입니다. 우리는 LGBT 직원들을 차별하지 않습니다." 애플은 역시 진보적인 기업이야, 이렇게 이미지 세팅을 하죠. 그게 유럽이나 미국의 전형적인 리버럴의 태도였죠. 하지만 한국 같은 경우는 계속 기독교 단체에 질질 끌려다니고 있고, 아주 기본 중에 기본이랄 수 있는 차별금지법조차 14년 동안 유예해 왔어요. 스스로는 리버럴이라고 주장하지만, 보수세력의 잉여, 딱 그 정도 수준밖에 안 되는 거죠. 심지어는 이번에

---

6 원하는 사람을 파트너로 삼아 결혼이나 다른 관계를 맺고, 생물학적 자녀를 갖거나 입양에 의해 다음 세대를 양육할 권리를 말한다. 이성결합에 대해서는 큰 제약 없이 보호되고 있으나 성소수자들은 많은 차별을 받는 권리이다.(위키 백과)

180석이라는 어마어마한, 단군 이래 가장 큰 여당이 됐는데
도 말이에요. 분명히 "우리가 여당 하면 할 수 있어. 지금은
야당이어서 힘이 약해서 그런 거야." 하고 계속 면피를 했던
사람들인데, 막상 청와대와 거대 여당이라는 절대 권력을 쥐
고 있는데도, 차별금지법 하나 만들지 못해요. 실은 그냥 아
예 생각이 없었던 거죠. 통과시킬 생각이 없었던 거예요.

어제 전화 연락이 왔어요, 차별금지법제정연대에서. 얼마 전에
국회 동의 청원 10만 명을 진짜 힘들게 모아서 국회에 던졌었
잖아요. "받아라, 심사해라, 통과시켜라, 이제는 제발 하자. 너희
여당 됐잖아." 근데 말미까지 단 한 명도 모이질 않다가 심사
마지막 날에 모여서 슬그머니 기한 연장만 해놨어요. 올해도
역시, 14년째가 되는 올해에도 물거품이 되는 거예요. 정말 억
장이 무너지죠. 그래서 차별금지법제정연대에서 부산에서 서
울까지 걷기라도 하겠대요. 두 명의 활동가가 다음 주 화요일
부터 제정을 촉구하며 500킬로미터를 걸어오는 거예요, 국회까
지. 전화를 한 이유는 그러니까, 당신들은 세 번째 주자로 서울
에서 걷는 흉내라도 내라, 그런 거예요. 아, 알겠다고. 속 터지죠.

2007년도에 처음 차별금지법이 문제가 됐을 때 저와 활동가
들이 조직했던 게 팩스 보내기 운동이었어요. 법무부 팩스를
마비시키자. 항의하자. 그리고 그로부터 14년이 흐르는 동안
계속 거의 같은 패턴으로 이런 만행이 반복되고 있는 거예요.
기독교는 기독교대로 보수세력은 보수세력대로 얄밉지만, 제

차별금지법 제정을 촉구하는 무인 시위

일 얄미운 건 민주당이다, 그 얘깁니다.

세화 민주당은 집권하면서 기회주의적 성격이 더 도드라지는 것 같아요. 대부분이 명분과 실리를 함께 취하는 데 있어서 능력자들이에요. 나중에 얘기가 나오겠습니다만, 그들을 진보라고 말하기도 하고 심지어 《조선일보》 같은 데선 문재인 정권을 좌파정권이라고 부르기도 하는데 웃픈 현실이죠. 극우적 수구세력인 국힘의 자리에서 보면 민주당이 자기들보다 어쨌든 왼쪽에 있으니까 진보나 좌파라고 부를지 몰라도 절대적 기준으로 보면 전혀 그렇지 못한, 그야말로 자유주의 보수세력이라고 하기에도 부족한, 리버럴에는 해당되지 않는….

희일 분에 넘치죠.

차별 왕국의 민낯 드러내는 괴물들, 대형 교회 중심 개신교 일파·GDP 인종주의·시민성 부재

세화 네, 분에 넘치는 그런…. 그래서 저는 그냥 뭐랄까요? 민주당
은 자신들의 왼쪽에 정당이 강해지는 걸 절대로 바라지 않잖
아요. 지난번 비례대표제 정신을 배반한 위성정당을 통해서도
알 수 있었어요. 민주당의 정치적 지향이랄까 스탠스는 국힘
보다 그냥 조금 왼쪽인 거예요. 자기들 나름의 정치적 지향이
있는 게 아니라 국힘을 기준으로 그들보다 조금 왼쪽에 위치
하는 것으로 그만이죠. 어차피 자기들보다 왼쪽은 약하니까
국힘에 반대하면서도 그쪽으로 밀착해요. 유럽의 정치 지형과
비교할 때 국가보안법을 그대로 두고 있는 걸 보면 자유주의
우파라고 부를 수도 없어요.

이런 웃픈 현실도 결국은 사회 구성원들의 의식이 반영된 것
인데, 소수자나 사회적 약자들을 어떤 시각으로 바라봐야 하
는가 등은 우선적으로 공교육에서 어느 정도 짚고 가야 하는
데 그렇지 못한 형편이에요. 저 자신이 난민 출신이기 때문이
겠지만 제주도에 예멘 난민들이 왔을 때, 비감이랄까, 그런 느
낌이 들었죠. 지금도 마찬가지지만요. 그때 70만 명이 넘는 동

시대인들이 그들을 받아주지 말라고 청와대 청원에 나서고 그랬잖아요. 예멘 난민들이 마치 집단 성폭행범이라도 되는 양, 테러리스트인 양 난리굿을 폈어요. 3년 반이 지났는데 그동안 그분들이 큰 잘못을 저질렀다는 뉴스 들은 사람 있을까요? 그분들 대부분이 난민 자격은 받지 못하고 인도적 체류허가를 받아 생존하고 있을 뿐인데, 큰일이라도 날듯이 아우성을 쳤던 사람들 중에 반성적 성찰이라든지 이런 게 좀 보여야 할 텐데, 그런 것도 전혀 없어요.

난민이 어쩐 존재일까요? 인간을 사회적 동물이라고 하는데, 난민은 사회의 거의 모든 부분을 잃은 존재예요. 가족도, 친척도, 친구도, 이웃도 없는, 대부분이 혈혈단신으로 물설고 낯선 땅에 와서 사회적 입양을 허락해 주세요, 하고 간청하는 사람입니다. 말도 통하지 않는 곳에서 말입니다. 가진 것이라곤 몸뚱이 하나 말고는 아무것도 없어요. 돈도 없고 집도 없고 직업도 없어요. 빈손으로 아무 일이나 할 준비가 돼 있는 사람들이지요. 그런 사람들을 환대하지는 못할망정 어떻게 혐오와 배척을 부추기나요? 청와대 청원에 70만 명 넘는 사람들이 동원되었는데 대형 교회 중심의 개신교 일파가 조직적으로 움직이지 않고는 그럴 수 없었을 겁니다. 이웃 사랑을 실천하지는 못하더라도 참으로 참담한 한국 사회의 몰골이죠.

우리 현대사에 대한 인식이 조금이라도 있으면 그럴 수 없을 겁니다. 대한민국 헌법 전문에 "우리 대한국민은 3·1운동으로 건립된 대한민국임시정부의 법통을⋯계승"한다고 돼 있어요. 대한민국임시정부는 난민들의 정부 아니었나요? 뿐만 아니죠. 우리가 거의 모두 전쟁 난민이었거나 그 후손들 아닌가요? 결국은 민도의 문제예요. 사회의 품격이라고도 할 수 있겠죠. 그렇다면 어디에서 그 기본이 형성되어야 하느냐? 독일어로 빌둥Bildung(형성, 생성)이라는 말이 있잖아요? 각자가 어떻게 자기를 세우는가, 자기를 어떻게 짓고 있는가,라는 관점에서 교육이 대단히 중요한데, 한국의 교육은 완벽하게 신자유주의에 포획됐고, 경쟁지상주의에 포획됐어요.

제가 『나는 빠리의 택시 운전사』에서 가장 중요한 메시지로 '똘레랑스'를 강조했는데요, 차이를 용인하라는. 『왜 똘레랑스인가』라는 책을 번역도 했고요. 시민이 부재하고 우경화되면 될수록 소수자, 사회적 약자들에 대한 연대, 공존의 미학은 실종돼요. 거듭 말씀드리지만 저는 시민의 부재, 시민성의 부재가 오늘의 한국 사회를 규정하고 있다고 봐요. 소수자나 사회적 약자에 대한 차별과 혐오를 극복하는 게 참으로 어려운 과제일 수밖에 없는 거죠.

희일 100퍼센트 동의를 하는 게, 1990년대만 해도 사람들 마음속에는 시민 교양, 시민 윤리가 어떤 형태로든 자리 잡고 있었던 것 같아요. 그게 위선이라고 하더라도, 타인의 존재의 절멸을 요구하는 폭력적인 수사들이 확실히 덜했던 것 같아요. 그런데 점점 공론장도 붕괴되고, 사회도 무너져 내리고, 공공성도 휘발되는 듯한 느낌이 들어요. 선생님이 말씀하신 '시민성'이 들어설 자리가 없어진 거죠.

한국은 OECD 국가 중에 난민 인정률이 최하위권이래요. 2020년엔 역대 최악인 0.4퍼센트를 기록했는데, 같은 시기 유럽연합 평균은 32퍼센트였죠. 1/80 수준. 이런 비판에 대해 정부의 핑계라는 게, '우리는 탈북민을 받는다'는 거죠. 그런데 탈북민은 남과 북이라는 운명 공동체의 특수 상황에 규정받는 존재잖아요. 보편적 난민의 형태가 아니라. 국제사회의 일원으로서 책임을 지지 않고 그런 방식으로 핑계를 대는 모습이 보기 딱할 정도예요. 이번에 아프가니스탄인들을 특별 기여자 형태로 받아들이기에 그나마 난민에 대한 사회적 인식이 좀 변할까 싶었는데, 며칠 전 화성 외국인 보호소에서 난민을 묶어놓고 새우꺾기 같은 가혹 행위를 하는 걸 보고 끔찍하더라고요. 포털 댓글들도 폭력적이었어요. "난동 부렸으니까 저러지", "이런 대우 받기 싫으면 나가면 되잖아." 또 《중앙일보》 같은 경우는 그 가혹 행위를 찍은 CCTV 영상을 얼굴도 안 가리고 그대로 올려서 모로코에 있는 그 청년의 엄마가 보고 충격에 빠졌대요. 자기 아들이 새우꺾기 당하고 있는 걸 봤으니까요. 사람들도 일상적 차별에 순응하며 사는 것 같고, 언론들도 기본적인 윤리 자체를 다 망각한 것 같아요.

관련해서 이주노동자에 대한 이야기를 잠깐 드리면, 제가 몇 년 전에 전국 3,700킬로미터를 걸어서 여행한 적이 있어요. 시골 오지로만 다녔어요. 그때 가장 많이 본 풍경 중 하나가 시골 버스 안 풍경이에요. 앞에는 할머니나 할아버지 두어 명이 앉아 있어요. 가운데는 텅 비어 있죠. 그리고 맨 뒤에는 젊은 이주노동자들이 앉아 있어요. 어디를 가나 그래요. 어촌을 가도, 농촌을 가도, 가장 흔하게 볼 수 있는 풍경이 됐더라고요. 이제 이주노동자가 없으면 푸성귀 하나 뜯지 못하고 물고기도 잡지 못하는 사회가 된 거죠. 우리 고향도 시골인데, 고향 집 앞에 있는 큰 이웃집 파밭에 어느 해에는 필리핀 사람들이 와서 일하고, 또 다음 해에는 말레이시아 사람들이 와서 일해요. 그런데 한국에 들어와 농·산·어촌에서 일하는 이주노동자의 70퍼센트가 비닐하우스에서 잠을 잔대요. 일손이 없는 곳에 오는 귀한 손님들인데 기껏 비닐 움막을 내주는 거죠. 그 와중에 제게 더 충격적이었던 거는 일부 농민들 태도였어요. 도시 사람들은 일말의 자족적인 그 알량한 양심 때문인지 저런 비닐하우스에서 재우면 안 된다는 말을 쉽게 하죠. 하지만 농민운동을 하는 사람들 중 일부는 이렇게 말해요. "저렇게 비닐하우스에서 안 재우려면 농산물 가격을 올리면 되지." 아니, 농산물 가격은 농민과 정부가 박 터지게 싸워서 결정해야 되는 거지 그걸 왜 비닐 움막에서 자는 이주노동자의 고통에 전가해야 될까요. 왜 우리는 사회적 약자에 대한 차별을 당연시하는 걸까요. 도시는 농촌을 차별하고, 농촌은 또 이주노동자를 차별하고, 이 차별의 고리가 끝없이 이어진 듯한 느낌이 들어요. 숨이 막혀요. 어디로 시선을 돌려도 차별과 배제가 공기처럼 만연해 있는 것 같아요. 제가 성소수자이기 때문에 그럴 수도 있겠어요.

어제 뉴스를 보는데 저도 모르게 눈물이 나더라고요. 고 변희수 하사에 대한 군 전역 처분이 잘못됐다는 판결이 나왔어요. 당연한 거였어요. 성전환 수술을 했고 자신의 직업에 대해 누구보다 자긍심이 있던 사람이었잖아요. 하지만 육군은 인정하지 않았고, 변 하사는 안타깝게 생을 등졌어요. 뒤늦은 판결을 뉴스로 우두커니 보는데, 그냥 눈물이 왈칵 쏟아지더라고요. 변희수 하사도 그렇고, 제주의 김 모 활동가도 그렇고 두 명의 트랜스젠더가 연달아 차별을 견디지 못하고 세상을 하직했는데, 책임자들은 전혀 사과가 없어요. 육군도 말이 없고, 대통령도 말이 없어요. 사람들이 그렇게 죽어가는데 말이죠.

몇 년 전에도 육군은 함정 수사를 했어요. 게이 앱에 게이인 척하고 잠복해서 군인들을 색출한 거예요. 무슨 파시스트 비밀경찰들도 아니고, 가짜 게이 흉내를 내서 색출을 하고 장교들까지 전역시키고 그랬거든요. 한국 육군 수준이라는 게 이렇게 잔혹합니다. 변한 게 없어요. 1997년, 제가 성소수자 인권운동을 시작했을 때예요. 그때 한 트랜스젠더가 하이힐을 신고 훈련소에 들어갔어요. 자신은 여성인데 왜 군대를 들어가야 되느냐는 항의의 표시였어요. 하지만 받아들여지지 않았죠. 결국 그 트랜스젠더는 훈련소 화장실에 들어가 병을 깨서 자기 고환을 잘라버렸어요. 정말 고통스러운 시대였죠. 그런데 지금 그때보다 더 나아진 게 있을까요? 동성애를 금지하는 '군형법 92조 6항'은 여전히 존재하고, 게이 군인들을 색출하고, 트랜스젠더 혐오에 혈안이 된 것만 봐서는 변한 게 하나도 없는 것 같아요. 육군이 성소수자들을 대하는 일련의 태도야말로 성소수자에 대한 한국 사회의 태도를 가장 적나라하게 보여준다고 생각해요. 사실 대통령이 됐든, 민주당이 됐든, 민주주의 세력 어쩌고 입에 발린 헛소리들을 할 시간이 있으면 이런 차별적 문제들 먼저 시정해야 하는 게 아닐까요. 아니, 그 전에 트랜스젠더 두 명이나 연달아 자살을 했으면 대통령이라는 사람이 유감이라도 표현해야 하는 거 아닌가요? 정말 지독한 사람들이에요. 자살을 하는 성소수자에, 비닐 움막에서 자다 얼어 죽는 이주노동자에, 보호소에서 새우꺾기를 당하는 난민까지, 한국이라는 나라는 정말 차별 그 자체예요.

세화 '마중'이라고, 화성 외국인 보호소에 장기간 보호되어 있는 분들을 면회하러 가는 모임인데, 그분도 마중 회원이 면회를 하면서 알게 됐어요. 난민 신청자인데 변호사를 통해 법원에 증거보전 신청을 하여 CCTV를 확보할 수 있었어요. 그렇게 새우꺾기 고문 행위가 알려지게 됐는데, 법무부에서 나온 해명 자료를 보면 노골적으로 '그럴 만했기 때문에 그랬다' 이런 식이잖아요. 인권 의식 같은 건 찾을 수 없고 그냥 뭐 그럴 만한 사람이니까 그랬다는 식이에요. 새우꺾기를 저지른 것도 그렇지만, 자신만만하다고 할까 뻔뻔하다고 할까, 그렇게 응수하는 걸 보면서 과연 그들이 그럴 수 있는 것은 어디서 비롯

화성
외국인보호소
방문 시민 모임
'마중'
(2021. 12. 29.)

된 것일까. 만약 개나 고양이에게 새우꺾기 같은 짓을 한 영상이 SNS를 통해 알려졌다면 한국 사회가 어떤 반응을 보였을까요? 동물 학대라고 아우성을 치지 않았을까요? 하지만 이주노동자 새우꺾기에는 분노하지 않고, 분노할 줄 모르는 그런 것이 법무부가 그런 태도를 보일 수 있게 하지 않았나 그런 생각이 드는 거죠.

제가 난민이면서 이주노동자 출신이잖아요. 파리에서 택시 운전을 했는데 그건 두말할 것도 없이 저에게 노동권이 있었기 때문에 가능했죠. 지금 한국에 와 있는 이주노동자들에겐 노동권이 없어요. 노동허가제가 말 그대로 노동자들에게 노동할 권리를 주는 거라면, 고용허가제는 고용주에게 이 사람들을 고용할 수 있는 권리를 주는 거니까 이주노동자는 그냥 대상인 거죠. 노동권의 주체가 될 수 없는, 물건처럼 객체인 거예요. 일자리를 바꿀 수도 없고, 완전히 을의 처지, 을의 자리에 갇힐 수밖에 없는 거죠. 여성의 경우에는 성폭행에 노출될 수밖에 없고요. 비닐하우스 말씀도 하셨지만 그런 데 재우면서 또 주거비는 떼 가요. 어떻게 이럴 수 있는가. 기본이 다 무너져 내린 신자유주의 체제에서 그걸 고발하고 비판해야 마땅한 사람들마저도 일상 속에서는 거기 함몰되어 있는 게 아닌가 싶은 거죠.

제가 프랑스에서 난민 심사를 받았던 곳은 프랑스의 외무부 산하 '난민과 무국적자 보호실'이라는 데였어요. 한국에서 난민 심사하는 곳은 법무부예요. 제네바협약에 따르면, 국적·종교·민족·사회적 신분·정치적 견해가 다르다는 이유로 귀국할 경우 박해받을 공포가 있는 사람을 난민으로 규정하는데, 난민 신청자가 그런 사유에 해당하는지 아닌지를 왜 법무부가 심사하죠? 언어 소통 문제도 아주 심각해요. 제네바협정에 가입은 했지만, 난민 보호는 뒷전이고 출입국 관리가 핵심이라는 걸 스스로 말해주고 있는 겁니다.

제가 'GDP 인종주의'라는 표현을 자주 쓰는데, 우리보다 못사는 나라 출신 외국인들에 대한 배타성과 한국 사회를 지배하는 물신주의 가치관이 결합돼 나타난 것이죠. 배달의 민족이니 단일민족이니 하지만 다 신화거든요. 고려 시대에 벽란도에는 중국인·일본인·아랍인들이 살았고, 제주도는 백 년 동안 몽고인들의 땅이었어요. 또 『태종실록』에는 여진인, 일본인, 아랍인들에게 토지와 거택을 주었다는 내용이 나와요. 대륙과 해양이 만나는 반도의 성격상 바깥에서 수많은 이주민이 들어와 정착해 살아왔어요. 민족주의와 마찬가지로 배달민족이니 단일민족이니 하는 게 근대의 발명품인데, 그 저항적 성격이 배타성으로 왜곡됐는데, 거기에 물신주의 가치관이 결합되어 나타난 게 GDP 인종주의라는 괴물적 현상인 거죠. 우리보다 GDP가 높은, 주로 백인이죠, 이들에게는 받는 것 없이 올려다보는 경향이 있는가 하면, 이것도 일종의 오리엔탈리즘의 한 모습이라고도 할 수 있겠지요. 반면에 우리보다 GDP가

낮은 나라, 주로 동남아시아나 아프리카 사람들에게는 주는 것 없이 깔보는 경향이 있죠.

한번은 이주민 단체에서 이주노동자들에게 하고 싶은 말을 딱 한마디씩만 해보라고 했어요. 그랬더니 거기에서 나온 게 "때리지 마세요."라는 게 있고, "이주민 단체에 와서 처음 높임말 들었어요."가 있었어요. 참 기가 막혔죠. 이주민 단체에 와서 처음 존댓말을 들었다는 거잖아요? 모든 사람이 다 반말을 하는 거예요. 그래서 이주노동자들이 거의 존댓말을 할 줄 몰라요. 듣지를 못했으니까. 저는 이주노동자들이 많이 와서 살면 말의 민주주의가 성숙될 수도 있겠구나 하는 웃픈 생각을 한 적이 있어요. 한국의 복잡한 위계의 존댓말이 민주주의 성숙에 걸림돌이 될 수 있다고 생각해 왔거든요. 그래도 이건 아니죠. 이와 같은 사회 구성원들의 태도가 인터넷 댓글에도 그대로 표현되는 거고요. 앞에서 제가 시민성을 얘기했지만, 기본적으로 갖춰야 하는 것 자체가 형성되지 않은, 그런 면을 보게 돼요. 차별과 혐오는 맞물려 있어요. 차별을 정당화하고 합리화해야 하니까 혐오 대상으로 삼는 그런 식이죠. 성소수자도 그렇고, 난민도 그렇고, 여성도 그렇고, 이주노동자, 다 마찬가지예요. 그래서 뭐… 다이내믹한 사회라고 하지만 인문학적인 슬픔이랄까 그런 게 떠나질 않네요.

〈오징어 게임〉, 피해자 정체성,
타자에 대한 폭력의 알리바이!

희일 말씀하신 'GDP 인종주의', 썩 와닿는 개념인 것 같아요. 왜 작년에 '흑인 생명은 소중하다(Black Lives Matter)' 운동 직후에, 아시아인들도 미국 내 인종차별에 항의하는 시위를 했었잖아요? 흑인 시위에 대해서는 무관심하거나 또는 비판적이지만, 아시아인 시위에 대해서는 한국인들이 비상한 관심을 갖더라고요. 요컨대 다른 차별은 용인해도 내가 당하는 것만큼은 못 견디는 거예요. 자신들보다 못사는 나라와 인종에 대해서는 굉장히 배타적인 정서가 한국 사회에 팽배해진 것 같아요.

박권일 씨가 이번에 신간을 내면서 한국 사회는 불평등은 참는데, 불공정은 못 참는다는 분석을 내놓았더라고요. 내가 참여한 어떤 경쟁 시스템에 대해서, 혹은 내가 참여하고 있는 게임의 룰에 대해 태클이 들어오면 못 참는데, 사회 전반적인 불평등 구조는 참거나 방관한다는 이야기 같아요. 꽤 설득력 있다고 생각합니다. 예를 들어, 점점 심화하는 자산과 소득 불평등은 용인해도, 내가 시험 쳐서 들어온 어떤 공간이 부서지는 건 도저히 용인하지 않겠다는 말이죠. 그러니까 공정이나 능력주의만 남겨놓고 타인과의 관계성이 모두 휘발된 공간에는 약자에 대한 배제와 차별, 그리고 혐오만 남게 되는 것 같아요. 청와대 뭐죠 그거?

세화 국민 청원.

희일 예, 청원 이외에는 아무것도 남지 않은 세계. 공론장에서 어떤 의제를 놓고 지식인이든, 언론이든, 시민들이든 좀 더 나은 가치를 창출하기 위해 박 터지게 논쟁하고 싸우는 풍경은 사라져 버렸고. 이제는 자기가 당한 게 있으면 청와대 게시판에 청원을 하는 것만 남은 것 같아요. 아니면 SNS에 폭로를 하거나. 약자가 선택할 수 있는 방법일 수도 있겠지만, 피해자 정체성과 나르시시즘밖에 남지 않은 것 아닌가 하는 비감이 몰려오기도 해요. 평등, 타자와의 관계, 더 나은 삶의 가치에 대한 이야기에는 관심 없고, 나만 안 당하면 된다는 각자도생의 절박함만 앙상하게 남은 세계랄까요.

이번에 드라마 〈오징어 게임〉이 난리 났잖아요. 저도 며칠 전에 봤습니다. 넷플릭스 최고 히트작이 되면서 전 세계 언론들이 앞다퉈 분석을 하더라고요. 개중 어제 《뉴욕 타임스The New York Times》의 분석이 인상적이었어요. "한국 청년들이 암호화폐나 주식에 올인하고 있는 것과 〈오징어 게임〉이 흡사하다." 불평등한 구조하에서 암호화폐나 주식에 영끌을 하며 한탕을 노리는 어떤 불안한 정서가 드라마에 반영된 것 같다는 분석이었어요. 하지만 제가 본 그 드라마의 문제점은 이런 거였어요. 사람들이 서로 죽이고 죽는 잔인한 게임에 동참하는 알리바이를 위해 '피해자 서사'를 꽤 공들여 묘사하는 지점이었어요. 만약 피해자 서사를 그렇게 진득하게 묘사하지 않고 곧바로 서바이벌 게임을 진행했다면, 그 장르 안에서 제작된 고만고만한 작품들과 하등 다를 게 없었을 거예요. 하지만 〈오징어 게임〉은 등장인물들이 잔인한 서바이벌 게임과 대량 학살에 동참하는 일종의 알리바이로 '피해자 정체성'을 적극 활용하고 있어요. 바로 폭력의 개연성을 확보하기 위해서요. 그래야 그 잔인한 드라마를 관객들도 회피하지 않고 볼 수 있죠. 관객들이 피해자들을 동정하면서 그 학살극을 즐길 수 있으니까요. 말하자면, 〈오징어 게임〉은 그 드라마의 내용이 아니라 형식이 한국 사회를 닮았다고 생각해요. 각각 개인들의 피해자 정체성만 남은 세계, 그리하여 그 피해자 정체성을 타자에 대한 폭력의 알리바이로 내세우는 세계.

'터프TERF(Trans Exclusive Radical Feminist)'라는 극우 페미니즘이 있는데, 그들이 매일 하는 게 트랜스젠더를 까는 거예요. "트랜스젠더는 잠재적인 강간범들이야. 좆 달린 강간범들이니까 화장실 못 들어오게 해야 돼." 이런 식이죠. 그 전제가 가능한 거는 '이 세상에서 가장 피해를 받는 건 생물학적으로 우리 순수한 여성들이야.' 이런 생각이 깔려 있기 때문이에요.

정유라 사건만 봐도 그래요. 당시 이대에서 시위가 시작됐는데, 그때 등장한 구호가 '외부 세력 금지'. 순수한 이대생들, 순수한 여대생들을 주장했었죠. 그리고 조국 사건 터진 다음에 고대생들이 집회를 하는데, 외부 세력 안 돼. 순수한 고대생들만. 이건 뭐지? 그러니까 이 세상에서 가장 피해를 받고 있다는 걸 증명하기 위해서는 어떤 집단 종족체로서의 순수한 정체성을 증명하는 방법밖에는 없다는 거죠. 불평등은 참아도 불공정은 견디지 못하는 세계, 연결되지 않고 각자 분리된 참호 안에서 외롭게 자신들의 피해자성만을 웅얼거리는 세계, 이런 세계에서는 당연히 타자의 얼굴을 보지 않잖아요. 그게 이 시대의 차별과 혐오의 원인이 아닌가 그런 생각이 들곤 해요.

세화 다르다는 이유로 차별하고 혐오하고 억압하고 배제하는… 인간이 비교하는 동물인데, 성찰 이성이 결여되면 비교 우위를 통하여 자기만족을 느끼려는 타성이랄까 그런 성향이 있잖아요? 나와 다른 사람을 만나서 서로 장점을 교환하고 그러면 좋은데, 성찰 이성이 결여된 사람의 즉자적 반응은 비교해서 나의 우위를 확인하면서 만족해하려는 저급한 속성이 지배하는 거예요. 내가 우위여야 되니까 비교 대상이 열위가 되어야 하는 거죠. 그래서 '나는 오른손인데 너는 왼손이고, 나는 남자인데 너는 여자야. 나는 내국인인데 너는 외국인·이주노동자야.' 이런 식으로 구분하고요. 나의 우위를 확인하기 위해서 차별을 합리화하는 것이고요. 또 차별을 합리화하기 위해서 혐오하게 되고. 이처럼 차별과 혐오는 즉자적인 반응으로 나타나는 양상들이거든요. 도구적 이성은 우리에게 차이를 근거로 타인을 차별·억압·배제하는 것을 합리화하게 합니다. 가령 남성과 여성의 관계에 있어서는 우열 관계로 규정합니다. 역사가 그래왔죠. 남성이 우월하고, 여성은 힘도 없고 열등하다. 우월한 남성이 열등한 여성을 차별하는 걸 합리화하는 것이죠. 성소수자 같은 경우는 앞서 말씀드린 대로 정상과 비정상의 관계로, 비정상이니까 정상으로 전환하는 걸 강제해야 한다, 이런 논리가 관철돼 왔죠. 미국의 정신의학회가 성소수자들에 대한 이른바 전환 치료를 강행했던 것을 반성하고 사과했던 게 반세기쯤 전의 일이었는데, 한국에서는 아직도 그런 행위를 개신교 일파에서 저지르고 있죠.

역사상 가장 끔찍했던 일을 불러왔던 건 종교와 사상의 차이였어요. 종교와 사상의 차이는 우열 관계나 정상/비정상의 관계로 구분하는 게 아니라 선/악으로 구분하니까요. '내 종교, 내 사상은 선인데, 네 종교, 네 사상은 악이다.' 그 차이에 의해서 종교적 학살이 일어났고, 20세기에도 인종·종교의 차이로 학살이 일어났죠. 끔찍한 학살 행위를 저지르고도 양심의 가책 같은 것은 거의 없었어요. 왜냐하면 악이니까. 나와 다른 종교와 사상은 악이고 악은 제거해야 마땅하니까…. 한반도에서도 한국전쟁을 전후로 끔찍한 학살이 저질러졌는데, 과문의 탓인지 모르겠습니다만 저는 아직 학살교사자든 직접행위자든 죽음에 이르러 반성적 성찰의 눈물을 흘렸다는 사람에 대해 들은 적이 거의 없어요. 1970~1980년대에 거의 일상적으로 행해졌던 고문 행위도 마찬가지로 교사자나 행위자들 중에 죽음에 이르러 회한의 눈물을 흘렸다는 사람에 대해 듣지 못했어요. 죽음의 순간이 다가오면 순수해지고 인간성이 되살아날 수 있다고 하는데 말입니다. 전두환 같은 자가 예외적인 인간이 아니라는 겁니다.

지금 한국에서 나타나는 양상은 성찰 이성이 빈곤한 사회라는 것을 보여준다고 할 수밖에 없을 것 같고요. 앞서도 제가 말씀드렸습니다만, 많은 시간을 우리가 보낼 수밖에 없지 않나 그런 생각이 드네요. 제가 잘 인용하는 볼테르Voltaire의 말을 여기서 다시 하게 되네요. "광신자들이 열성을 부리는 것도 수치스러운 일이지만, 지혜를 가진 사람이 열성을 보이지 않는 것 또한 수치스러운 일이다." 한국에서는 광신자들이 열성을 보이는 것에 비해서 지혜 있는 사람들은 점잖음이라고 해야 할까, 소극적인 면이 있으니까요. 우리가 소수자나 사회적 약자의 인권이나 공공성을 신장하고자 할 때 거기에 열성이 내재해 있나 돌아볼 필요가 있다는 겁니다. 종교적 광신성이나 사익 추구에는 그 자체에 열성이 내재해 있는데 반해 인권 신장이나 공익 추구에는 열성이 내재해 있지 않거든요. 이 격차를 채워주는 것이 '시민성'이라고 보고 있는 거고요.

희일 근데 참, 신자유주의 체제가 주체들을 거푸집에 넣고, 똑같이 찍어내는 것 아닌가 하는 우울감이 요즘 많이 밀려옵니다. 페미니즘 백래시가 일어날 때 이삼십 대의 남성들이 뭐라고 얘기를 하냐면, "우리도 너무 힘들어, 쟤네들만 힘든 거 아니거든? 우리도 취직 안 되고 가난해, 근데 왜 쟤네들은 지금 자기들이 더 피해자고, 불평등을 당하고 있다고 생각하는 거지? 우리도 너무 힘들어."라고 해요. 방금 전에 언급한 터프들도 이렇게 말하죠. "우리 생물학적 여성들이 세상을 살아가는 데 가장 힘들어. 페미니즘이 왜 성소수자까지 보듬어야 해?" 그러니까 모두가 지금 자기네들이 가장 힘들다는 거예요. 조국 지지자들한테 조국은 십자가를 지고 골고다 언덕을 넘어가는 예수와 같아요. 모든 진보진영의 원죄를 짊어지고 희생한다는 거죠. 이들에겐 노동자, 농민, 사회적 소수자들의 고통 따위는 중요하지 않아요. 조국이 가장 큰 피해자니까요. 돌아가신 지그문트 바우만Zygmunt Bauman이 얘기했던 것처럼, 주목경쟁과 인정투쟁밖에 남지 않는 세계에 남은 건 '피해자 정체성' 밖에 없는 걸까요.

선생님은 시민으로서 가져야 할 어떤 시민적 교양, 시민성, 이런 것들이 부재하면서 생기는 공허를 말씀하셨는데, 제가 볼 땐 피해자 정체성의 악다구니만 남은 공허가 존재하는 것 같아요. "내가 얼마나 노력하고 시험을 쳐서 여기 들어왔는데 지금 어딜 들어와? 비정규직 왜 쳐들어와?" 이런 논리가 비정규직 차별의 전제가 되고 있잖아요. 이래서는 무슨 얘기를 할 수가 있지? 이걸 어떻게 해야 하지? 너무 막막한 거예요. 사실 선생님 말씀처럼 딱 교육 문제에 집중해서 사유를 하는 것도 방법일 텐데, 저는 개인적으로 어우… 이거 뭐 어떻게 해야 되나… 잘 모르겠어요. 막막한 감이 있어요.

세화 제가 시민을 강조하고 그런 것은 프랑스에서 살았던 경험이 영향을 미친 것 같아요. 시민혁명을 거친 곳이기 때문에. 가령 『이방인』과 『페스트』를 쓴 알베르 카뮈Albert Camus는 "공화국 시민은 사회 불의보다는 차라리 무질서를 택한다."라고 했어요. 비판적 시민 주체의 모습을 느낄 수 있죠. 우리는 공교육 과정 중에 민주시민 교육이 있었다면 또 모르겠는데 그런 것 없이 신자유주의, 탈진실 시대를 맞고 있어요. 이런 상황이라면 공공성이든 기본 소양이든 공동체의 기반 자체가 없는 것 아닌가, 이런 데서 타락의 극치를 보여주는 정치 현상을 비롯하여 여러 문제적 현상들이 나타나는 것 아닌가, 그렇게 보게 되는 거죠. 그래서 또다시 교육 문제를 강조하게 되고요, 참….

타자와의 인격적 관계 형성과 끊임없는 성찰 필요

희일 얼마 전에 스코틀랜드에 관한 외신을 봤는데 학교 교과과정,

커리큘럼에 이런 수학 문제가 들어갔대요. 어떤 소녀가 있는데, 아빠가 두 명이에요. 게이 아빠예요. 아버지의 날에 이 소녀는 두 명의 아빠한테 선물을 해야 하는데, 선물 가격이 어느 정도 들까? 이런 문제예요. 근데 그게 이번에 교과과정에 들어갔대요. 스코틀랜드에서 세계 최초로 학생들의 전 교과과정에 성소수자 내용을 통합교육 차원에서 집어넣은 거예요. 놀라운 일이죠. 그 수학 문제를 이제 전국의 아이들이 배우는 거잖아요. 사실 이런 긍정적인 시그널들을 보면, 아무리 신자유주의가 전 세계를 집어삼켰어도 한편으론 가능성이 전혀 없는 거는 아닐지도 모른다는 생각이 들어요. 사실 우리가 절망적인 상황에 동조해서 그 절망의 크기를 키우고 있는 것일지도 몰라요.

세화 그건 그래요. 맞아요. 사실 최악의 상황을 전제하고 거기서 올라가야 한다, 이런 얘기를 하는 거니까요. 우리가 그냥 물러나 주저앉을 수 없다는 것은 너무나 당연한 얘기죠. 오늘 제가 무척 부정적인 얘기를 많이 한 것 같은데요. 그럼에도 한국 사회 곳곳에 이웃에 대한 상상력을 품고 실천하는 분들이 많이 있다는 것을 잘 알고 있어요. 제가 장발장은행에 관여하고 있는데, 생긴 지 7년 가까이 지난 지금까지 18억 원이 넘는 돈을 대출해 줄 수 있었어요. 벌금을 못 내 교도소에서 강제 노역을 해야 할 처지에 있는 동시대인들 1,000여 명을 도울 수 있었던, 그래서 그분들에게 자유를 빼앗기지 않게 해줄 수 있었던 재원은 순전히 시민들의 자발적 성금이었어요. 앞서 잠깐 환대에 관한 얘기를 했습니다만 제주도에서 예멘 난민들을 환대한 분들도 적잖았지요. '타자의 철학자'라고 불리는 에마뉘엘 레비나스Emmanuel Lévinas의 "타자를 존중하고 타자와 인격적 관계를 맺어야 '나'라는 존재의 유한성을 극복할 수 있다."라는 말을 실천하는 분들이 곳곳에 계신 거예요. 희망의 거처들이죠.

희일 제가 1998년에 청소년 동성애자 인권학교를 처음 열었었어요. 청소년 성소수자들에게 정보를 주고 삶을 독려하고 축하해 주기 위해서요. 꼭 필요하다고 생각했어요. 전국에 있는 레즈비언, 게이, 트랜스젠더 청소년 들이 몰려왔어요. 그중에는 유리를 씹어 삼키고 온 청소년이 있었어요. '죽어야지' 하고 유리를 씹었는데 학교가 열린다는 광고를 보고 찾아온 거예요. 레즈비언 청소년이었어요. 이건 학교고 나발이고 병원부터 데리고 가는 게 상책이겠다 싶어서 병원에 데리고 갔죠. 뭐 이런 친구들부터 시작해서 시골에서 커밍아웃을 하고 쫓겨나 학교에 참석하려고 먼 걸음을 왔는데 잘 데가 없으니까, 탑골 공원 화장실 있죠? 담을 타고 넘어가서 화장실에서 잤다고 하더라고요. 몰랐어요. 나중에 끝나고 나서 알았죠. 그 친구는 자라서 지금 작가가 됐어요. 그렇게 학교를 한 5년 정도 진행하고, 성소수자 교사들이 학교를 운영하게 됐죠. 그때, 그 교사들이 청소년 동성애자 교육 지침서를 만들어서 일선 학교에 뿌리기도 하고 그랬었습니다. 일선 선생님들이 학생들에게 성소수자와 인권 문제를 가르치도록 하는 게 목표였어요. 그게 2000년대 초반이었죠. 제가 스코틀랜드 예를 들었던 거는, 그 소식을 듣고 만감이 교차해서예요. 우리는 이미 십수 년 전에 시도한 거잖아요? 훨씬 먼저 시도한 나라는 아직 차별금지법조차 통과시키지 못할 정도로 지체돼 버렸는데, 조용하던 스코틀랜드에서는 한순간에 그걸 해낸 거예요. 도대체 우리가 안 똑똑해서 그런 거야, 뭐야? 우리 되게 앞서 있었는데 뭐가 부족했지? 어떻게 이 어려운 상황을 돌파할 수 있지?

세화 이런 생각은 좀 들어요. 프랑스에도 극우세력이 있잖아요? 그러니까 역으로 생각해 보는 거예요. 아, 시민교육이 나름 탄탄한 곳인데도 극우세력이 20퍼센트 이상 나오고 그러는데, 한국에서 극우세력이 판치는 건 당연한 거 아닌가 하는…

희일 오히려 약하죠.

세화 기반이 나름대로 튼튼한데, 그런데도 대선 치르면 극우가 꼭 2등, 아니면 1등이 될 수도 있고, 그래서 결선 투표도 나오는 그런 형편인데, 아무튼 참… 물론 절망하는 건 아니고요. 비판적으로 보지만 그걸 통해서 어떻게 나아가야 할까를 고민해 보자는 것이니까. 우리가 자주 하는 말이 있잖아요. 이성으로 비관하더라도, 의지로써 낙관하는 그런 자세.

희일 딱, 그 상태인 것 같아요. 마음 상태가.

세화 네 항상 그렇죠. 그게 원래 로맹 롤랑Romain Rolland의 말을 그람시Antonio Gramsci가 인용했다고 하는데, 우리 일상이 그런 거죠.

20세기 초에 유태인이 아주 막역한 게르만 친구한테 쓴 편지가 있어요, 내용 중에 이런 게 나옵니다. "나는 자고 일어날 때마다 '아, 나는 유태인이야.' 하고 나를 돌아본다." 하고는 친구에게 물어봐요, "너는 자고 일어나서 '아, 나는 게르만이야.'라고 생각해 본 적 있니?"라고요. 유태인이 쓴 편지를 읽으면서 게르만 친구는 잠시 생각해 보니 자고 일어났을 때 단 한 번도 '아, 나는 게르만이야.' 이런 생각을 해본 적이 없는 거예요. 저도 아, 나는 서울 사람이야, 한국 남자야, 이런 것을 생각하지 않았다가 프랑스에서 이주노동자로 살면서 '난민이고, 이주노동자'임을 매일 확인하게 된 거죠. 사회적 소수자가 되니까 자기를 돌아보게 됐던 거예요. 그러니까 다수자는 자기를 돌아볼 이유가 없는데, 소수자는 끊임없이 자기를 돌아보는 거죠.

문화·역사적으로 보더라도 끊임없이 자기를 돌아보는 소수자들에 의해 훌륭한 작품들이라든지 이런 것들이 상대적으로 많이 나올 수 있었다고 생각하게 되는데요, 역으로 다수자에 속하는 사람들이나 강자들은 그러한 점이 디폴트로 당연하기 때문에 거기에 대한 생각 자체가 거의 없어요. 여성의 경우에는 밤길을 걸어갈 때 뒤쪽에서 발걸음 소리만 들려도 두려울 수밖에 없는데, 그런 걸 남자들은 느끼지 않는 그런 점들에 대해 학습이 필요한 거죠. 사회적 강자나 다수자는 역지사지와 함께 의지로 끊임없이 자기를 돌아볼 때 비로소 소수자나 사회적 약자와의 관계 설정에 올바른 가능성이 열릴 것이라는 생각을 하게 되는 겁니다. 소수자는 끊임없이 자기를 돌아봐야 한다는 점에서 천형天刑을 받은 존재인 동시에 천혜天惠를 받은 존재라는 말을 쓴 적이 있어요. 하늘로부터의 형을 받기도 했지만 혜택을 받기도 했다는… 강자나 다수자도 자기를 돌아보아야 한다, 끊임없이 돌아보아야 한다, 그래야만 자기 성찰적 인간이 될 수 있다, 그런 생각을 했어요.

희일 어렵죠. 1990년대, 2000년대 초반만 해도 '동성애 해방운동'이랑 '동성애자 인권운동'을 분리하자는 사람들이 있었어요. 가령, 금방 선생님께서 말씀하셨던 것처럼, 이성애자를 영어로 표현하면 '스트레잇Straight'이잖아요? 자기의 성 정체성을 반추하거나 돌아보는 게 아니라 그냥 일직선으로 쭉~~ 가는 거죠. 자신의 존재를 디폴트로 설정하는 이성애자들은 생물학적 이성애자이기 때문이 아니라 '정상성'에 정박된 사회가 알리바이를 제공하기 때문에 그런 고민을 잘 하지 않아요. 물론 성소수자들은 어렸을 적부터 성애를 비롯해 자신의 존재와 감각을 다양한 각도에서 성찰할 수밖에 없죠. 동성애 해방운동, 즉 퀴어 운동은 이렇게 당연시되는 정상성을 의문시합니다. 성 정체성과 사회구조를 말이죠. 기준 자체를 재구성하자는 급진적 요청이에요. 나도 나의 존재를 성찰하고, 당신도 당신 존재를 성찰하자, 그런 거죠. 반면에 동성애자 인권운동은 성소수자로서의 실존적 인권에 방점을 찍어요. 미국식 성소수자 운동이 그렇습니다. 현재는 뭐 다 글로벌화됐지만요. 실존 양태에 기반을 둔 인권을 중요시하다 보니, 정체성 정치에 상당 부분을 의지할 수밖에 없었어요. 그렇다 보니 현재까지도 종종 '피해자 정체성'에 의존하기도 합니다. "우리가 제일 피해자야." 저도 가급적이면 이런 우울한 레토릭은 피하고 싶은데, 어쩔 수 없이 사용할 때가 있더라고요. 퀴어 운동, 그러니까 이성애·동성애 같은 성애의 서사도 뒤흔들고 사회구조도 재구성하자는 급진 성정치학의 역사를 복원해야 하지 않을까 가끔 그런 생각이 들곤 합니다. 그게 소수자뿐만 아니라, 스스로를 디폴트라고 생각하는 다수에게도 더 많은 사유의 기회와 삶의 가치를 만들어주는 것 같아요. 피해자 관점이 아니라 해방의 관점으로.

세화 그래요, 맞아요. 같이 이렇게 무척 중요한 이야기를 나누게 되었네요.

희일 나중에 뭐 한국 정치 얘기 하면서 다시 봐야 할 게 있을 것 같아요.

세화 네, 다양한 주제들이 나오겠죠.

희일 예. 오늘 조금 우울한 톤으로 이야기를 나눴는데, 그래도 하나 마지막으로 첨언하자면, 우리가 선택할 수 있는 대안은 조직밖에 없다는 생각이에요. 엊그저께 독일의 그 주택 사회화 운동에 이어, 또 하나 주민 발의가 베를린에서 통과됐더라고요. 트램tram이 도는 도시 중심의 순환선 안에 자동차 진입을 금지하는 내용의 발의안이래요. 보행자들과 자전거만 다닐 수 있는 생태 도시로 거듭나자, 자동차가 아니라 사람에게 도시를 다시 돌려주자, 그런 내용입니다. 프랑스 파리처럼 말이죠. 그런데 이게 순전히 시민들이 스스로 조직해서 만든 결과라고 해요. 자전거 단체들이 매년 몇만 명씩 모여서 도시를 점령하기도 하고, 기후·환경 운동가들이 지역을 돌아다니며 서명을 조직하고요. 결국엔 그 내용이 무엇이 되었든, 조직화가 유일한 대안 같아요.

세화 그렇죠. 제일 중요한 게 그거니까. 레닌도 그런 얘기 했고. "조직하라, 학습하라, 선전하라." 하잖아요? 모든 운동이 다 그런 거죠. 사실 그 뭐 레닌의 말이 아니라도 그건 너무 당연한 거죠.

희일 나중에 버니 샌더스 운동을 이야기하면서 다시 말하겠지만, 이 양반이 했던 이야기도 딱 세 가지예요. 조직하라, 조직하라, 그리고 조직하라. (웃음)

세화 (웃음) 오늘 뭐 이 정도로 마치죠.

죽음의 행렬,
어떻게 멈출 것인가

#노동자의 죽음 #배반당하는 노동 #자본주의 교육 부재

#자본친화적 의식 #자발적 복종 #노동시간 단축 역사

#존재를 배반하는 의식 #중대재해처벌법 #우리가 김용균이다

#플랫폼–디지털 자본주의 #오줌통을 찬 노동자

#게으를 권리 #노동의 위계화·파편화 #1회용 노동자 #빅테크

#빅데이터 #슈퍼 엘리트 #멋진 신세계

#민주적 통제 #사회적 분배 #노동 가치 전환

이송희일(이하 '희일') 선생님, 오늘 전철 타고 오셨어요?

홍세화(이하 '세화') 예, 전철역까지는 한 30분 걸었고요. 오늘 벌써 만 보 걸었어요.

희일 계속 만 보 걸으시는 거예요?

세화 예, 하루에 만 보. 평균.

희일 만 보면 몇 킬로쯤 되죠?

세화 한 6킬로쯤 될 거예요.

희일 어우, 많이 걸으시네요. 6킬로. 저는 1주일에 한 네 번 정도 뛰는데, 7킬로씩요. 되게 힘들던데요?

세화 뛰는 건 더 힘들죠.

희일 말로만 뛰는 거고 거의 뛰는 거랑 걷는 거랑 사이.

세화 저는 뭐 뛰지는 못하고, 속보?
　　오늘 노동, 노동에 대해서~~~~

희일 노동당 고문이신데(웃음).

세화 아 예. 제가 노동당 고문이긴 한데(웃음)… 아… 노동, 존중 사회라는데 항상 주장이 나오면 존중받지 못하고 있는 걸 보여주죠.

희일 (웃음) 오늘 오는 길에 기사 하나를 읽었어요. 얼마 전에 과로사로 죽은 쿠팡 배달노동자 있죠? 이십 대였는데 하루 평균 200킬로그램을 지고 5만 보를 이동했다고 하더라고요. 물론 차로 이동한 건 다 빼고 짐을 지고 움직인 것만. 그 기사 앞부분에 우리 서울 시민들은 만 보 걸으려고 열심히 노력하는데 이 청년 배달노동자는 5만 보를 걷다가 그렇게 과로사로 사망했다는 내용이 있더라고요. 선생님 말씀 들으니까, 그 기사가 떠오르네요.

배반당하는 노동, 자본주의 교육의 부재

세화 한국 사회의 노동 문제와 관련해서 제가 가장 심각한 문제의 하나로 보는 것은 우리가 자본주의사회에 살고 있는데도 사회 교과목에서 자본주의를 공부하지 않는다는 거예요. 우리가 공교육에서 사회 교과목을 배우는 까닭은 국민이면서 사회 구성원으로서 자신의 정체성을 인식하고 주체로 살아갈 수 있는 기본적인 소양을 갖추기 위한 것이잖아요. 그런 사회 교과목이 초등학교 때부터 있어요. 그러면 왜 우리가 사회 교과목을 공부하는가? 우리가 살고 있는 사회를 인식하라고 공부하는 건데, 우리가 살고 있는 사회가 자본주의사회라면 제일 중요하게 공부해야 할 게 자본주의거든요. 논리적 귀결인데, 한국의 공교육에 그게 거의 없는 겁니다. 여러 가지 이유가 있겠죠. 일제강점기 때 황국신민화 교육을 받다가 분단되면서 민주시민 교육이 실종된 문제가 지금껏 이어지고 있는 상황이죠. 제가 한국 노동 문제의 핵심으로 보는 것은 우리들 대부분이 자본주의사회에 살고 있는 노동자인데 자기 정체성에 대한 인식 자체가 비어 있다는 점입니다. 그것이 한국에서 노동 존중이 될 수 없는, 노동이 배반당하는 가장 중요한 이유라고 보는 거죠. 자기가 누군지 모르는데 어떻게 존중받나요.

유럽이라고 해서 완벽한 것은 아니겠지만, 제 자식들을 보면 중3 때 모의 노사협의를 교실에서 했어요. 그때 아들 학급에 학생이 28명이었는데 그중 26명이 노조 대표를 지망하는 거예요. 중3 나이에 장래에 노동자가 되리라는 전망을 갖고 있는 거죠. 노조 대표, 사용자 대표, 정부 대표. 이렇게 역할을 나눠서 모의 노사협의를 해야 하는데 거의 모두 노조 대표를 지망하니까 역할을 양보해서 협의를 했어요. 노조 대표뿐만 아니라 사용자 대표, 정부 대표의 자리에도 서서 생각하게 되는 그런 시간을 가졌던 거죠. 이런 모습을 옆에서 보면 한국에서 제가 교육받았던 것과 자연스럽게 견주게 되잖아요. 자본주의에 대해선 도무지 공부한 게 없는 겁니다. 기껏해야 유니온숍Union Shop[7]이니 이런 객관적 사실만 숙지했을 뿐 그것이 내 삶과 어떻게 연결되는지 공부하지 않았어요. 결국 국가주의 교육, 자본 친화적이고 노동 배제적인 교육을 스폰지처럼 빨아들이게 되는 거예요. 자본주의사회니까 자본의 힘이 막강하잖아요. 유럽에선 그런 교육을 펴니까 겨우 노사 간 균형을 이루는 정도라고 할 때, 한국의 경우에는 기울어질 수밖에 없다는 건 불을 보듯 빤한 일이죠. 기울어져도 심하게 기울어진. 가령 북유럽에서는 초등학교 학생들이 꼭 가야 할 견학지 중 하나가 노동조합이에요. 우리는 전쟁박물관이나 이런 데는 가지만 노동조합은 어림없는 일이지요. 뜻있는 교사가 학생들을 데리고 노조를 방문했다가는 교장, 교감, 학부모들 모두가 난리를 치겠지요. 이렇게 자본주의사회에 살고 있으면서 자본주의에 대한 비판적 인식이 텅 비어 있으니까 굴종하면서도 굴종하는지도 모르는, 자발적 복종이 만연해 있는, 이런 점을 가장 핵심적인 문제라고 보는 거죠.

---

7 노동자를 신규 채용할 때는 사용자는 노동조합원이든 아니든 관계없이 누구나 채용할 수 있지만 일단 채용된 사람은 일정 기간 안에 조합에 가입하지 않으면 해고당하고 또 조합원 자격을 상실한 사람(제명 혹은 탈퇴 등에 의하여)도 해고되는 협정을 말한다. (DAUM 백과, 매경시사용어 사전)

희일 프랑스에서도 그렇겠지만 독일에서도 어렸을 적부터 학교에서
노동3권(헌법에서 보장하는 노동자의 권리. 단결권, 단체교섭권, 단체
행동권)도 가르치고, 고등학교 나이쯤 되면 작업 현장에 나갈
땐 안전교육도 많이 한다고 하더라고요. 시민의 의무 못지않
게 노동자의 권리에 대해 교육하는 거죠.

최근에 한국에서 민주노총과 스타벅스 때문에 논란이 좀 있
었어요. 워낙 스타벅스가 임금은 적은데 일은 많고 여러 가
지 문제가 있던 와중에 직원들이 온라인으로 기금을 모아 '트
럭 시위'를 하겠다고 선언했어요. 그때 민주노총에서 성명서
비슷한 제안을 내놓은 거예요. 개개인들이 돈을 모아 트럭 시
위를 조직하는 것보다 노조를 결성하고 단체교섭권을 구성하
는 것이 더 중요하다, 만약 당신들이 노조를 결성하겠다고 하
면 민주노총에서 전폭적으로 지지를 하겠다, 뭐 그런 내용이
었어요. 그런데 민주노총 성명서 때문에 논란이 일었어요. 진
보진영 내에서도 오지랖을 떠는 것 같다는 평이 많았죠. '연대
가 필요하면 달려가겠다'고만 얘기해도 될 텐데 그렇게까지 가
르치려는 태도를 취할 필요가 있냐는 거였지요. 한편 트럭 시
위를 조직했던 당사자들은 이렇게 맞대응을 했어요. "외부 세
력 필요 없다. 우리는 애사심을 가지고 있고, 스타벅스 코리아
의 직원으로서 자긍심을 가지고 있다. 우리는 순수한 직원들
로서 시위를 하겠다." 그렇게 자기들끼리 돈을 모아서 한 트럭
시위가 끝났어요. 이렇게 팽팽하게 서로 맞대응하는 과정에서

말풍선들이 많이 생긴 거예요. 지켜보는데 꽤 씁쓸하더라고 요. 현재 스타벅스 본사가 있는 미국에서는 노조를 결성하려 고 지난여름부터 노동자들이 열심히 뛰고 있는데, 서로 비교 되는 모습도 좀 속상했고요(2021년 12월 10일, 뉴욕주 버팔로시 의 스타벅스 매장은 미국 역사상 처음으로 찬반 투표를 거쳐 노조가 결 성됐다).

최근 젊은 노동자들의 민주노총 가입률이 예전에 비해서 높 아졌대요. 하지만 한편으로는 서비스나 플랫폼 현장에서 불 안정 노동을 하고 있는 많은 노동자들이 여전히 노동3권이나 단체교섭권 같은 권리를 갖고 있지 못한 게 사실이죠. 게다가 근래 들어 민주노총이나 노조에 대해 막연한 혐오, 반감, 공포 를 가지고 있는 것 같아요.

세화 노동운동, 노조에 부정적인 생각을 갖게끔 사회 분위기가 조 성돼 있잖아요. 사람들이 대부분 인식하지 않지만 자본 친화 적인 의식을 갖고 있는 거죠. 유럽은 사회 분위기랄까, 환경도 우리와 달라요. 물론 교육과 사회 분위기가 서로 맞물려 있겠 지만요. 자본주의 역사가 길다는 점도 작용할 테고요. 5월 1 일이 메이데이May Day잖아요. 노동자의 생일날인데 당연히 휴일이죠. 파리에서도 그렇고 유럽의 거의 모든 도시의 중심 가에서 메이데이 행진이 펼쳐지는데, 노동자 부모와 함께 나 온 청소년이나 어린이들을 많이 볼 수 있어요. 대여섯 살 되는 아들이나 딸을 목말 태우고 행진하는 노동자도 있고요. 그 노동자도 어린 시절에 부모의 목말을 타고 행진에 참여했을 거예요. 행진에 참여한 이들은 어른이나 아이들 할 것 없이 표정이 밝고 즐거워요. 노동자들이 가족과 함께 생일을 자축하면서 함께 행진하는 장면, 한국에서 보기 어려운 그 장면에서 저는 두 가지를 점을 확인할 수 있었어요. 하나는 그들은 계층이나 계급의 대물림에 대해 노동자인 부모, 조부모를 통해 어린 시절부터 인식할 수 있으리란 것이죠. 또 하나는 노동운동이나 노조에 부정적인 시각을 갖지 않는다는 겁니다. 학교 교실에서 모의 노사협의를 할 때 거의 모든 학생이 노조 대표를 지망하는 것에서도 알 수 있죠. 우리는 사회 분위기가 달라 그런 경험도 하지 않는데 학교에서 배우지도 않아요.

이명박 정부 들어섰을 때 〈레미제라블〉 뮤지컬 영화가 들어왔었잖아요. 후반부에 삼색기도 나오고 적기도 나오고. 투쟁하는 모습이 나오는 영화여서일까요? 이명박 정권이 들어선 것에 실망하거나 낙담했던 사람들이 그 영화를 보고 위안을 받았다는 얘기도 있었어요. 영화를 보면 여주인공 코제트의 어머니 팡틴이 구슬 공장에서 일하는 장면이 나옵니다. 시장으로 출세한 장발장이 사장이기도 한 공장에서 일하던 중에 추근대는 작업반장을 거부하다 쫓겨나는 장면이 나오는데, 당시 노동자는 하루에 몇 시간 일했을까요? 1820년대의 모습인데 기록에 의하면 당시 노동시간이 16시간이에요. 새벽 5시부터 저녁 9시까지. 영화 장면에서 보듯이 1830년대 초에 엄청난 투쟁이 실제로 벌어졌죠. 1830년에 7월 혁명이 있었고, 1832년에는 리옹Lyon에서 '카노의 반란'이라고 견직 공들이 반란을 일으켰습니다. 파리에서 2만 명의 군대가 파견 돼 진압하는데 노동자들을 엄청 많이 죽여요. 그런 과정을 거쳐서 노동시간이 14시간으로 두 시간 줄었어요. 마르크스의 『자본론』에는 1노동일이 12시간으로 나오지요. 6시간의 필요노동과 6시간의 잉여노동으로 구성된다는 식으로요. 절반을 착취당한다는 건데, 자본주의 역사에서 노동시간을 줄인 과정도 그야말로 피의 투쟁의 연속이었거든요. 아시는 바와 같

이 메이데이도 1886년 5월 1일 미국의 시카고 노동자들이 하루 8시간 노동을 요구했던 것에서 비롯됐지요. 만약 우리가 학교에서 자본주의 체제 아래 노동시간이 어떤 과정을 거쳐 오늘에 이르렀는지 노동운동의 역사를 얼개만이라도 공부를 한다면 이렇게까지 노조나 민주노총을 부정적으로 바라보지는 않겠지요.

지금 스타벅스에서 다회용 컵인가, 그것 때문에 업무량이 늘어났다는 거잖아요? 업무량이 늘어나 노동시간이 길어지는 것이 노동 착취와 얼마나 직접적으로 연관되는 것인지, 『자본론』에 나오듯 추가 노동시간이 잉여가치가 되는, 그런 점에 대해 스타벅스 노동자들이 알고 있을까요? 레미제라블의 마지막 장면에서 펄럭이는 삼색기가 어떤 의미이고 적기가 또 어떤 의미인지, 그것이 노동자들의 삶에 어떤 영향을 주었는지 알고 있을까요? 우리가 지금 주 5일 근무를 기준으로 하루 8시간 노동하고 있는데, 이렇게 되기까지 얼마나 지난한 사회 투쟁과 노동운동이 있었고 피와 눈물이 있었는지 알아야 하는데 그게 없는 거죠. 그러니까 애사심 얘기하고, 삼성재벌 걱정해 주지요. 저는 이런 점들이 존재를 배반하는 의식이 굳어진 사회의 모습이라고 보는 거예요.

죽음의 왕국, 존재를 배반하는 가짜 의식

희일 교육을 말씀하시니까, 얼마 전에 19세 특성화고 학생이 무거운 납 벨트를 착용하고 요트 선착장에서 작업을 하다 안타깝게 세상을 떠난 사건이 생각나네요. 그 벨트 무게가 12킬로그램인가, 그걸 혼자 매고 작업할 수 없는 거래요. 그 무게에 눌려서 익사하게 된 거라고 합니다. 안전 기준에 2인 1조라는 규정이 있고, 심지어 계약서 맨 위에 잠수 금지가 명시돼 있었는데, 실상 아무것도 지키지 않은 거죠. 그것들만 지켰어도 그렇게 생때같은 목숨을 잃지 않아도 됐던 거예요. 작업장에서의 안전을 가르치고 무엇보다 안전을 중요시해야 하는 특성화고에서 계속 이런 사건들이 발생하고 있어요. 불안한 현장으로 무작정 떠밀어 보내는 거죠. 죽음의 행렬도 아니고 참…. 한국에서 한 해에 800명이 넘는 노동자들이 산재 사고로 죽는대요. 어제까지 648명이 올해 산재로 사망했다고 하는데 매일 2명 이상이 계속 죽는 거잖아요. 어떻게 해야 되나… 이 죽음의 왕국에서…

내년 1월 초에 '중대재해기업처벌법 시행령'이 발효됩니다 (2022년 1월 27일 중대재해처벌법이 시행되었다). 근데 산재로 사망하는 택배노동자들의 절반이 심장 쪽 질환이래요. 내년에 시행되는 처벌법에는 그게 다 빠져 있는 거예요. 심장질환, 뇌출혈, 근골격계. 이런 것들이 다 빠지고, 택배노동자는 아예 해당 사항이 없고, 심지어는 공사현장 철거도 빠집니다. 얼마 전 광주에서 철거공사 과정에서 많은 사람이 죽었잖아요. 당연히 법으로 처벌을 해야 하는데 그게 다 빠진 거죠. 중대재해기업처벌법이란 게 누더기나 다름없습니다. 장기적으로 봐서는 스스로 노동하는 주체라는 걸 자각하는 '시민', 그래서 자기 권리를 알고 있는 시민을 양성해야 하는 게 올바른 방향이긴 하지만, 한편으로는 이렇게 매일 노동자들이 죽어가는 상황에서 중단기적으로 할 수 있는 게 무엇일까 많은 고민이 됩니다. 우리는 과연 무엇을 할 수 있을까요?

최근에 쿠팡에서 불이 나서 노동자들이 죽었을 때, 많은 사람이 SNS상에서 불매운동을 했어요. 쿠팡 탈퇴 운동이었죠. 저도 동참했어요. 그때는 쿠팡이 사과하고 어쩌고 한참 시끄러웠어요. 그래도 뭔가 변화의 조짐이 있을까 싶었는데, 어제 확인해 보니까 보란 듯이 영업 이익이 다시 증가한 거예요. 그렇게 시끄러운 지 한 달 만에 미국에 진출하네 마네 하면서 영업 이익은 더 커져버렸더라고요. 불매운동의 힘이 생각보다 미약한 것 같아요. 사용자와 노동자 사이가 너무나 완벽하게 기울어져 있어서 시민 입장에서 안타까움에 불매운동에 동참하긴 하지만 낙담할 수밖에 없는 거죠. 뭐 방법이 없을까…

세화 매년 산업재해로 사망하는 노동자가 2,000명(비공식 집계, 공식 집계는 800여 명)에 이르는 참담한 현실인데 참으로 무감한 사회라는 생각이 앞서요. 10년이면 2만 명을 넘고, 다치는 노동자들은 그보다 훨씬 더 많은 그야말로 전쟁이나 다름없는 상황이잖아요. 김용균 씨나 이민호 군의 경우는 그나마 서사가 알려졌고 반향도 있었지만, 대부분은 '몇 명 사망' 이런 식으로 서사 없이 숫자로만 알려질 뿐이에요. 이주노동자들도 산재로 많이 희생되는데 그들은 숫자로도 알려지지 않아요.

불매운동을 말씀하시니까 생각나네요. 1990년대 말, 제가 아직 프랑스에 있던 때, 민주노총이 시작된 지 얼마 안 됐을 때예요. 민주노총 활동가가 프랑스에 와서, SUD라는 작은 노총을 방문했어요. S는 Solidarité(연대), U는 UNité(단결), D는 Democracy(민주주의), SUD는 그런 작은 노총이었어요. 한국은 한국노총하고 민주노총이 있는데 프랑스엔 여러 개가 있습니다. 정치적 성향에 따라서 극좌부터 온건한 노총까지요. 민주노총 활동가 둘이 SUD의 여성 활동가와 만나게 됐고, 제가 통역 겸 그 자리에 같이 있었는데요. 이런저런 얘기를 나눈 뒤 식당에 갔는데, 민주노총 활동가가 삼성 얘기를 꺼냈어요. 삼성이 지금은 조금 바뀐 모습을 보이는 것 같기도 하지만, 당시는 창업자의 유훈인지 뭔지에 따라 무노조 원칙이 관철되고 있었잖아요. 그 얘기를 했더니 SUD의 여성 활동가가 대뜸 하는 말이 "민주노총 조합원들은 삼성 불매운동을 하지 않나요?"였어요. 노조를 부정한다는 것은 노동자를 부정한다는 건데, 자기부정을 당하고 있는 민주노총 조합원들이 삼성을 부정한다는 뜻으로 불매운동을 펼치지 않느냐는 거였어요. 가족들과 함께요. 민주노총 활동가도 저도 잠시 꿀 먹은 벙어리가 됐어요. 조금 전에 한국의 어려운 조건 속에서 조합원 60만의 민주노총을 건설했다고 자랑스럽게 말했는데 말입니다. 노조가 결성됐고 조합원 수가 아무리 많다고 하더라도 얼마만큼 노동자 계급성을 갖고 있는지가 관건이지요. 지금 민주노총 조합원이 100만이 넘는다고 하지만 그분들 중에 진보좌파 정당 찍는 사람이 얼마나 되는지도 의문이죠.

쿠팡 불매 말씀하셨는데, 글쎄요, 초기에 반짝 그런 흐름이 조성되더라도 뒷심이 이어지지 않는다는 걸 쿠팡 자본도 잘 알고 있지 않을까요? 자기들이 도발만 하지 않으면 되는 거죠. 결국 그렇게 됐고요. 유니클로 불매운동과 비교되는데, 노동자들에 대한 연대 의식보다 배타적 민족 감정을 앞세운 게 수십 배, 수백 배 더 큰 반응을 일으키죠. 앞서 말씀하신 중대재해처벌법, 원래는 기업이 들어가야 하는데 그것도 빠졌잖아요? 차 떼고 포 떼고 이름까지 기업을 빼고, 5인 미만은 제외. 근로기준법 자체가 5인 미만 사업장에는 적용이 안 되죠. 특수고용노동자라는 이름을 가진, 노동자의 권리는 없는 노동자들도 수백만에 이르죠. 말도 안 되는 상황인데 관철되고 있는 현실이죠. 비정규직 문제는 두말할 것도 없고요. 이민호 군, 제주에서 청소년이… 그런 안타까운 일이 일어나고. 또 김용균 군, 혼자 일하다 참담한 죽임을 당했는데요, 노동계에서 "우리가 김용균이다!" 구호를 내걸고 집회를 가졌는데 모인 사람이 2백여 명 정도였다고 해요. 저도 참여하지 못했는데요, 얼마 뒤 조국 사태가 터졌을 때 "우리가 조국이다!"에는 수십만이 모였죠. 이것이 자본주의사회를 사는 구성원들의 모습인 거죠. 저는 100년 전에 안토니오 그람시Antonio Gramsci가 말한 그대로가 관철되고 있다고 봐요. "부르주아 지배세력은 노동자들에게 가짜 의식을 심어줄 문화적 헤게모니 수단을 가지고 있다."라고 말했어요. 저는 이 말이 아주 정확하다고 보거든요. 그 수단으로 꼽은 게 학교, 정당, 교회, 미디어예요. 당시에도 이미 미디어를 얘기했는데 지금은 두말할 필요가 없겠죠. 학교도 물론이고요.

희일 이데올로기 국가 장치들이죠.

세화 맞아요. 여기서 꼭 지적하고 싶은 말이 있습니다. 1970년대 이후 한국의 운동권에서 의식화를 강조했지요. 저는 이 '의식화'라는 말이 아주 잘못됐다고 생각해요. 왜냐하면 사회 구성원들에게 아무 의식이 없는 것을 전제하고 있으니까요. 이송 감독께서 말씀하신 대로 국가의 이데올로기 장치들에 의해 대중들에 대한 이루 말할 수 없는 의식화가 이루어졌는데 그 의식화가 슬그머니 사라졌다는 겁니다. 우리가 의식화라는 말을 사용하는 순간 말입니다. 저는 탈의식화라는 말을 써야 했다고 보는 겁니다. 지배세력에 의해 들씌워진 가짜 의식을 벗어내야 한다는 뜻에서요. 저는 이 가짜 의식을 '존재를 배반하는 의식'이라고 규정하는데 물론 이 가짜 의식을 벗어내는 것으로 끝내면 안 되지요. 자신의 정체성에 맞는 의식을 형성해야 합니다. 우리가 잘못된 옷을 입었다면 그 옷을 벗어 던지고 새 옷으로 갈아입어야 하듯이 말이죠. 결국 우리가 의식화라는 말을 사용함으로써 탈의식화와 의식화의 양면에서 부실한 결과를 빚었던 게 아닌가 싶은 거예요. 또 대중에게 아무 의식이 없다는 걸 전제했기 때문에 우리가 말하는 의식화가 얼마나 어려운 일인지 인식하지 못한다는 점도 지적해야 할 것 같아요. 차라리 아무 의식이 없으면 설득이 가능한데 전혀 그렇지 않거든요. 지배세력에 의해 갖게 된 의식을 고집하니까요.

제가 한국의 진보는 반전된 진보일 뿐 형성된 진보가 아니라고 보는 이유도 마찬가지입니다. 형성한 게 아니라 반전시켜 갖게 된 진보의식, 허술하고 거칠어요. 그런데 겸손하지 않고 고집은 엄청 세요. 가령 유럽의 청소년이나 청년은 일찍부터 진보좌파 정당의 당원이 되고 활동가가 되기도 하는데 자본주의 체제의 현실과 부딪치면서 자신의 정치적 지향과 욕망 사이에서 고민하는 과정을 거치게 돼요. 어떤 떨림과 흔들림의 경험을 하게 됩니다. 차차 그들의 구체적 삶과 이념을 연결시키는 고리가 단단해질 수 있어요. 한국에선 이게 무척 어렵습니다. 10대 후반~20대에 활발하게 정치적 지향과 의식이 분출되고 내 삶과 구체적으로 만나서 고민하는 과정이 한국에서는 찾기 어려운 거예요. 이른바 한국의 '학출'들은 대부분 선배의 의식화 작업을 통해 기존 의식에 반전을 일으켜 아주 급진적 의식까지 갖게 되는데, 결혼하여 가정을 이루고 나이를 먹어가면서 훼절이라 할까 변절의 길로 들어섭니다. 학출이라는 말이 스스로 말하듯 언제든 되돌아갈 수 있는 계급적 조건이 있으니까요.

저는 한국 사회에 합리화할 '거리'가 널려 있다고 봐요. "네가 현실을 아니?"는 아주 쉽고도 흔한 예지요. 인간은 합리적 동물이 아니라 합리화하는 동물인데, 이 점에서 학출들은 뛰어나요. 머리가 좋은 편이니까요. 인간이란 존재는 해야 할 일을 다 하지 못하기 때문에 신이 아닌 인간인데, 해선 안 되는 일은 하지 않을 수 있기 때문에 괴물이 아닌 인간일 수 있어요. 그런데 합리화는 해선 안 되는 일을 거듭하도록 이끕니다. 차차 사적 욕망 앞에서 "이건 아냐!"의 멈춤이 사라져요. 저는 한국 사회에서 이 멈춤이 거의 사라졌다는 것을 조국 사태와 서초동 집회를 통해 다시 확인하게 되었거든요. 스스로 깨어 있다고 말하는 시민들도 다르지 않고요. '586'들, 그들은 일차 의식화를 통해 관념적으로 급격히 뒤집어졌다가 합리화를 통해 조금씩 기우는 게 거듭되면서 마침내 완전히 다시 뒤집어진, 그래서 사적 욕망의 포로가 된 게 지금 권력을 장악하고 있는 '586'들의 보편적인 모습이라는 생각도 들고요. 그들은 인정하지 않겠지만, 이 또한 합리화를 통해서 그들 자신이 청년학생 시절에 관념적으로 적대시했던 지배세력의 일원이 되고 말았어요.

사회 현실은 더욱 더 불평등이 첨예해지고 굳어지는 상황에 마르크스의 "프롤레타리아는 철학에서 정신적 무기를 찾고, 철학은 프롤레타리아한테서 물질적 무기를 찾는다."라는 말을 다시금 곱씹게 됩니다. 워낙 지배 이데올로기 장치들은 강고하게 작동하는데, 변혁의 가능성이나 계기를 찾기가 너무 어려워 보여요. 솔직히 노동 문제는 교육 현실과 관련하여 볼 때 깜깜해요. 지금까지 어두웠는데 앞으로도 큰 변화를 기대하기 어렵다

2019년 2월, 덕수궁 대한문 앞을 지나는 김용균 군 노제 행렬 [CC BY 3.0] 오모군

고 보는 겁니다. 김용균 군의 죽음에 대부분은 감성적인 애석함을 주로 표현하지 그런 비극들이 자본주의 사회 안에서 나와 어떻게 연관되는지에 대한 비판적 인식은 거의 없거든요.

희일 선생님이 말씀하신 것처럼 서초동에 몇만 명이 모이고, "내가 김용균이다"에는 200여 명 모였다고 하지만, 제가 보기에는 구의역 김 군도 그렇고, 김용균 죽음 앞에서도 많은 사람이 슬퍼했던 것 같아요. 오히려 제가 더 안타깝게 여기는 것은 사람들의 그 집합적 슬픔과 분노에서 조금 더 나아가야 하는데, 고작 불매운동에서 멈추는 게 아닐까 하는 거예요. 예를 들어, 진보정당·진보세력·좌파 단체들이 좀 견실하게 존재한다면, 함께 길거리 행진이라도 하자고 제안하면서 그 슬픔과 분노를 조직하고 구조적 변화까지도 추동해 낼 수 있는 계기들을 마련할 수 있었을 텐데, 워낙 힘이 약해서 그런지 좀처럼 그런 움직임들이 보이지 않는 것 같아요. 불매운동 좀 하다가 시간이 지나면 금세 또 까먹고 말잖아요. 그게 참 안타까워요. 시민들의 슬픔과 분노, 그 정동을 물질화할 수 있어야 하는데, 늘 사건이 터지면 금세 휘발되는 것 같아서요. 구의역 김 군 때는 다 가서 컵라면을 지하철에 쌓아놓았잖아요? 그리고 김용균 때도 마찬가지고. 화재 사건 때는 쿠팡에 대해 불매운동을 했죠. 그런 마음들을 모아서 구슬 꿰듯이 꿰어 뭔가 하나의 유의미한 풍경으로 만들 수 있으면 참 좋을 텐데.

얼마 전에 배달 라이더가 길거리에서 오토바이 사고로 죽으니까 사고 난 오토바이를 세워놓고 그 앞에 라이더들뿐만 아니라 많은 시민이 가서 꽃을 놓더라고요. 하얀 꽃무덤이 되었어요. 아무리 사회가 비정해지긴 했지만 여전히 사람들은 슬퍼하고 분노하고 연민을 갖고 있는 것 같아요. 그 선량한 마음들을 어떻게 조직하고 물질화하느냐에 우리 희망이 달려 있는 것 같아요.

플랫폼, 디지털! 오줌통을 찬 노동자와 지불되지 않는 노동

희일 어… 이어서 조금 더 구체적인 이야기를 나누면 좋을 것 같아요. 플랫폼 자본주의, 디지털 자본주의에 대해서요.

이번 추석 때 시골에 내려갔는데, 어머니가 약간 짠한 표정으로 그런 말씀을 하시더라고요. 제가 이런저런 물건들을 택배로 보내면 기사가 집 앞에 물건을 놓고 갑니다. 어느 날은 시간이 없었는지 택배 기사가 대문 앞에 박스를 던져놓듯이 급하게 놓고 막 뛰어가더래요. 그런가 보다 하고 박스를 들고 안으로 들어가려는데, 시골 언덕길로 달려가던 택배 트럭이 갑자기 멈췄대요. 그러고는 젊은 기사가 뛰쳐나와서 급하게 오줌을 싸고 다시 트럭을 몰고 다급하게 달려갔나 봐요. 어머니는 그걸 보고 미안한 마음이 들었대요. "저렇게 바쁜데 앞

으로 쬐그만 물건은 부치지 마. 미안하잖아." 이러시더라고
요. 그 얘길 듣자마자 켄 로치Ken Loach의 영화 〈미안해요 리
키〉가 떠올랐어요. 그 영화 속에도 택배 기사가 오줌 쌀 시간
이 없으니까 트럭 안에 플라스틱 병을 놓고 다니는 장면이 나
오거든요. 참 그래요. 영국이든 한국이든 택배 기사가 오줌 쌀
시간도 없이 뛰어다녀야 한다는 게. 하긴 미국도 마찬가지더
라고요. '오줌 쌀 권리'라는 표현이 작년에 한참 미국 언론에서
파장을 일으켰어요. 미국의 가장 큰 물류 플랫폼 기업인 아마
존에서도 노동자들이 오줌 쌀 시간이 없어서 공장 안에 오줌
통을 둔 거예요. 어떤 창고에서는 대변통을 봤다는 목격담이
제기되기도 했었죠. 팬데믹이 진행되는 동안 제프 베조스Jeff
Bezos(아마존 창업주)는 천문학적인 수입을 올렸지만, 물류 창
고 노동자들은 오줌통을 놓고 일해야 하는 기막힌 모순이 폭
로된 거죠. 아마존의 경우, 임금 상승률도 낮고 팬데믹 기간
방역 시스템도 제대로 가동되지 못했습니다. 그에 항의하다
일방적으로 해고된 노동자들이 제프 베조스 뉴욕 집 앞에 기
요틴guillotine(단두대)을 놓고 시위를 벌이기도 했었어요. 터
질 듯이 불만이 팽배해졌고, 앨라배마Alabama주 아마존 창
고에서는 결국 노조 결성 투표에 들어갔어요. 하지만 아마존
사 측에서는 돈을 뿌려 회유하거나 협박을 통해 노조 결성을
방해했죠. 정말 지독하게 훼방을 놓았어요. 그 결과, 노조 결
성 반대표가 더 나오고 말았어요(하지만 11월 미국 노동관계위

NLRB는 사측의 조직적 방해가 인정된다며 재투표를 하라고 명령했다).

저는 '플랫폼 기업' 하면 오줌이 먼저 머릿속에 콕 박혀 있어요. 우아하게 플랫폼, 디지털 어쩌고 하지만 노동자들이 마음대로 오줌조차 쌀 수 없는 게 실제의 풍경인 것 같아요.

세화 아까 노동시간 얘기했는데, 마르크스의 사위죠, 폴 라파르그 Paul Lafargue가 『게으를 권리』에서 3시간만 일해도 된다고 했거든요. 19세기 말에 그랬는데 기술이 엄청나게 발달했다는 지금도 노동시간은 길게 이어지고 있지요. 그 책에서 저자는 노동자들한테 거의 야단을 치다시피 해요. 어떻게 세 시간 이상씩 일하냐고. 여전히 노동시간은 이런 상황인 한편으로, 플랫폼 노동이 디지털 자본주의와 연결되면서 과거와 다른 양상을 보이고 있잖아요? 이를 테면 과거에는 공장이 가장 중요한 투쟁의 장소였는데, 이제는 그런 공장이나 터 자체가 사라지고 있다는 거죠. 민주주의 성숙을 위해 노조도 계속 중요한 위치를 차지하겠지만 지역을 조직하는 문제가 지난날에 비해 중요해졌다는 겁니다. 더구나 노동이 위계화되면서 대공장들은 거의 정규직의 경제투쟁 장소에서 벗어나지 않게 됐지요. 원청, 제1하청, 제2하청. 이런 식으로 위계화와 파편화가 일어나는 양상이죠.

다른 한편으로 디지털 자본주의가 급성장하면서 플랫폼이 곳곳에 늘어나고 있잖아요? 이런 것까지 포함하여 지금 어떤 양상이 펼쳐지고 있냐면 노동이 자본과의 관계에서 더 약화되고 있는 거예요. 마르크스는 노동이 자본에 맞설 수 있는 무기로 '노동자는 하나다'와 함께 노동자의 숙련성을 들었는데, 노동이 위계화·파편화되면서 '노동자는 하나가 아니다'가 돼버렸고요, 노동자의 숙련성도 더 이상 자본이 필요로 하지 않게 됐거든요. 자본이 로봇, 기계화, 자동화된 생산수단만 설비하면 그만이니까 노동자는 일회용으로 전락해요.

옛날 은행 업무를 보더라도 주판 잘하는 사람이 은행원이 됐지요. 주판은 거의 필수적이었어요. 전산화가 되면서 그들이 사라졌듯이 곳곳에서 중간층이 될 수 있다고 봤던 노동자층이 사라지거나 아래로 떨어지고 있는 거죠. 슈퍼 엘리트만 상층을 구성하고 나머지는 모두 하류 인간이라고 할까, 그런 상황이 말씀하신 플랫폼 노동자들뿐만 아니라 거의 모든 노동 현장에서 일어나는, 노동의 지위는 계속 나빠질 수밖에 없는 그런 상황인 거죠. 이러한 자본의 위력에 어떻게 민주적 통제를 가할 수 있을까. 이것이 당면 과제일 수밖에 없는데, 쉽지 않은 것 같아요.

희일 닉 서르닉Nick Srnicek의 『플랫폼 자본주의』를 대충만 읽었는데, 저자는 플랫폼 자본주의 출현을 이렇게 분석해요. 1970년대에 이윤율이 감소하고 장기적인 불황이 생겼죠. 그때 1세계인 미국과 유럽이 제조업을 중국 등 제3세계로 외주화했어요. 그리고 1세계 경제는 서비스와 금융 중심으로 재편되기에 이릅니다. 특히 닷컴과 모기지에 버블이 쌓일 만큼 잔뜩 힘을 주다가 2007~2008년에 금융위기가 터져버리죠. 이렇게 투자처가 불안한 상황에서 등장한 게 빅데이터 기반의 플랫폼 자본이라는 거예요. 그게 닉 서르닉의 분석입니다. 구글, 아마존, 페이스북, 트위터, 우버, 에어비앤비, 넷플릭스 같은 OTT, 각종 배달 기업 등. 그런데 문제는 제조업과 달리, 이 플랫폼 자본들은 노동자를 프리랜서화합니다. 노동자성을 박탈하고, '파트너', '자영업자', '협력자'로 호명하죠. 기존의 고용관계에 대한 책임을 지지 않아도 되니 자본 입장에서는 얼마나 좋겠어요. 말씀하신 것처럼 대공장에서의 정규직 노동자들을 중점적으로 놓고 사유하던 노동의 개념이 이제 플랫폼-디지털 자본주의에서는 전혀 다른 방식으로 변하고 있는 거죠.

그런데 최근 재미있는 현상이 벌어지고 있습니다. 미국 조 바이든 행정부가 독과점 규제를 하겠다며 빅테크Big Tech[8], 플랫폼 기업들에 대해서 칼을 빼 들었어요. 전 세계의 시선이

---

8 구글, 애플 등 플랫폼을 주도하는 대형 정보기술(IT) 기업을 뜻한다. 미국에서는 보통 빅테크로 가장 크고 지배적인 아마존, 애플, 구글(알파벳), 페이스북, 마이크로소프트 등 5개 기업을 꼽는다. 이들을 테크 자이언츠(tech giants), 빅파이브(big 5)라고도 한다. 우리나라에서는 네이버와 카카오 등 온라인 플랫폼 제공 사업을 주로 하다가 금융시장까지 진출한 업체를 지칭하는 말로 쓰인다. (DAUM 백과, 에듀윌 시사상식)

집중될 수밖에요. '이걸 어떻게 하려고 그러지?' 아마존, 테슬라, 페이스북, 넷플릭스 등을 손보겠다는 거예요. 세금 회피도 문제고, 문어발식 독과점 형태도 이제 제재를 해야 된다는 게 조 바이든 정부의 입장인 것 같아요.

하지만 웃기게도 지난 대선 때 이 빅테크 기업들은 조 바이든 이 승리할 것 같으니까 기다렸다는 듯이 트럼프 계정을 모두 정지해 버렸어요. 트위터가 먼저 계정을 잠갔죠. 구글, 페이스북 등도 덩달아 모두 계정을 폐쇄했어요. 트럼프가 편향적으로 사람들을 선동하고 민주주의에 역행하는 위험 발언을 하기 때문에 계정을 중지한다, 그게 이유였어요. 물론 그건 핑계고, 곧 들어설 조 바이든 행정부의 개선 행렬에 일종의 공물을 바친 거죠. 그런데 도리어 곧장 비판이 쇄도했어요. 그동안 페이스북, 트위터, 구글, 아마존 등이 편향적인 알고리즘을 통해 확증편향의 세계를 유발하면서 돈을 벌어왔는데, 이제 와 트럼프 하나만 단죄하는 것으로 면피하려는 게 가증스럽다는 비판들. 속이 뻔히 들여다보인달까.

빅테크 자본은 이렇게 확증편향의 세계를 구축하기도 하지만, 사람들의 노동과 다양한 사회적 실천에 대해 대가를 지불하지 않고 그냥 공짜로 전유하죠. 예를 들면, 전 우리 동네 다이소에 갈 때마다 화가 나요. 키오스크kiosk 때문에요. 처음에는 그 기계를 피해 다녔는데, 결국엔 제가 졌어요. 이제는 키오스크로 결제를 합니다. 긴 줄을 서고, 기계를 작동시키고,

제가 물건을 직접 포장해요. 바로 여기에 숨은 진실이 있습니다. 제가 키오스크 앞에서 하는 게 '노동'이에요. 그 대가가 지불되지 않는 거죠. 키오스크 때문에 계산대 노동자도 해고됐지만, 물건을 결제하는 그 수많은 사람의 '노동'과 '시간'은 결코 계산되지 않습니다. 디지털 자본이 그 노동의 대가를 전부 공짜로 가져가는 거예요.

선생님도 한때 잠깐 트위터 활동을 하셨던 걸로 알고 있어요. 저는 페이스북을 합니다. 모든 SNS에서 유저들이 사진을 찍어 올리거나, 저처럼 공들여 긴 글을 써서 올리거나, 서로 정보를 주고받으며 지적인 가치들을 쌓아 올려요. 그건 엄청난 사회적·정신적 생산 활동이에요. 하지만 빅테크 자본은 그 데이터를 다 수집하고는 대가를 전혀 지불하지 않아요. 그래서 등장한 게 '소셜 팩토리Social Factory'라는 개념이에요. 사회의 공장화. 키오스크 앞에서 우리가 수행하는 육체노동이든, SNS상에서 매일 축적하는 지적 노동이든, 모든 사회 영역을 공장처럼 만드는 거예요. 대신 그 가치에 대해 지불하지 않고요. 그리고 사람들을 고용하고도 노동자성을 박탈한 채 고용 관계에 대한 책임을 지지 않고 프리랜서처럼 노동을 파편화하는 거죠. 모든 곳이 공장화됐지만 노동의 가치에 대해 제대로 지불하지 않는 기생적인 체제가 바로 디지털-플랫폼 자본주의라고 생각합니다.

현재 미국에선 연방거래위원장 리나 칸Lina M. Khan이 빅테크 자본들의 독점을 규제하겠다고 나서고 있죠. 별명이 '아마존 킬러'예요. 어찌됐든 조 바이든 정부가 아마존을 비롯해 플랫폼 자본주의의 경로를 일정 바꾸긴 할 것 같아요. 하지만 면밀히 보면, 과거 국가권력이 누려왔던 권한을 이제는 플랫폼 자본주의가 가지고 있는 거죠. 모든 데이터를 수집함으로써 마치 전지전능한 신처럼 그 가치와 권력을 독점하고 있으니 그것을 조율하려 드는 게 아니냐는 분석도 있더라고요. 국가권력과 자본이, 즉 총자본과 자본이 권력을 누가 더 전유할지를 놓고 싸우는 것 아니냐는 분석. 참 갈 길이 먼 것 같아요. 물론 항간에서는 대안적인 형태로 '플랫폼의 공공화'에 대한 이야기도 나오고 있고, 이미 여러 시도가 이루어지고 있는 것으로 알고 있어요.

이런 와중에, 우리 문재인 정부는 단군 이래 최대 공적 자금을 들여 '디지털 뉴딜' 사업을 진행하고 있죠. 어떤 학자는 고작 배달 더 빨리 시키는 앱을 개발하기 위해 이렇게 많은 혈세를 들여야 하냐고 비판하더라고요. 철학 없는 정치인만큼이나 해악적인 것도 없습니다. 하나 예를 들어보죠. 그 디지털 뉴딜의 농촌 부문을 살펴보면 드론 개발이 꽤 많이 포함돼 있어요. 지금 시골에 가면 곳곳에 이런 현수막이 죄다 붙어 있죠. "농약 살포, 우리 드론을 사용하세요." 그리고 그 현수막 밑으로 할머니들이 유모차를 끌고 슬로모션으로 천천히 지나가요. 지금의 모순을 정확히 보여주는 풍경일 거예요. 농촌은

소멸되고 있고 농사지을 사람도 점점 줄고 있어요. 100만 가
구 남짓 남았는데, 40대가 가장인 가구가 그중 1퍼센트밖에
안 된다고 하더라고요. 그런데 한국 정부는 드론으로 농약을
치자면서 혈세로 드론 연구를 하고, 드론 훈련장을 지어요. 말
은 그럴싸하게 디지털 뉴딜이지만 그저 대농, 기업농, 그리고
드론을 제작하는 기업들을 위한 돈 잔치예요. 지금 필요한 건
드론 개발이 아니라, 농촌의 지속 가능과 활성화를 위한 정부
의 긴급하고도 담대한 대책이잖아요. 그런 엄중한 상황에서도
고작 스마트팜과 드론 개발… 한국의 디지털 뉴딜이라는 건
이렇게 인민의 삶을 지우는 방식으로 작동되고 있어요.

세화 농업과 제조업, 그리고 디지털 자본주의와 관련하여 생산자와 소비자의 비율을 예로 들면, 농업의 경우에는 소농한 가족이 전통적인 방식으로 농작물을 생산했을 때 5인가족이 소비할 수 있다고 해요. 제조업이 되면 생산자 대비 소비자의 숫자가 엄청나게 늘어나죠. 한 사람이 기계의 힘을 얻어서 생산한다고 할 때 그 상품을 소비하는 사람은 수천, 수만이 되는데 디지털 자본주의가 되면 이 비례가 수백만, 수천만이 되겠죠. 제가 정확한 이름을 잊어버렸는데, 구글의 한 플랫폼인가에서 일하는 사람이 80명인데 접속하는 사람이 4억 명이라고 해요. 이런 식으로 비례성이 기하급수적이 됐어요. 이런 변화 속에서 다양한 모습들이 나타나고 있죠. 말씀하신 대로 소비자가 대신 노동하는 경우도 그렇고, 프리랜서라는 이름으로 노동자의 권리가 박탈되는 것도 그런데, 말씀하신 대로 자본에 잉여가치를 끊임없이 제공하여 축적을 가능하게 하는 소비활동이 빅데이터까지 제공하고 있으니까요. 우려되는것은 빅데이터를 그들이 장악한다면 앞으로 어떤 일이 벌어질 것인가! 그동안 자본주의 체제에서 가장 중요한 질문으로 제기됐던 게 생산수단을 누가 소유할 것이냐, 이런 문제였는데 앞으로는 빅데이터를 누가 장악할 것인가의 물음에서 거듭 민주적 통제를 강조하게 됩니다. 유발하라리도 우려스런 전망을 했는데요. 극소수의 슈퍼 엘리트, 빅데이터도 장악하고 인공두뇌, 로봇 등을 장악한 극소수의 슈퍼 엘리트가 모든 사회를 관장하고, 절대다수의 인민은 올더스 헉슬리Aldous Huxley의 『멋진 신세계』에 나오는 하류 인간처럼 사회에 아무런 영향도 미치지 못한 채 소마를 배급받아서 생존하게 될 수 있다는 비관적인 전망, 그것을 막기 위해서도 민주적 통제가 이루어져야 된다는… 하지만 그게 가능할까? 앞으로 기계가 기계를 만드는 상황이 올 수도 있다는데, 기술 발달이 자본주의와 결합하면서 어떤 방식으로 나아갈지 종잡을 수 없는데 민주적 통제의 가능성, 솔직히 비관적이네요. 그렇다고 물러앉아 있을 수는 없지만요.

노동의 종말은 도래했는가!
기본소득과 참여소득, 자유의 확장과 노동 가치의 전환!

희일 말씀하신 것처럼 기계가 기계를 만드는 자본주의와 디지털 혁명이 공공연히 자본의 입장에서 찬양되는 시대에 살고 있고, 또 그만큼 생산수단의 사회화나 민주적 통제, 또는 사회적 분배에 대한 이야기가 중요하게 대두될 수밖에 없는 것 같아요. 한편으론 기본소득에 대한 이야기들이 한참 쏟아져 나오고 있습니다. 민주당 대선 후보인 이재명 후보까지 해서. 옆에서 보시기에는 어떻게 생각하시나요?

세화 저는 기본소득이 생존에 필수적인 물질을 일부라도 충족시켜 준다는 그 자체도 중요하지만, 물질을 확보할 수 없으면 어떻게 하나, 하는 불안을 줄여줄 수 있는 데서 오는 자유의 확장과 그에 따른 사회 분위기의 변화도 중요하게 봅니다. 제가 7년 전부터 장발장은행에 관여하고 있는데, 벌금형을 받은 분들에게 벌금을 무이자, 무담보로 신용조회 없이 빌려주는 은행이잖아요. 지금까지 1,000여 명에게 벌금을 빌려줘서 교도소에서 강제 노역을 하지 않게 할 수 있었는데요. 단순 절도, 단순 폭행, 사기죄—사기죄라고 하면 파렴치범으로 보는 분이 있겠지만 돈을 빌렸다가 못 갚아도 사기죄에 해당돼요—를 저질러 벌금형을 받은 분들에게 이런 가정을 해보곤 했어요. 3년 전부터 이분들에게 매달 일정액의 기본소득이 주어졌다면, 하고요. 이 가정은 송파 세 모녀가 집단 자살하는 비극과 마주쳤을 때 제가 처음 해봤던 것인데요, 세 모녀가 그런 선택을 하지 않을 수 있었겠다는 생각이 들었어요. 그 가정을 벌금형을 받은 분들에게 그대로 적용한 건데 적지 않은 분들이 벌금형을 받지 않았을 수 있겠다 싶은 거예요. 단순 절도나 사기죄는 물론이고 단순 폭행도 정신적 여유가 없는 데서 비롯된 경우가 많으니까요. 그래서 더욱 기본소득에 적극 동의하게 된 거예요.

또 노동이 파편화되고 지위가 약화되고 있는 상황에서 생존 문제도 그렇거니와 노동의 협상력도 줄어들 수밖에 없기 때문에도 기본소득이 필요하다고 봐요. 기본소득에 대해 부정적으로 말하는 분들도 많더군요. 자본주의의 모순을 덮거나 지연시킨다고 말하는 사람도 있어요. 저는 그런 생각에는 동의하지 않아요. 그보다 점점 더 어려워질 수밖에 없는, 열악해질 수밖에 없는 프레카리아트precariat들, 불안정하고 불안한 일자리도 갖기 어려운 사람들을 위해 자유의 몫이라는 점에서, 시혜 차원이 아닌 존재의 권리로서 주어져야 한다고 보는 겁니다. 지금 한국 같은 상황에서는 농민기본소득부터라도, 전반적으로는 아니라도, 지금 시급한 일 중의 하나가 농촌에 청년들이 정착하는 문제라고 할 때, 농민기본소득부터라도 과감하게 하는 조치가 필요하다고 보고 있어요.

희일 노동당 내에서도 의견이 많이 갈렸었잖아요? 기본소득에 대해서. 어쨌든 선생님은 우호적인 측면에서 바라보셨던 거예요?

세화 그렇지요. 노동당에서 기본소득당이 분리돼 나가면서 젊은 당원들이 많이 탈당했는데 저로선 안타까운 일이었지요. 저는 노동과 기본소득이 꼭 갈라설 일은 아니라고 봤는데 '기본소득당'으로 당명을 바꾸려면 당 대회에서 2/3 이상 동의를 얻어야 하는데 2/3에 못 미쳤어요. 그래서 결국 기본소득당이 떨어져 나가게 됐지요.

희일 저는 예전에 기본소득에 대해서 우호적이었다가 점차 생각이 바뀌었어요. 제레미 리프킨Jeremy Rifkin의 『노동의 종말』이 나왔을 때만 해도 '정말로 노동이 사라지는 세계가 오는 걸까?' 그런 생각을 했어요. 하지만 이젠 조금 다른 시각으로 바라보고 있어요. 1세계, 특히 백인 남성의 시각으로 제조업 중심의 완전 고용을 상정하고, 그게 눈에 보이지 않으면 노동의 종말인 걸까?

유럽과 미국 등 1세계는 제조업의 상당 부분을 개발도상국과 3세계로 아웃소싱했잖아요? 물론 생산수단의 기계화로 인해 점점 더 제조업 중심의 육체노동이 감소한다고 하더라도 그게 전부 허공 속으로 사라진 게 아니라 상당 부분이 개발도상국과 3세계로 간 거거든요. 디지털 자본주의를 구동하는 데 결정적으로 필요한 게 희토류예요. 전기차가 되었든, 태양광 에너지가 되었든, 대부분의 저장 장치에는 코발트, 리튬 같은 희토류가 필요합니다. 그래서 항간에서는 '21세기의 황금'이라고 부르더라고요. 그런데 그게 주로 3세계에 있어요. 리튬 최대 매장지 중 하나가 볼리비아인데, 얼마 전에 다국적 기업과 부패한 극우들에 의해 쿠데타가 발생했었죠. 사회주의 지향의 모랄레스Morales 대통령이 쫓겨났어요. 리튬 때문에 그랬습니다. 리튬 채굴권을 국유화해서 인민과 원주민들에게 그 권리를 돌려주려고 하자 바로 쿠데타가 발생한 거예요. 또 코발트의 경우엔 3세계 아동들이 광산에서 착취당하고 있어요. 테슬라가 공장 자동화와 디지털 공정, 원격조정 시스템을 통해 노동이 사라지는 유토피아에 근접해 있다고 자랑하는 사이, 3세계 아동들과 노동자들은 테슬라 저장 장치와 태양광 패널에 들어가는 코발트를 힘겹게 채굴하고 있죠. 이렇게 희토류를 채굴하고 그 노동을 외주화하는 체제를 '채굴 자본주의'라고 합니다.

중국도 마찬가지예요. 1세계가 중국에 제조업을 죄다 아웃소싱하고 한때는 '세계의 공장'이라고 칭송했지만, 탄소중립 시대를 맞아 지금은 '최악의 기후 악당'이라고 비판하고 있거든요. 중국 혐오가 만연돼 있죠. 심지어 유럽의 좌파들 사이에서도 그렇습니다. 중국은 다소 억울한 측면이 있을 거예요. 제조업 열심히 해서 먹여놨더니 이제 와서 악당이라고 하니까요.

반면 1세계는 좀 다르죠. 제조업은 대부분 바깥에 옮겨놓고, 내부에선 서비스업, 금융, 플랫폼 산업, 다양한 돌봄 체계로 노동을 편재시키고 파편화한 거예요. 고용관계에 대한 책임도 지지 않고, 통계에 잡히지도 않을 만큼 잘게 부숴놓은 거예요. 과연 노동이 사라진 걸까요? 예를 들어 예전에는 가사 노동이라는 범주가 있었단 말이죠. 그게 대가가 지불되지 않는 노동이잖아요? 노동력과 사회적 자본을 재생산하기 위해

실은 여성들이 가정 내에서 지불되지 않고 보이지 않는 노동을 해왔던 거지요. 가치를 생산하지 않는 허드렛일처럼 취급받으면서 말입니다. 현재 이 돌봄 노동은 다양한 서비스 형태로 분화되어 있거나 여전히 여성들에게 일방적으로 전가되어 있어요.

요컨대, 노동의 종말이라고 하는 게 1세계 백인 남성 관점의 주장이라는 거예요. 초반에 말씀드렸던 것처럼 디지털-플랫폼 자본주의가 사람들이 생산하는 다양한 사회적 가치들에 대해 공정하게 대가를 지불하지 않고, 그저 그 위에 기생하는 것처럼 말이죠. 그래서 노동의 종말을 전제하고 피력하는 기본소득론에 대해 의문을 갖게 되더라고요. 물론 예외적 적용은 언제든 놔둬야 한다고 생각해요. 가령, 농민기본소득. 반드시 필요하죠. 현재의 한국 농촌에 그런 형태의 지원이 없으면 정말로 소멸의 길을 걸어야 할 테니까요.

한편으로 저는 기본소득보다는 참여소득에 관심이 가요. 두 가지 측면인데, 하나는 재원 문제입니다. 지금 이재명 후보가 한 달에 2만 얼마 줬다가 매년 올려서 자기 임기 말에 8만 원 주겠다고 하는데 도대체 그거 가지고 누구 코에 붙여요? 게다가 전 국민에게 기본소득을 제공할 재원을 어떻게 구성할지도 감이 잘 안 옵니다. 차라리 저소득 계층의 노동소득을 보전시킬 수 있는 방향으로 가야 한다고 봐요.

또 하나는 노동 가치에 대한 이야기예요. 우리는 노동의 가치를 상품 생산에만 초점을 맞추잖아요. 그러다 보니 대량생산과 이윤에만 목을 매고 살아왔던 게 사실이에요. 불평등과 기후위기가 야기될 수밖에 없는 필연적 구조죠. 이제는 상품 생산이 아니라, 다른 가치를 생산해 내는 '노동'을 사유할 필요가 있는 것 같아요. 폴 라파르그의 '게으를 권리' 못지않게, 다른 노동을 할 권리 말이에요.

제 노모가 몇 년 전부터 노인 일자리 사업에 나가요. 거기 일 나가서 뭘 하냐고 물었더니 이렇게 말씀하시더라고요. "우리? 그냥 벚나무를 올려다봐. 봄 되면 꽃이 떨어지잖아. 그거 한 30분 쓸고 집에 와. 가을 되면 은행잎 떨어지잖아. 그거 쓸고 수다 떨다가 집에 와. 벚나무랑 은행나무가 우리를 먹여 살린다니까." 하루에 4시간 혹은 3시간, 일주일에 3, 4일 일하시고 한 달에 30만 원 정도를 받으신대요. 그런데 어머니가 이 일을 하면서 더 밝아지셨어요. 그래서 원고도 쓸 겸 관련 내용을 좀 찾아봤어요. 그랬더니 노인 일자리 사업에 나가는 노인들은 더 오래 살고, 더 건강하고, 병원에 덜 가고, 치매도 덜 걸린다고 하더라고요. 단지 바닥에 떨어진 벚꽃을 쓸고 수다를 떠는데 말입니다. 시골 노모의 이야기를 듣다 보니 문득 생각이 더 확장되더라고요. 용돈벌이용 허드레 노동조차도 이렇게 삶에 활력을 넣어주는데, 사회 안에서 서로 돌보거나 공동체에 기여할 수 있는 방향으로 노인들의 일자리 사업을 고민하면 어떨까? 노동시간과 질도 좀 올리고 노동자성도 부여하면 어떨까?

저번에 미국 조 바이든 정부의 '시민 기후단Civilian Climate Corps'에 대해 말씀드렸었죠. 기후위기에 대응하기 위해 사람들에게 생태 환경을 보전하거나 취약 공동체를 돌보게 하고 그 대가를 지불하는 거예요. 일종의 참여소득인 거죠. 상품 생산이 아니라 우리 공동의 삶을 돌보고, 미래 자원을 보존하는 노동에 대한 정당한 대가 말입니다. 현재 논의되고 있는 기본소득론은 노동 가치의 전환에 대한 철학이 빈곤한 게 아닌가 하는 생각이 들어요. 요즘, 돌봄 노동을 급진화해서 노동의 패러다임을 바꾸자는 이야기도 많이 나오고 있고, 기후위기 때문에 녹색 일자리를 많이 만들자는 이야기도 나오고, 일자리 보장제 이야기도 많이 나오고 있잖아요. 이제는 노동의 가치, 노동의 의미를 전환해야 하는 어떤 역사적 요청에 당면한 게 아닌가 싶어요.

세화 저도 참여소득에 대해서는 긍정적으로 생각해요. 다만 참여소득과 기본소득 중에 이것 아니면 저것이라는 식으로 사유할 필요가 있겠나 싶은 거예요. 인간과 자연에 대한 돌봄에 참여하는 것은 당연히 좋은 일이지요. 그런 참여에 소득을 보장한다고 할 때 '누가 그것을 조직할 것이냐'라는 문제가 따를 수 있고, '행정 관료들에게 의존해야 하나'라는 생각이 드는 겁니다. 일단 기본소득을 준 다음 플러스알파 할 수도 있지 않을까 해요.

지금 탄소세 얘기도 나오고 있지만, 한국의 국민부담률을 OECD 평균 수준으로만 올려도 100조 이상의 재원이 나와요. 저는 기본소득이냐, 참여소득이냐를 놓고 다투기보다는 조세율도 높이고 조세 범위를 확장하는 데 힘을 모아야 한다고 봅니다, 자유의 확장을 위해서. 노동의 지위가 워낙 약화되고 있는 상황에서 "대충 살면서 일 안 할래." 이런 사람이 많아져야 해요. 자본이 가장 싫어하는 사람이 "임금노동은 하지 않을래!" 하는 사람이거든요. 자본주의 초기에 지배세력이 인클로저enclosure로 농민들을 땅에서 쫓아냈던 일이나 수단과 방법을 가리지 않고 공유지를 사유화했던 것도 임금노동자로 전락하는 사람이 많아야 자본의 축적이 가능했기 때문이니까요.

토마 피케티Thomas Piketty가 『자본과 이데올로기』에서 끊임없이 추적하는 게 상위 10퍼센트, 그다음 40퍼센트, 그리고

그다음 하위 50퍼센트의 부와 소득 점유율이에요. 이걸 계속 따지면서 불평등의 완화를 위해 그가 가장 중요하게 꼽는 게 조세더라고요. 저는 불평등을 줄여야 한다는 점에서도 그렇고, 기본소득은 꼭 이루어야 할 과제로 보고 있어요.

희일 다른 것보다 탈탄소 사회로 전환하지 않으면 공멸일 텐데, 기본소득론이 기본적으로 전제하고 있는 GDP 성장에 대한 것이 걱정스러운 거예요. 토마 피케티도 얘기했지만 탄소세도 상위 1퍼센트 혹은 10퍼센트한테 뜯어내 그걸 기후위기 대응 쪽으로 전환하지 않으면 상당히 힘들겠다, 이런 전망이 지배적이죠. 어쨌든 탈성장 쪽으로 사회 시스템을 전반적으로 바꿔 나가야 하는데, 그 큰 그림을 생각해 보면, 경제 규모가 사회적 필요에 의해서 구축되는 시스템으로 가야 한다는 거예요.

세화 중요한 말씀인데요, 과연 기본소득이 성장을 촉진하는 것일까에 대해서는 연구자들에 따라서 다른 얘기가 있어요. 지금까지는 지나치게 축적하고 축장하려는 경향이 있었는데, 자유를 확보하는 만큼 오늘의 사용가치에 충실할 수 있다고 보는 거죠. 지금까지는 계속 미래를 도모하기 위한 교환가치에 치중해 왔고, 광고가 우리 일상을 지배하고, 필요 이상의 대량생산·대량소비 체제가 굳어졌어요. 저는 요즘 옷을 동네 보관함에 많이 넣고 있어요. 체형이 바뀐 탓도 있지만, 부끄러운 얘기입니다만 필요 없는 옷이 너무 많은 거예요. 이게 저만의 일일까요? 이송 감독님의 페북에서 그 끔찍한 쓰레기 옷더미 사진도 보았어요. 자본주의가 부추기는 견물생심 전략에 쓸데 없는 축장이 습관화된 점도 무시할 수 없다고 봅니다. 이런 양상이랄까 성향이 미래에 대한 불안이 줄어든다면 달라질 수 있다는 겁니다. 근데 기본소득이 재원 마련을 위해서 성장을 촉진한다… 일부 학자들이……

희일 성장을 유지하지 않으면 재원이 어떻게 나오느냐고 분석하는 분들이 많은 거죠.

세화 기후위기 시대에 성장이 줄면 좋지요. 저는 기본소득의 재원 총량이 얼마나 되는가가 아니라 국민 총생산 중 어느 정도 비율을 재원으로 하는가가 중요하다고 봅니다. 한편으로는 오늘에 충실한 삶, 미래의 불확실성 때문에 허겁지겁 살아왔던 것에서 벗어나 오늘에 충실하면서도 절제된 삶, 교환가치를 추구하기보다 사용가치에 더 집중할 수 있는 그런 삶이 가능하지 않을까 싶은 것이죠.

희일 네, 오늘 선생님과 제가 나눈 이야기처럼 기본소득과 참여소득, 일자리 보장제 등 정말 많은 담론이 쏟아지고 있는 것 같아요. 더 많은 논쟁, 더 많은 말의 싸움이 일어나야 한다고 생각합니다. 하지만 그게 지식인들의 고담준론 차원이 아니라, 사회운동과 노동운동 속에서 구체적인 언어로 계속 제출되어야 더 효과가 클 것 같아요. 안타깝게도 현재 조직화된 자본에 비해, 여전히 노동의 힘이 부치는 상황이지만요.

한국 사회 전체의 시각으로 '민주노총' 봐야

세화 10월 20일에 민주노총 총파업을 한다는데 서울 집회를 금지한다고 하는군요. 한국의 노동 문제로 다시 돌아가지만, 다 아시는 대로 이재용은 가석방하면서 양경수 민주노총위원장은 구속하고 있는 것도 엄청난 기울어짐을 그대로 반영하는 거죠. 피케티가 말한 브라만 좌파와 상인 우파의 연합이 한국에서 그 진면목을 보여주지 않나 싶어요. 얼마 전까지만 해도 재벌 해체 얘기가 있었는데 지금은 재벌 개혁 얘기도 안 나오고. 수구 기득권 정치세력인 한나라당이나 새누리당이 집권했을 때는 그들 집권세력과 재벌, 조·중·동을 묶어 삼각 트라이앵글 지배체제라고 규정하기도 했고 재벌 해체 목소리도 나왔는데, 문재인 정권 들어서는 재벌 해체는커녕 재벌 개혁 목소리도 잘 나오지 않아요.

희일 모르겠어요. 계속 너무 보수화되기도 하고, 민주노총 전직 위원장이라든지 간부들도 지금 정치권이라든지, 이재명 캠프라든지 들어가서 줄 서 있고, 가서 이상한 소리나 하고 있고. 사실 저 민주노총에 굉장히 비판적이었던 사람이거든요. 요즘엔 전방위에서 민주노총을 때리니까.

세화 뭇매를 맞죠. 민주노총이 정치투쟁보다 경제투쟁에 치우쳐왔던 점에 대해서는 비판이 필요하다고 봅니다. 민주노총은 민주당이 집권하면 더 어려워져요. 노무현 정권 때 한나라당 집권 때보다 노동자들이 더 많이 구속됐어요. 기대가 컸던 만큼 요구사항이 지나쳤기 때문이라고 말할 수 있지만 실상이 그렇습니다. 지금도 민주노총에 대한 집권세력의 태도나 시선은 수구 언론과 한편에 서 있는 것 같아요. 야당 때와 달라지는 거예요.

희일 어느 순간에 민주노총을 옹호하고 있더라고요. 저번에 던킨도너츠 제보 사건 때도 그랬지만 《조선일보》, 《한국경제》 등 거의 재벌 기관지 같은 보수 언론들이 무슨 일만 생겼다 하면 사정없이 민주노총을 비난하더라고요. 그뿐만 아니라 문재인 정부와 다수 시민들도 마찬가지고요.

세화 맞아요. 한동안 집중적으로 공략했던 게 전교조였는데, 전교조가 힘이 많이 약해지니까 이제.

희일 그나마 하나 남은 것 작살내려고 건수만 기다리더라고요 다들. 자칭 민주화세력이라는 집권 여당마저 저러고 있네요. 요즘에는 민주노총까지 작살나면 정말 큰일 나겠다, 그런 우려가 들 수밖에 없는 상황인 것 같아요. 미우나 고우나 한국 노동운동, 좌파운동의 상징인데.

세화 물론 그 안에 문제가 많지요. 다음에 한국의 진보정치 얘기를 하면서 자연스럽게 진영 논리의 부정적 영향에 대해 지적하겠지만, 그럼에도 한국 사회 전체의 시각에서 민주노총을 봐야 하는데 그렇지 못한 경우가 너무 많죠.

희일 그러게 말입니다. 여러 가지로 걱정입니다.

한국 진보정치,
어디로 가야 하는가

#진보의식 형성의 어려움 #계급적 정체성 부재 #반전된 진보의식

#분단 모순 #중층적 모순과 진보세력 분열 #길들여진 시민운동

#정체성 정치 #정의당 혹은 민주당 2중대 #민주당의 이중성

#유시민 #김어준 #유령 정치 #노무현 전 대통령의 죽음

#조국의 시간 #피해자 정체성 #수구적 보수세력의 자유 왜곡

#실종된 몸의 자유 #진보정치의 화두

진보의식 형성의 난맥,
계급적 정체성의 부재와 반전된 진보의식

홍세화(이하 '세화') 오늘은 아무래도 제가 말이 많을 것 같네요. 할
말은 많은데 어떻게 풀어가야 할지 제 머릿속이 벌써 번잡해
집니다. '과연 한국의 진보를 어떻게 규정할 것이냐'에서부터
상대적인 의미에서의 진보성, 그러니까 한국의 정치 지형이나
정치의식 지형이 지극히 우경화되어 있는 상황이어서 상대적
진보성을 얘기할 때는 리버럴까지 진보로 불리기도 하니까
요. 하지만 절대적 기준이 있어야 하겠죠.

저는 지금으로서는 신자유주의를 수용하고 있느냐, 아니면 그
것을 반대하느냐가 진보인지 아닌지를 가름하는 기준이라고
보고 싶은데요. 우리 사회는 수구적 보수세력이라고 부를 수
있는 국힘당(국민의힘)과 거기에 맞서 자유주의 보수세력이라
고 할 수 있는 더불어민주당이 오랫동안 대립해 왔죠. 그러나
두 당 모두 보수성을 띠고 있다는 점에서, 특히 신자유주의를
적극적으로 수용하고 있다는 점에서는 같은데요, 두 당은 한
국의 양대 정당으로 앞으로도 권력을 교차로 계속 주고받을
위험이 커요. 겉으로는 서로 싸우지만 실제로는 나눠 먹기를
하고 있는 상황이라고 말할 수 있겠습니다. 제가 말하고자 하
는 진보는 상대적인 의미가 아니고, 지금은 무척 취약하지만
앞으로 형성해 나가야 한다는, 그런 의미로 일단 얘기를 해야

하지 않나 싶네요.

한국에서는 진보의식을 형성하는 사람이 소수일 수밖에 없는데, 진보적인 의식을 형성하는 사람들이 과연 어떤 사람들인가를 볼 때, 이 점이 이를테면 유럽과 전혀 다른 점인데요. 대부분이 '자신의 계급적 처지와 전혀 무관하다'는 것을 꼽을 수 있을 것 같습니다. 유럽의 경우에는 어쨌든 계급화, 계층화가 이루어지면서 부모도 그렇고 자식도 그렇고 노동자는 노동자로 살리라는 전망, 이런 계급의식이 일정 정도 형성되어 있어요. 한국의 경우에는 그게 거의 없죠. 분단 상황과 무관하지 않다고 생각합니다만, 그것이 진보세력 형성에 무척 어려운 문제를 낳게 됩니다.

우리는 한국의 산업화와 관련하여 압축성장이라는 말을 하기도 하는데, 그만큼 한국 사회의 계층화·계급화는 빠른 성장 속도에 매몰되었다고 할 수 있습니다. 하지만 앞으로는 다른 양상을 보이리란 것이 제 생각입니다. 계층화가 공고해질 것이기 때문입니다. 개천에서 용 나는 것도 이젠 끝났다고 봅니다. 그게 아직 잔상으로 남아 있어서 수많은 학부모가 계층 상승의 가능성을 교육에서 찾기도 하지만, 실상은 자식 세대가 부모 세대에 비해 상승은커녕 추락할 가능성이 더 크니까요. 부동산을 갖고 있느냐, 갖고 있다면 어디에 갖고 있느냐에 따른 계층 간 장벽이 높아지고, 부의 대물림만큼이나 가난의 대물림이 공고해질 텐데, 그것을 사람들이 인식하게 될 때 계급의식도 어느 정도는 형성되지 않겠는가 보는 것입니다. 물론 분단 체제하에서 앞서 잠깐 말씀드린 바와 같이 자본주의 체제에 대한 비판적 공부가 거의 없다는 점을 제기하지 않을 수 없겠지요. 요컨대 아직까지는 계층화가 공고해지지 않은 데다 자본주의 체제에 대한 공부도 없다는 것, 그래서 자신의 계급적 정체성과 사회 속에서 자신의 위치를 인식하는 사유 과정 자체가 소거된 그런 사회라는 것이 저의 문제의식의 초점이기도 하고요.

그래서 한국에서 진보적 의식을 갖는 사람은 대부분이 자신의 계급적 처지와 무관하게 선배를 '잘못 만나'는 계기를 통해 책을 읽으면서 그 길에 들어서게 됩니다. 학교 교육과정을 통해서는 계급의식은커녕 사회비판적인 의식의 형성을 거의 기대할 수 없으니까요. 1980~1990년대에, 저는 그때 한국에 없었습니다만, 제가 아직 한국에 있었던 1970년대에서 크게 벗어나지 않는다고 생각하는데요. 선배를 통해서, 학교 선배일 수도 있고, 직장이나 공장 같은 곳의 선배일 수도 있고, 아니면 부모나 형, 오빠, 누나일 수도 있고요. 폭넓은 의미의 선배에 의해서 토론이 제기됩니다. 예를 들면, "전태일이 누군지 아냐?", "2차 대전에서 일본이 패망했는데 독일이 분단되었듯 일본이 분단되지 않고 왜 한반도가 분단됐는지 아냐?" 이런 식으로 접근하는 거죠. 그래서 책을 몇 권 읽게 되는 그런 식으로요. 대부분의 경우가 그래왔다는 거죠. 얼마 전부터는 그런 선배를 만나는 계기조차 사라지고 있긴 합니다만… 그래서 생기는 문제가 뭐냐면 앞에서도 잠깐 말씀드렸던 것 같은데, 진보의식이 형성된 진보의식이 아니라 '반전된 진보의식'이라는 겁니다. 반전된 진보. 그때까지 갖고 있던 생각을 뒤집어서, 가령 북한에 대한 생각을 뒤집어서, 또는 노동이나 자본에 대한 생각을 뒤집어서 갖는 비판의식입니다.

그러다 보니까 제가 볼 때는 어설프고 거친 경우가 많습니다. 한국 사회의 모순을 전체적으로 파악하기에는 무척 미흡한데 고집은 엄청 세고 겸손하지 않습니다. 선배를 만나지 않은 주위 사람들에 비해 의식이 깨어났다는, 상대적 우월의식을 가질 수 있으니까요. 지적 우월감뿐만 아니라 윤리적 우월감까

지 가집니다. 그리고 적지 않은 사람이 어떤 계기에 자신의 본
디 계급적 지위로 되돌아가 안주하기도 합니다. 현실 논리, 의
회주의를 비롯하여 합리화의 길이 한두 가지가 아닌 것 같아
요. 대부분은 본디부터 노동자계급이나 저소득층 출신이 아
닌데, 자신의 계급적 정체성과 치열하게 부딪치면서 고민하거
나 회의懷疑하는 과정을 거치지도 않았어요. 선배 따라 강남
가듯, 세계를 인식하는 데 있어서 단선적이고 섬세하지 못해
'도 아니면 모' 식인데 사회 현실에 대응하는 방식도 '도 아니
면 모' 식이 아닌가 싶은 거죠.

이송희일(이하 '희일') 선생님이 말씀하신 것처럼 한국의 분단 모순이
크게 작동됐던 것 같아요. 북한과 적대적 공존을 하다 보니
반공주의와 독재가 깊게 뿌리내릴 수 있었죠.
　저희 아버지가 깡촌 이장이셨는데 오랫동안 이장을 하다가
돌아가셨어요. 제가 국민학교 다닐 때, 아버지가 돌아가시기
직전이었는데 가끔 전두환 체육관 선거 때문에 서울로 불려
가곤 했어요. 갈 때마다 무슨 상장을 받아 오시더라고요. 마
을 이장들에게 다 나눠 주는 거래요. 그런데 이 양반이 돌아
가시기 바로 직전에 유언을 하셨어요. "너 혹시라도 북한이
쳐들어오면 저 장롱에 있는 상장 다 불태워야 된다. 전두환한
테 받은 것들 말야." 그게 제가 받은 유일한 유언이자 유산이
었어요. 제 기억 속에 뿌리박혀 있는 이야기예요. 그 정도로

당시엔 독재와 반공의식이 세포처럼 만연돼 있었던 것 같아요. 그러다 보니 민주화운동을 경유하며 발아된 '민주'는 독재와 비교해서 민주이고, 진보 역시 독재와 비교해서 상대적으로 진보인 거죠. 87년 체제라는 게 독재와 민주화라는 적대를 통해 정당성이 구축된 거잖아요. 당연히 한계가 있을 수밖에 없어요. 좌파와 진보세력이 비집고 들어갈 틈이 상대적으로 적었던 거죠.

제가 90학번이거든요. 1992년도에 한총련 출범식이 다니던 대학교에서 열렸어요. 그때 전국에 있는 PD 계열, 소위 좌파 학생들이 따로 집회를 열었죠. 한총련은 몇만 명이 모여 있는데, 좌파 학생들은 몇백 명만 따로 모여서 조촐하게 집회를 열었어요. 그때 본 장면을 잊을 수가 없어요. 한창 좌파 학생들의 집회가 열리고 있었죠. 연단 쪽에 커다란 걸개그림이 건물 전면을 덮고 있었고요. 그런데 갑자기 걸개그림이 양쪽으로 쭉 찢어졌어요. 2층 테라스에 두 사람이 올라가 면도날로 그림을 찢은 거예요. NL 학생들의 소행이었어요. 왜 분파주의 행동을 하냐는 거죠. 충격이었어요. 거의 30년이 흘렀는데도 그 장면을 잊을 수가 없어요. 좌파와 진보세력, 그리고 이념으로서의 진보가 얼마나 힘이 부쳤는지를 잘 보여주는 예인 것 같아요.

그리고 한 가지 더 기억나는 예가 있네요. 1992년, 얼마 전에 돌아가신 백기완 선생이 '민중 후보'로 대선에 나왔을 때예요.

아마도 처음으로 한국 좌파들이 대중적으로 목소리를 낸 게 '민중 후보 백기완' 선거캠프 때였을 거예요. 그때 저는 선거운동원으로 캠프에 참여했었죠. 그런데 전북 지역 시장에서 후보 홍보를 하고 다니는데, 막 뭐가 날아오더라고요. 동태도 날아오고, 귤도 날아오고, 대파도 날아오고. 감히 김대중 선생께서 대선에 출마했는데, 무슨 헛소리를 하냐는 거였죠. 뭔가 서럽기도 하고, 웃기기도 하고 그런 풍경이었어요. 그때 얻었던 1퍼센트의 지지율처럼, 딱 그만큼이었던 것 같아요. 진보와 좌파의 대중적 지지도와 규모라는 게.

물론 민주노동당이 창당되고 2004년 10석의 의석을 얻었을 때는 정말 기뻤죠. 여의도에 달려가서 눈물 콧물 흘리며 울었던 기억이 납니다. 세상에, 이런 걸 다 보게 되다니! 1퍼센트 지지도를 위해 날아오는 동태에 맞았던 것에 비하면, 정말 감동적이잖아요. 하지만 2000년대 후반 들어 진보세력은 점차 힘을 잃어갔던 것 같아요. 민주노총도, 진보정당들도, 심지어는 노무현의 실패와 함께 민주당의 유의미한 궤적도 모두 퇴색한 듯한 느낌이 들어요. 촛불 이후로 문재인 정부가 들어섰지만 개혁은커녕 퇴행 일색이었죠. 오죽하면 일각에서 7공화국을 만들자는 이야기가 나오겠어요. 이제 87년 체제는 끝났다, 6공화국을 끝내야 한다, 이 무능력한 시스템을 혁파하지 않으면 한국 사회가 더 어려워진다, 이런 이야기들 말이에요. 그래서 오늘 선생님과 이런저런 이야기를 하면서 그에 대해 긍정적인 힘을 얻었으면 좋겠단 생각이었어요.

근데, 오는 동안 지하철에서 기사 하나를 읽었어요. 정의당 심상정 의원이 그런 이야기를 했더라고요. 자신이 대통령이 되면 민주당과 시민 세력과 연정을 꾸리겠다. 참 마음이 답답하더라고요. 현재의 무능력한 민주당은 정확하게 잘못을 체크하고, 그 책임을 분명히 짚고 넘어가야 하는데, 선거가 몇 달 남아 있는 상황에서 벌써부터 무턱대고 연정 이야기를 꺼내는 게 과연 맞는 것인가. 정의당은 민주당 2중대라는 프레임에 아예 스스로를 정박시킨달까. 그런 느낌마저 들더라고요. 오늘 주제가 어쨌든 한국 진보정치의 가능성이잖아요. 과연 한국의 진보세력은 그럴 힘을 가지고 있는 걸까, 하는 우려와 걱정이 참 많습니다.

세화 너무 힘이 없죠. 한편은 자꾸 민주당 쪽으로 거의 블랙홀 식으로 많은 활동가들이 나이가 들면 흘러들어 가고, 노동운동을, 진보정치 활동을 하던 이들도 그렇고. 또 하나 맹점은 의회주의에 빠지는 것을 들 수 있겠지요. 의회가 중요하지만 의회주의에 빠지면 안 되고 현장을 중시해야 되는데 계속 의회로, 그게 말씀하신 2중대로 가게 되는 그런 거죠. 제가 무척 충격을 받았던 일이 있어요. 지금도 진보정치의 주역으로 활동하는 사람인데 "비정규직, 표 안됩니다!"라는 말을 서슴없이 하더군요. 무척 충격을 받았습니다.

가장 중요하고 어려운 문제는 역시 힘이 부족한 것, 그리고 자본주의사회를 살고 있는 노동계급이 자신의 노동자로서의 정체성에 대한, 계급적 정체성에 대한 인식이 비어 있는 것. 이 문제가 가장 핵심적인 문제가 될 것 같아요. 저는 대다수 노동자들이 차라리 의식이 없으면 좋겠다는 생각까지 합니다. 노동자 의식이 없는 것에서 멈추지 않고 반노동자 의식을 가지고 있다는 거예요. 그래서 설득조차 안 된다는 거죠. 나중에 교육 얘기를 할 기회가 있겠습니다만 이미 주입된 의식, 먼저도 말씀드린 그람시가 얘기한 바대로 '지배세력은 노동자들에게 가짜 의식을 심어주는 헤게모니 수단'을 가지고 있는데, 그래서 학교나 미디어 등을 통해 갖게 된 '자기 존재를 배반하는 의식'을 갖고 있는데 그걸 또 고집하는 거예요. 차라리 비어 있으면 새로운 의식이 들어갈 여지가 있고, 그러면 자기 정체성에 맞는 의식을 가질 수 있는데 그렇지 못한 거예요. 제가 이따금 인간에게 배고픔의 현상은 있지만 생각고픔의 현상은 없다는 말을 합니다. 우리가 음식물을 섭취하면 신진대사를 통해 배설을 하게 됩니다. 그러면 허기가 지면서 또 음식을 섭취합니다. 생각은 이와 달라서 계속 머릿속에 눌러앉아 있습니다. 그것을 비워야 다른 생각이 들어갈 텐데 그 생각과 충돌하기 때문에 바로 배격하는, 그래서 아예 들으려고도 하지 않습니다. 앞서 제가 선배를 통해 사회 비판적인 의식을 형성하는 계기를 갖는다고 말씀드렸는데, 왜 선배여야 할까요?

자기가 갈 길을 앞서가는 사람의 말이어서 그나마 경청하기 때문입니다. 그것도 70년대~90년대까지 대학 같은 곳의 특수한 환경이 작용했기에 가능했지만요. 이렇기 때문에 진보정치 세력 특히 좌파진영의 어려움이 크다고 봅니다. 말씀하신 분단 모순과 관련해서도 한국만의 특수한 상황이잖아요.

우리 사회의 중층적 모순이 진보세력의 분열 야기

세화 사실 우리가 마오Mao Zedong의 모순론을 끌어들여 기본 모순, 주요 모순 등으로 얘기할 수 있는데, 우리는 다른 사회에서는 고민하지 않아도 되는 분단 모순이 강하게 작용합니다. 민족적인 감정·정서의 영향으로 대중성을 가질 수 있기 때문에 이른바 PD보다 NL이 훨씬 강한 양상을 띱니다. 그 위에 여러 가지 모순이 중첩되어 있어요. 계급 모순, 분단 모순, 지역 모순이 있고, 젠더 모순, 생태 모순을 꼽을 수 있겠지요. 그래서 녹색당도 있고, 페미니즘도 있고, 정의당도 있고, 진보당도 있고, 노동당도 있는 이런 상황이라고 할 때, 활동가들 대부분이 거의 모두 아전인수 격이 아닌가, 즉 자기가 활동하거나 관여하는 분야의 모순을 모두 다 기본 모순으로 보려는 경향이 있어요. 그것이 각 정파로 찢어지게 했을 뿐만 아니라 각자 자기들의 성 안에 갇힌 채 자족하면서 오만하게 만들었다고 보는 것입니다. 워낙 각각의 모순들이 첨예하기 때문에 다른 쪽을 바라보기 어려운 점도 있을 것입니다.

그 위에 일상 세계가 가치관의 세계를 압도하는 문제도 작용합니다. 우리는 가치관의 세계로 볼 때 한국 사회 모순을 극복하기 위한 전선에 함께 있는 사람일수록 일상 세계에서는 동지는커녕 적을 만드는 경향이 있으니까요. 우리는 가치관의 세계상 극복 대상을 일상에서는 거의 만나지 않습니다. 일상에서 만나고 부딪치는 것은 극복 대상이 아니라 우리와 어쨌든 가까운 경쟁 대상이지요. 제가 경쟁 대상이라고 말했습니다만, 극복 대상 앞에서는 동반 대상이라고 해야겠는데 실제는 경쟁 대상이 되고 말았어요. 그러다 보니 극복 대상보다 경쟁 대상에게 더 적대적인 모습을 보이기도 합니다. 이것이 지금과 같이 진보정치 진영을 갈가리 찢어지게 만들었다고 보는 거예요. 이런 타성에서 벗어나야 합니다. 한 가지 예를 들어볼게요. 제가 진보신당의 대표가 막 됐던 때의 일입니다. 2012년 총선을 앞두고 진보신당 대표를 역임했던 인사들이 앞장서서 다른 정치세력과 통합하겠다는 의사를 밝혔다가 당 대회에서 부결되자 탈당을 했어요. 그 바람에 깜냥도 안 되는 제가 진보신당 대표로 나서게 되었는데, 세 개의 정치세력이 합친 당의 이름을 통합진보당이라고 짓더라고요. 저는 그때 충격을 받았어요. 진보신당이 있는데 통합진보당이라! 다른 정치세력은 그럴 수 있다손 쳐도 진보신당에서 대표를 역임했던 인사들까지 어떻게 통합진보당이라는 당명에 동의할 수 있었을까? 사회적 약자를 보듬자는 게 진보정치의 기본 소명일 터인데, 정치적 약체를 짓밟는 정치 행위를 서슴없이 할 수 있다는 것에, 또는 그런 인식 자체가 없다는 것에 충격과 함께 비감을 느꼈습니다. 심지어는 그것도 진보신당 대표 출신이 기자들에게 '통합'을 빼고 '진보당'으로 불러달라는 요청도 하더라고요. 진보신당이라는 구멍가게 옆에 진보당이라는 슈퍼마켓을 차린 꼴이라고나 할까요. 나오미 울프Naomi Wolf의 "우리가 싸우는 과정 자체가 그 싸움을 통해 획득하고자 하는 사회의 모습을 닮아야 한다."라는 말도, "설령 지금은 다른 길을 가더라도 다시 만날 가능성을 열어두어야 한다."라는 말도 통하지 않았어요. 그들은 물론이고 평소 진보정치의 갈 길을 논하면서 분석과 전망을 내놓던 인사들 중에서도 "그건 아니지!"라고 말하는 사람이 하나도 없더라고요. 아, 자살을 불러오는 게 이런 거구나 싶었어요. 당원들과 함께 겪어서 물론 자살을 하지 않았지만… 인식했든 아니든 극복 대상보다 경쟁 대상에게 더 적대성을 보였던 것이지요. 이처럼 인식의 빈곤에서 비롯된 일탈 행위도 진보정치 운동의 역사가 짧은 데서 비롯된 것일 수 있겠는데, 앞으로 극복해야 할 과제 중의 하나인 것 같아요.

희일 저도 그때 너무 많은 실망을 했었습니다. 지난 대선 때를 제외하고 정의당을 지지한 적이 없었어요.

세화 그게 설령 워낙 진보정치 세력의 힘이 부족한 탓이라고 하더라도 저는 앞서 말씀드린, 형성된 진보가 아니라는 점이 돌출된 측면이 있다고 봐요. 이런 문제를 극복하기 위해서도 노동계급과 저소득층이 진보정당의 주력부대가 되어야 하는데 갈길이 멀지요. 지금은 많이 약해졌지만 프랑스 공산당 같은 경우를 보더라도 지난날 탄탄한 기반이 있었던 건 노동계급이 주력부대를 형성했기 때문이었지요. 지금은 프랑스도 정치 지형이 많이 바뀌어버렸죠. 사회당을 비롯하여 전통적인 좌파정당이 우경화하여 피케티가 말했듯이 브라만 좌파가 상인 우파와 연합하는 양상을 보이니까 정치적으로 소외된 노동계급과 저소득층이 이민자 문제를 앞세우는 극우정치 세력의 텃밭이 되고 말았어요.

국가보조금에 길들여진 시민 단체, 토크니즘과 정체성 정치

희일 제가 아까 왜 웃었냐면 브라만 좌파. 한국식으로 번역을 하면 '강남 좌파'라고 하더라고요. '강남 좌파' 하면 조국을 비롯해 떠오르는 사람들이 많아서요.

말씀하신 것처럼, 노동계급이 자기 존재를 배반하는 의식에 젖어 있는 건 사실이죠. 저소득 계층이 우익 정당을 찍고, 노동계급이 우익 정부를 지지하는 건 한국뿐 아니라 전 세계적으로도 쉽게 관찰되는 것 같습니다. 물론 사회구조의 힘과 더불어 성장주의라든지, 능력주의라든지 하는 이데올로기 효과를 무시할 수는 없겠지만, 진보진영과 운동 주체들의 역량 부족도 주요 원인을 제공한다고 생각해요. 아무리 노동자와 시민들이 지배 이데올로기에 붙들려 있다고 해도, 좌파세력이 충분히 매력적이면 마음이 움직이지 않을까 싶은 거죠. 확실한 대안을 제시하고 비전을 창출하는 선 굵은 움직임이 존재한다면, 대중들이 조금이라도 마음을 열지 않을까 싶은 거예요. 우리는 종종 대중들을 수동적인 존재로 대상화하는 우를 범하는 것 같아요. 한편으로 대중은 영민하게 선택하는 능동의 주체이기도 하잖아요. 하지만 지금 한국의 경우, 진보진영이 거의 힘을 잃었죠. 매력의 상실. 일각에서는 망한 거 아니냐는 자조의 말까지도 흘러나올 정도니까요.

시민운동의 경우, 야성을 잃어버린 게 김대중 정부 때부터였던 것 같습니다. 최근 논란이 된 민주당 양이원영, 윤미향 의원도 시민운동 이력을 발판 삼아 국회로 들어간 사례잖아요. 김대중 정부 때부터 시민운동들이 말 그대로 '길들여졌다'고 보는 게 맞습니다. 기억나는 한 장면이 있어요. 김대중 정부 초기에 국가인권위원회 설립 문제를 놓고 시위를 했었죠. 당시 김대중 정부가 국가인권위원회를 막 구성하고 있었는데, 인권 단체와 시민운동 진영을 제외하고 선거캠프 인사들로 위원회를 채우려고 했어요. 인권에 대해 거의 무지한 인사들이었거든요. 당연히 논란이 발생하고 시위가 일어났죠. 저도 그때 국민회의 당사 앞에서 몸싸움을 벌였어요. 그래서 결국 인권, 시민운동 진영의 입장이 부분적으로 반영이 되면서 인권위가 구성됩니다. 그때 시민사회 멤버들 몇몇이 인권위에 결합했었죠. 돌이켜 보면, 국가인권위 구성 과정은 꽤 상징적인 장면이었던 것 같아요. 지금 보다시피 국가인권위는 야성을 다 잃어버린 관료조직으로 경화돼 버렸잖아요. 시민운동의 에너지가 어떻게 국가기구에 수렴돼 길들여지는지를 보여준달까.

이 지점에서 안토니오 그람시의 '수동 혁명'이라는 개념을 적용해 볼 수 있을 것 같습니다. 수동 혁명이란 밑에서 올라오는 변혁의 에너지, 노동계급과 민중의 변화 요구를 기득권 세력이 부분적으로 수렴하면서 통치의 안정을 꾀하는 전략을 의미해요. 김대중 정부 때부터 시민운동 활동가들이 정부기관과 의회에 들어가거나, 제 단체들이 국가보조금을 받으면서 점점 길들여지게 된 거죠.

세화 망가지죠. 김대중 정부, 노무현 정부 들어서면서, 또 문재인 정부 들어서면서 시민사회랄까, 시민 단체가 무너지는 모습을 보이고 있죠. 실상 시민은 아직 형성되지 않은 것에 비해 민주화 과정에서 시민 단체들이 과잉 대변되기도 했지요.

희일 　진보적인 '비전'에 초점을 맞추는 게 아니라 해당 정부의 구미에 맞는 '사업'을 어떻게 조직하고 창출할 것인가, 이렇게 질문 자체가 변화되면서 시민운동 진영의 힘이 약화된 거죠. 그리고 거의 같은 시기에 노동운동과 진보정당들도 점점 그 영향력이 축소됐다고 봐요. 시민사회 영역의 에너지가 다 함께 동반 하락하게 된 거예요.

정말 웃긴 게 이명박 정권하에 뉴라이트가 생겼잖아요? 이명박 정부의 이념을 집대성하겠다는 야심 찬 포부를 갖고 있던 싱크 탱크think tank였죠. 그런데 뉴라이트의 이념적 좌표 중에 아이러니하게도 안토니오 그람시를 적극적으로 차용한 부분이 있었어요. 그람시의 진지전을 거꾸로 뒤집어야 된다는 주장이 실려 있더라고요. 그람시가 알면 무덤 속에서 벌떡 일어날 일이죠. 우연히 그들의 문건을 보다가 정말 놀랐어요. 한때 진보운동을 했다는 지식인들 상당수가 뉴라이트에 결합했다는 의미죠. 한국 시민운동의 경향성을 죄다 꿰차고 어떻게 공략해야 할지를 예리하게 파악하고 있었던 거예요. 그들이 보기에 김대중, 노무현 정권을 지탱하는 기둥 중 하나가 시민운동 진영이었어요. 두 정부가 보조금을 살포하면서 길들여 놓고 자신들에게 유리한 담론 지형을 구축하고 있다고 분석한 거죠. 그래서 시민운동 진영으로 흘러 들어가는 정부의 돈줄부터 잘라내자, 그런 계획이 만들어진 거예요. 이명박 정부가 출범하자마자 그렇게 훅 치고 들어온 게 바로 '감사'였어요.

시민운동 단체에 들어간 국가보조금 감사. 매일 곡소리가 났죠. 감사에 안 걸릴 수가 없어요. 떡볶이 먹은 거 하나까지도 다 족쳤으니까요. 실제로 시민 단체들이 방만하게 돈을 써왔던 것도 사실이고요. 당시에 저는 독립영화 쪽에서 일을 했는데, 영화 쪽도 매한가지였어요. 아침에 일어나면 거의 줄초상이었죠.

그리고 이명박 정부가 내놓은 두 번째 전략이 '블랙리스트'였어요. 배제 리스트를 작성해 단체와 개인들을 분류하고 배제하는 방식으로 일 처리를 했죠. 저도 블랙리스트였어요. 영광스럽게도 이명박근혜 정부를 거치며 영화진흥위원회, 국정원, 청와대 이렇게 세 군데 블랙리스트에 들어가 있더라고요. 제가 어디 공모에 작품을 제출해도 배제되거나, 어디 해외 영화제 가려고만 해도 지시가 들어오는 방식이었어요. 이명박근혜 시대에 감사와 블랙리스트가 시민운동 진영의 기반을 허무는 두 개의 검이었다고 생각해요. 지금 당장 오세훈 서울시장만 봐도, 취임하자마자 서울시 보조금을 끊겠다고 저러고 있잖아요. 그 버릇이 어디 가겠어요. 서울시 보조금을 받는 시민운동 단체들이 지금 오세훈 서울시와 싸우고 있는 형국입니다.

그런데 이 지점에서 하고 싶은 질문이 있습니다. 왜 한국 사회의 시민운동은 고작 감사와 블랙리스트 때문에 위기를 맞을 정도로 허약해진 걸까? 물론 시민운동을 이념의 눈엣가시로 치부하고 그 기반을 허물기 위해 안간힘을 쓰는 우익세력이 여전히 건재한 게 사실이지만, 한편으로는 정부 보조금과 지원을 끊는 간단한 방법 하나만으로도 시민운동 진영이 와르르 위기에 처한다는 건 분명히 문제가 있다는 거예요. 그만큼 토대 자체가 편향돼 있고 허약하다는 의미잖아요.

국가기구와 의회에 들어가려고 이력을 팔아 줄을 서거나, 지원금을 받으려고 각종 사업을 기획하거나, 협치라는 명목으로 국가 관료제에 포섭된 형태가 주류 시민운동의 현재가 아닐까 하는 생각이 들어요. 자체적인 재생산 능력을 상실한 시민운동 말이죠. 어쩌면 윤미향·양이원영 의원, 한정애 환경부장관 등이 바로 이 상황에 대한 상징적 예시가 될 듯하네요. 한때 시민운동을 했으나 제도권에 들어가면서 자기 존재에 반하는 정치를 피력하거나 모순적인 행동을 하는 거 말입니다. 솔직히 그들의 행보를 보면, 권력에의 의지만 앙상하게 보여요.

물론 한국 정당정치의 고질적인 '구색 맞추기'도 이 사태의 원인 중 하나인 것 같아요. 여성, 청년, 군사 전문가, 장애, 환경 등 부분 할당을 주면서 대충 구색을 맞추고, 크레파스처럼 알록달록 그림을 갖추는 선거 전략 말이에요. 어떤 정치와 가치를 구현하느냐 보다, 어떻게 구색을 갖췄느냐가 중요해진 거죠. 형식이 내용을 압도한 거예요. 그것을 '토크니즘tokenism'이라고 합니다. 관직이나 어떤 요직에 여성, 유색인종, 성소수자 등처럼 사회적 소수자를 대의하는 소수의 유명 인사를 앉히는 구색 맞추기죠. 요식 행위예요, 겉치레고요. 이렇게 여성을 요직에 배치하는 겉치레 형식을 통해 성차별 문제와 가부장제에 대한 면죄부를 쉽게 얻을 수 있으니까요. 성차별 사회의 근본을 뜯어고치지 않아도 이런 생색내기를 통해 문제를 해결할 수 있다는 잘못된 의미를 전달하게 됩니다. 중요한 건 성차별 사회를 혁파하는 거죠. 그저 몇 자리 안배하는 정도의 요식 행위가 아니라. 토크니즘은 정체성 정치의 일종입니다. 특정의 정체성들을 구매해 쇼윈도에 배치하는 전략이죠. 우리는 이렇게 다양하다, 우리는 이렇게 진보적이다, 우리는 이렇게 무지개다. 이런 명목의 전략은 진짜 변화를 지연시키는 거예요. 그런데 비단 민주당만 그런 게 아니에요. 안타깝게도 이 전략은 진보정당들도 함께 따라 하고 있습니다.

선생님이 말씀하신 것처럼, 우리 사회의 모순들이 상호적이

고 유기적으로 연결돼 있다는 걸 이해할 필요가 있는데, 자신이 재현하고 있는 모순만이 주요 모순인 것처럼 세계를 단순화한다는 게 문제인 것 같습니다. 청년, 여성, 장애, 기후, 노동의 문제는 별개의 것으로 존재하는 게 아니라 서로 긴밀하게 중첩돼 있죠. 어느 부분을 과대표하는 순간, 정체성 정치가 발생합니다. 이는 정체성 정치를 비판하는 척하면서 줄곧 노동중심성을 주창하는 사람에게도 해당됩니다. 어느 특정의 정체성이 과잉 재현되면 세계는 뒤로 물러나게 되죠. 모든 연결이 끊어지게 돼요. 최근에 정의당 유호정 의원이 《중앙일보》에 연재글을 기고하면서 논란이 되고 있는데요, 넷플릭스 드라마 〈오징어 게임〉에 대한 분석을 했더라고요. 드라마 주인공이 사실 쌍용자동차에서 해고되었다가 트라우마를 겪는 노동자로 나오는데, 중년 남성이기 때문에 그렇게 쉽게 주인공으로 재현된 게 아니냐는 주장이 담겨 있어서 꽤 논란이 됐어요. 정체성 정치죠. 세상을 '여성'과 '청년'으로만 과잉 재현하면 그렇게 빈곤한 해석만 남게 돼요. 가끔 보면 정의당 역시 토크니즘과 정체성 정치에 의존하고 있다는 의심을 지울 수가 없습니다. 진보정당의 외연을 확대하려는 그 노력은 충분히 인정하더라도, 쉽게 안주하는 지점들은 당연히 비판받고 또 극복하기 위해 노력해야 한다고 생각해요.

민주당의 이중성과 유시민·김어준 등의
스핀 닥터가 진보정치 교란해

세화 저야 정의당에 대해 할 말이 별로 없는데요, 사회민주당이라
는 당명을 부결시킨 진보정당이라니까 하는 말입니다. 정치
지형이 워낙 우경화된 사회의 양상이지 절대적 기준으로 볼
때 진보정치의 주도자로 볼 수 있겠나 싶은 것이지요. 진보적
인 목소리를 내려면 마이크가 필요한데 그게 부족하다는 생각
이 심상정 대선 후보를 비롯해 정의당 주도 그룹을 지배해 온
게 아닌가 싶어요. 급진성, 변혁성이 아니라 마이크인 거예요.
현장보다 민주당의 힘을 빌려 의회 영향력을 키워보려고 했던
것도, 그래서 민주당 2중대가 되었던 것도 그 때문이라고 봐요.
민주당의 정체성에 대한 인식의 빈곤이 그런 오류를 낳게 한 요
인의 하나라고 봅니다.

제가 좀 불온한 말을 해야 할 것 같네요. 인간에게는 명분과
실리를 함께 취하고픈 욕망이 있지요. 삶의 보람도 느끼면서
유족한 생존을 바라는 건 인지상정이니까요. 민주당은 그런
사람들에게 아주 좋은 울타리가 돼줍니다. 명분과 실리를 취
할 수 있거든요. 저는 그들의 대부분을 '민주 건달'이라고 부
르는데, 비례대표 위성정당 만드는 걸 보고는 '민주 양아치'라
고 불러야 마땅하지 않나 싶더라고요. 건달은 등 뒤에서 칼침
찌르는 짓은 하지 않으니까요. 아무튼 지금은 과거와 달리 탄

압받을 위험이 전혀 없어요. 수구적 보수세력인 국힘당이 노골적으로 사리사욕을 취하는 정치 집단이라고 할 때, 그들에게 반대했거나 반대한다는 것으로 명분을 쉽게 얻을 수 있고, 국힘과 교대로 집권하면서 실리 또한 쉽게 얻을 수 있지요. 명분과 실리의 황금분할이 아닌, 명분과 실리의 '시차적 분할'이라고나 할까요?

민주당이 이념정당도 정책정당도 아니잖아요? 그들의 정체성을 하나 꼽으라면 '반국힘'이죠. 그들이 완장처럼 차고 있는 민주라는 기표는 지난 시절이 남긴 잔상이지요. 지금 대선을 앞두고 두 당이 이전투구의 양상을 보이고 있는데 그게 국민을 위해서인가요? 겉으로는 다 그렇게 말하지만 속내는 전혀 다릅니다. 결국 대통령이 누가 되는가에 따라 수천수만의 괜찮은 일자리가 이쪽이냐, 저쪽이냐 결정된다는 것이죠. 선거 때마다 공약을 내놓긴 해요. 하지만 친노동 공약이나 친서민 공약은 붙박이 관료의 벽을 넘어 실현시킬 가능성이 거의 없어요. 그저 공약일 뿐 정치철학이 부족한데 실력도 없기 때문이죠. 180석을 주었는데도 해야 할 일 거의 안 하잖아요. 예전엔 힘이 부족해서 그러니 힘을 모아달라고 했잖아요. 근데 행정권력에 의회권력을 다 거머쥐고도 아무 일을 안 하는 거야. 이게 뭐지? 그들은 왜 집권했고 왜 정치를 하는 거야? 아하, 그냥 떵떵거리는 일자리가 목적이었구나, 이런 거죠. 국힘은 논외로 하고 민주당 후보가 대통령에 당선된다고 가정했을 때 각 부처 장관을 누가 할 것인지, 이를테면 그림자 내각 (shadow cabinet)이랄까, 그런 그림이 있나요? 없어요. 문 정권 아래 장관들 대부분도, 교육부든 내무부든 국토부든 다른 부처든, 그 분야의 전문성이나 식견이 검증된 사람들이기보다 논공행상의 수준에서 크게 벗어나지 않지요. 가령 제가 관심을 두는 교육 부문을 볼까요? 문 정권 아래 교육부총리는 뭘 했고 뭘 하고 있나요? 그냥 유은혜 씨가 교육부총리다, 그뿐이죠. 경제정책은 두 당을 왕래하며 대표직을 맡았던 김종인 씨가 보여주듯 인물상으로도 차이가 없어요. 노동 통제에는 두 당이 한통속이고 워낙 기울어진 운동장이기에 민주당에서 어쩌다 자본 통제의 목소리가 나오지만 그걸로 그만이죠. 문재인 정권 들어서고 최저임금 올렸다가 곧 "앗, 이게 아니네!" 하고 후퇴했는데 문 정권 5년을 통산하면 박근혜 정권 때보다 오히려 뒷걸음쳤어요. 감독께서 방금 정의당이 토크니즘과 정체성 정치에 의존한다는 말씀을 하셨는데, 민주당에서 그나마 차별금지법에 열심히 나서는 이는 이상민 의원이에요. 간혹 개혁 의지를 가진 의원이 있어도 당내 헤게모니를 가질 수 없죠. 어쩌다 개혁적인 발언이 나와도 찻잔 속의 태풍으로 끝나기 일쑤인데, 그걸 '봐, 우리는 국힘과 달라'의 알리바이로 삼죠.

저는 특히 이 점을 강조하고 싶은데, 집권한 민주당은 야당일 때의 민주당과 전혀 다른 정당이라는 겁니다. 야당일 때엔 진보정치 세력과 힘을 합치기도 하지만 일단 집권하면 거의 180

도 바뀌죠. '명분에서 실리로'가 되는 거예요. 야당일 때 테러방지법에 반대한다고 필리버스터를 벌였던 민주당이 집권한 뒤 테러방지법을 폐지하기는커녕 오히려 강화를 시도했지요. 차별금지법, 중대재해기업처벌법 제정이나, 국가보안법 폐지에는 미온적이거나 반대해요. 조국 사태와 관련하여 검찰 개혁을 강조했지요. 검찰 개혁, 대단히 중요한 과제입니다. 검찰의 기소독점권을 와해하거나 민주적 통제를 해야 하는데, 문제는 그게 그들의 주 관심도 아니고 목표도 아니라는 거예요. 자기들 편에 서는 검찰이냐 아니냐가 중요할 뿐이에요. 검찰의 칼날이 자기들을 겨냥하지 않으면 그만인 거죠. 그들이 절대다수를 차지한 의회에서 가장 열성을 보였던 게 공수처법 제정 관련이었는데 그 결과가 어떤가요? 초대 공수처장을 김앤장에서 10년 넘게 변호사로 일한 사람을 뽑았잖아요? 검찰 개혁을 하겠다면서 재벌 기업의 이익에 120퍼센트 복무하는 김앤장 인사에게 중책을 맡긴 거예요. 기가 막혔는데, 다른 한편으로 현 집권세력이 정체성을 솔직히 드러내는구나 싶었죠.

유유상종이니 이런 민주당에 기회주의자들이 붙는 건 자연스런 현상이라고 할 수 있겠지요. 바로 미디어 장사꾼들과 스핀닥터spin doctor들입니다. 유시민 씨, 김어준 씨를 비롯한 그들은 유튜브를 십분 활용하면서 국힘에 반대하여 명분을 쌓는 역할뿐만 아니라, 그걸 자양분 삼아 진보정치의 물결을 막는 역할도 충실히 합니다. 신자유주의 노선과 관련하여 '이익은 사유화, 손해는 사회화'라는 말이 있는데, 진보에 대한 그들의 태도가 비슷해요. 노동자들의 산재 참사에 대해서는 감성적으로 진보연하기도 하지만 현실 정치에 영향을 미친다 싶으면 아닌 거죠. 노무현 정권 때 비정규직 보호법을 노동계에서 반대했잖아요? 보호가 아니라 양산법이 된다고요. 그때 유시민 씨는 보호법이라고 강변했는데 오늘 결과가 어떤가요? 가재는 게 편인지라, 그들은 민주당의 이중성, 내로남불, 기회주의에 대해 정면으로 비판하지 않아요. 공약을 지키지 않아도 제대로 발언하지 않습니다. 민주당 지지자들이 그들의 가장 중요한 물적 토대이기 때문이죠. 황우석 사태부터 최근 조국 사태까지 민주당 열렬 지지자들의 성향이 반국힘 민주의 깃발 아래 국뽕과 반일 민족주의가 적당히 버무려진, 그러면서 노동은 배제된 그런 건데 거기에 잘 맞추고 있죠. 한국의 신흥 프티부르주

아들의 정치적 욕구에 잘 복무하고 있다고 할 수 있어요.

과거에 '말 많으면 공산당'이라는 말이 있었는데 요즘 그들이 잘 쓰는 말 중에 '입진보'라는 게 있어요. 말로만 떠드는 진보 세력을 비난하는 말인데 이 말이 일거양득, 양수겸장의 효과를 거두고 있지요. 정작 노동 등 사회 현실에는 별 관심 없고 입으로만 떠드는 사람들이 자기들인데 이 말을 통해 자기들은 빠지면서 진보정치 세력을 폄하하는 데 일정 정도 성공하고 있으니까요. 결국 급진성과 변혁성을 상실한 정의당이 민주당 2중대 노릇도 실패했고, 진보정치 세력은 계속 내리막길을 걸었어요. 노동운동 진영에 있던 인사들까지 부나비처럼 민주당으로 달려가고 있지요. 이 또한 괜찮은 일자리를 찾아서인데, 그런 식으로 진보정치 역량은 또 소진되고… 악순환인 거죠.

희일 예전에 녹색당을 공개적으로 지지한 적이 있었어요. 한국에 워낙 녹색과 생태운동이 미미하다 보니, 녹색당이라도 유의미한 궤적을 그렸으면 하는 바람이었어요. 제 딴에는 포토샵으로 열심히 온라인 홍보물도 만들어서 뿌리고 그랬었죠. 그 이후로 위성정당 논란이 있었잖아요. 제가 실망한 것은 이런 거예요. '뭐, 그래 전략적으로 실패할 수 있어. 자기들끼리 싸울 수도 있고, 논쟁할 수도 있어.' 그런데, 총선 이후에 아무도 사과를 하지 않는 거예요. 심적으로 지지하고 응원했던 사람들에게 자신들이 어떤 잘못을 했고, 판단을 어떻게 그르쳤는지 왜 아무도 이야기를 안 하는 거지? 왜 책임을 지는 사람이 없는 거지? 정치 공당을 자처하면서 도대체 그 정당을 지지했던 시민들을 뭘로 보는 거지? 이런 의문과 회의가 막 들더라고요. 슬프기까지 했어요. 정의당도 마찬가지예요. 당연히 판단을 잘못할 수 있어요. 조국 사태 때처럼 말이죠. 그런데 앞으로 민주당 외곽을 떠도는 위성정당의 정체성과 과감히 절연하겠다고 하면서, 왜 아무도 조국 사태에 대한 판단 착오를 사과하지 않는 걸까.(정의당 심상정 대선후보는 2022년 1월 18일 CBS 라디오 〈김현정의 뉴스쇼〉에 출연해 조국 사태 당시 여당에 비판적인 목소리를 내지 않은 것이 20년 정치 인생에서 가장 뼈아픈 오판이었다고 사과했다.) 패스트트랙fast track도 마찬가지고요. 왜 아무도 그땐 틀렸고 지금은 다르게 생각한다고 설명을 안 하는 걸까. 생각과 가치가 변하려면 먼저 착오에 대해 냉정하게 짚는 게 중요하잖아요. 자신에 대한 엄중한 비판과 반성이 동반하지 않으면 그 의미가 퇴색될 수밖에 없으니까요. 한국의 진보정당들은 어느 순간부터 사과하는 법을 잃어버린 게 아닌가, 그런 걱정이 들더라고요. 미래로 돌출되는 힘은 과거에 대한 사과로부터 온다고 생각해요.

더불어 선생님께 질문 하나 드리고 싶습니다. 최근에 한상균 전 민주노총 위원장이 민중경선을 하자고 했잖아요? 정의당, 노동당, 녹색당, 사회변혁당, 진보당까지 해서 5개 정당 대표들과 민주노총이 모여 뭔가 이야기를 나누는 것 같더라고요. 한

상균 전 위원장이 지방을 돌며 분위기를 띄우려고 노력하는 것 같더라고요. 주된 논지는 어쨌든 1987년부터 1997년까지의 노동운동을 동력 삼아 민주노동당이 유의미하게 제3의 지대를 열었었는데, 그 이후로 계속 그 힘이 쇠락하고 있으니 다시 민주노총을 중심으로 진보적인 3지대를 열어보자는 것 같아요. 어떻게 생각하시는지요.

세화 저는 적극 동의하고 있어요. 그렇지 않아도 시간을 못 맞춰서 한상균 위원장을 만나지는 못하고 있는데… 노동당도 변혁당과 함께 사회주의 좌파 후보를 낼 것 같은데요. 지금 정의당 후보가 나왔고, 진보당도 후보가 있고, 녹색당이 어떻게 될지 모르겠네요. 민주노총을 플랫폼으로 하는 민중경선을 얘기하고 있는데 민주노총이 지금까지는 대선 방침이라는 게 실제로는 없었지요. 한 후보를 지지하는 게 아니라 이 당 저 당의 후보 중에서 선택하라고 했는데 그건 무책임하고 기회주의적인, 아무것도 하지 말라는 얘기와 똑같았지요. 민주노총 조합원으로서는 보수정당의 후보를 찍어도 된다는 말과 차이가 없었을 거예요. 그런 점에서 이번에 조직적으로 경선을 통해 단일화를 성사시킬 수 있다면 충분히 의미가 있다고 봅니다. 물론 경선 규칙을 어떻게 정할 것인가를 놓고 불협화음이 나올 수 있고(2022년 1월 경선 방식 이견을 좁히지 못해 진보진영의 대선 후보 단일화는 결국 무산됐다), 가장 중요한 관건은 경선을 통해

선출된 후보의 선거운동에 다른 정당들이 적극적으로 참여하고 연대할 것인지에 달려 있겠지요. 그럼에도 저는 민중경선 과정 자체에 의미를 두는 편입니다. 어쨌거나 보수 양당 체제에 균열을 내보자는 시도이니까요.

희일 조금 우려스러운 게 있어요. 민주노총이 그 시작의 문을 여는 것은 당연히 백번 천번 인정. 하지만 민주노총으로만 가는 건 걱정. 말 그대로 민중경선이 되려면, 민주노총 말고도 진보적인 시민들과 시민운동 진영까지 외연을 확대하는 게 좋지 않을까 하거든요. 가치와 지향점을 공유하는 모든 이들에게 문을 열어야 판이 더 커질 테니까요. 어차피 진보의 위기가 가속화되고 있는 상황이에요. 이래도 죽고, 저래도 죽을 바에는 자신 있게 진보 빅텐트big tent(서로의 이해에 따라 특정 계급이나 이념에 한하지 않고 여러 정치 세력의 힘을 한데 모으는 연합 정치)를 쳐서 개기기라도 해야 하잖아요.

세화 중요한 말씀이에요. 빅텐트 말씀에 전적으로 동감인데, 그러자면 지금까지 노동운동과 진보좌파 세력의 결집을 막아온 난관이 무엇이었는지 직시하고 성찰해야 하겠지요. 워낙 지난날의 상처와 앙금이 깊으니까요. 저는 무엇보다 앞서 말씀드렸듯이 서로 연대의 대상이 되어야 했는데 경쟁 대상이 되었고, 그 경쟁 대상에게 극복 대상보다 더 적대성을 보였던 타성이나 관성에 대한 성찰이 필수적이라고 봐요. '우리가 일상에서 부딪치는 건 우리 사이가 가깝기 때문이다, 먼 세력은 일상에서 만나지 않고 부딪칠 일도 없다.' 이렇게 일상의 세계와 세계관상 세계의 차이에 대한 인식과 이해를 바탕으로 구동존이求同存異를 실천해야 합니다. 무엇보다 겸손해져야 합니다. 내가 관여하거나 전공하는 분야의 모순은 한국 사회가 품고 있는 중층적인 모순의 일부에 지나지 않으므로 다른 분야 운동가들과 연대해야 한다는 점에서도 나를 중심에 놓기보다 가장자리에 위치시키고 절벽 아래로 떨어지지 않게 손에 손을 잡는다는 생각을 해야 합니다. 그래야 진보좌파 세력의 빅텐트든 결집이든 가능할 수 있고, 아까운 역량들이 민주당 쪽으로 흘러들어 무산되는 것도 멈출 수 있을 거예요.

진보정치의 걸림돌이 된 유령 정치!
피해자 정체성과 흑백의 세계에서 벗어나야

세화 아까 김대중 씨 얘기를 하셨는데, 진보정치에 있어서 엄청난 걸림돌로 작용한 것으로 노무현 전 대통령의 자살을 들 수 있어요. 애도와 비판이 함께 이루어질 수 있어야 하는데, 정교함이랄까, 섬세함이랄까, 그런 건 기대할 수 없는 거예요. 그의 정치를 비판하면 그를 비판하는 것이 되고 그러면 난리굿을 벌이잖아요. 그 선을 넘어서는 안 되는, 한국 진보정치의 강력한 걸림돌이 되고 말았어요. 많은 사람에게 신자유주의 노선이 성역화되는 결과를 빚었거든요. 진보 역량이 피어날 수 없게 억누르고 있는 양상이에요. 그 걸림돌의 위세 앞에서 적지 않은 사람들이 위축되어 침묵하거나 현실 논리를 펴며 기회주의 행보를 취했지요.

희일 어떻게 보면 다 죽어가던 87년 체제가 그 죽음으로 인해 연장돼 버린 거죠. 민주당의 무능력에 대한 알리바이를 지속적으로 공급하고, 여전히 자신들이 세상에서 가장 피해자인 척하고. 이 루틴이 결국 조국 사태까지 이어진 거잖아요.

세화 《한겨레》에서 한때…

희일 이거 나가면 나 영화 그만 찍어야 돼.(웃음)

세화 《한겨레》에서도 관 장사 얘기 했다가 그만….

희일 어제는 기가 막히더라고요. 『조국의 시간』이라는 책을 조국 전 법무장관이 써서 베스트셀러가 됐잖아요? 그때 사람들이 책 구매했다는 인증 샷을 SNS에 올리고 책을 읽으며 울었다는 글도 올리고 그랬었죠. 그런데 어제는 민주당 경선에서 이낙연 후보가 떨어지니까 이낙연을 지지하던 사람들이 『조국의 시간』을 태우는 퍼레이드를 하더라고요. 이재명 대장동 사태 때 왜 조국은 입을 싹 다물고 있었냐 이거예요. 가스레인지로 책을 태우는 사진도 올라오고, 다른 사진들도 막 올라오고⋯.

세화 그 사람들이 스스로 자기는 진보라고 믿고 있죠.

희일 이낙연을 지지했던 사람의 40퍼센트 이상이 이번 선거 때 이 재명 때문에 다들 윤석열을 찍겠다고 하는 것 자체가 참 황당한 코미디예요. 그러면서도 자기를 진보라고 생각한다는 거죠. 아까 노무현을 말씀하셨는데, 결국엔 유령의 정치잖아요. 박근혜를 지지하는 사람들이 박정희 얘기만 나오면 눈물 콧물 흘리면서 세상만사 자신들이 가장 큰 피해자라고 하는 것과 마찬가지로 노무현을 지지하는 사람들도 정반대에 서서 똑같은 행위를 하는 거예요. 마치 반대편에서 거울을 보고 그 동작을 따라 하듯이 서로를 반영하고 있는 거죠. 결국 조국 사태도 그래서 일어난 거라고 생각해요. "자식 스펙 품앗이하는 거 누구나 다 하는데 그 정도 가지고 왜? 이건 우리에 대한 탄압이야, 음모야." 자신들의 피해자 정체성을 과장하는 것으로, 도덕적·법적 타락을 감추는 거죠. "우리는 피해자다."라는 말만 무슨 주문처럼 반복해요. 이건 뭐 종교도 아니고.

세화 지난번에 말씀드렸습니다만, 광화문과 서초동에 모인 사람들이 서로 자기네가 더 많다고 했지요. "우리가 김용균이다"에는 300명도 안 되는 사람이 모이는, 이게 지금 한국의 진보가 어떤 위치에 있는가를 보여주는 상징적인 모습이라고 생각해요. 그런데 서초동에 모인 사람들이 스스로 진보라고 생각하지 않을까요? 하긴 진보라는 말도 부정적으로 받아들이는 터라 민주개혁 세력이라고 하겠지요.

희일 이에 대한 정말 놀라운 예가 있어요. 제가 최근에 차별금지법 제정에 대해 페이스북에서 많이 떠들어댔어요. 그만큼 중요한 일이니까요. 그런데 어떤 분이 계속 페이스북 친구 신청을 하시더라고요. 제가 좀 폐쇄적으로 운영하고 있어요. 뭔가 논쟁적인 글만 올리면 너무 많은 댓글이 올라와서 스트레스를 받더라고요. 그래서 댓글도 친구만 쓸 수 있게 하고, 친구도 가급적 받지 않고 있었는데, 그분 프로필을 보니까 '차별금지법 반대'라고 되어 있더라고요. 그래서 친구를 맺었어요.

세화 차별금지법 반대 댓글 쓰시려고?

희일 아, 아니 '차별금지법 제정'요. 반대로 말씀드렸네요.

세화 반대라고 하신 것 같아서. 반어법인가 했네요.

희일 아무튼 '차별금지법 제정' 이렇게 되어 있어서, 당연히 그것의 취지나 의미에 동감하시는 줄 알았어요. 그래서 친구 신청을 받았는데, 댓글을 쓸 수 있게 되니까 당장 댓글을 하나 다시 더라고요. 뭐라고 달았냐면 "당신이 차별금지법에 대해서 열심히 하는 거 알겠는데 왜 조국을 비판합니까?" "무슨 소리세요?" 했더니 "조국이 지금 가장 차별을 받고 있는데." 이렇게 말씀하시는 거예요. 피해자 정체성이라는 게 이렇게 무섭습니다. 세상을 한 점으로 응축해 버려요. 그렇게 노무현의 죽음이 87년 체제를 계속 연장시킨 거죠. 노무현과 민주당은 독재의 잔재로부터 계속 공격받는 최약체의 희생자예요. 언론, 검찰, 재벌, 그리고 온갖 음모로부터 공격을 받고 있다고 주장해요. 대상만 바뀌고 있습니다. 노무현, 문재인, 조국으로 이어지는 거죠. 그래서 자신들의 무능력, 기득권, 도덕적 타락를 민주화세력이라는 이름으로 스스로 용서하고 죄를 사하고 있어요. 국힘당만 아니면 모든 게 옳다는 흑백의 세계에 지체된 거죠. 참 갑갑하고 서글프기도 하고요. 한국 사회가 앞으로 나아가려면 이 흑백의 세계를 극복해야 합니다.

자유를 왜곡한 수구적 보수세력의 윤리적 범죄!

세화 이어서 진보의 몫이랄까 짐의 하나로 자유 얘기를 하고 싶습니다. 앞서 제가 한국의 정치적 지향은 '수구적 보수세력', '자유주의 보수세력' 그리고 '진보세력', 이렇게 셋으로 구분이 되고, 수구적 보수세력과 자유주의 보수세력을 구분하는 것은 '국가보안법'이고, 자유주의 보수세력과 진보세력을 구분하는 건 '신자유주의 이념'이라는 말씀을 드렸는데, 그에 앞서 따져 봐야 할 게 '자유'의 가치에 관한 문제인 것 같아요.

한국에서 '자유'는 지극히 왜곡되었다는 얘기를 하고 싶어요. 자유라는 개념 자체가 왜곡되었는데, 수구적 보수세력이 자유를 전유해 버렸고 그것이 계속 관철되고 있다는 것입니다! 분단체제에서 비롯된 문제라고 할 수 있는데, 공산세계에 맞서 자유세계를 지킨다는 명목으로 자유의 가치를 여지없이 짓밟은, 그래서 본디 자유의 의미가 왜곡되고 훼손되어 버려서 심지어 리버럴조차도 자유하고는 어느 정도 거리를 둘 수밖에 없었던 문제에 관해 꼭 지적하고 싶거든요. 제가 『결』에도 그 얘기를 썼는데 김지하 시인이 「타는 목마름으로」에서 "민주주의여 만세"라고 민주주의를 쓰잖아요. 그게 원래는 폴 엘뤼아르Paul Éluard의 「자유」라는 시에서 따온 거거든요. 폴 엘뤼아르가 "그 한마디 말의 힘으로 / 나는 내 일생을 다시 시작한다 / 나는 태어났다 너를 알기 위해 / 너의 이름을 부르기 위해 / 자유여" 이러면서 자유라는 말을 쓰는데, 한국에서는 진보세력도 리버럴도 이 자유를 강조하지도 않고 쓰지도 않습니다. 이승만의 자유당부터 시작해서 민주자유당을 지나 자유한국당까지, 자유를 수구적 보수세력이 전유해 버렸기 때문에… 거기엔 공산세계에 맞서는 상상 세계로서의 자유세계를 지킨다는 의미의 자유만 남아 있는 거죠. 오늘날 와서는 영업의 자유, 신자유주의의 자유, 이런 쪽으로 그대로 이어지면서 본래 근대성에서 중시되었던, 17세기 영국의 헤비어스 코퍼스Habeas Corpus, 즉 "당신은 몸을 소유하고 있다."에서 출발하는 신체의 자유가 실종되었던 것입니다. 사람은 우선 몸의 자유부터 출발하여 그다음 사상의 자유든, 양심의 자유든, 종교·신앙의 자유든, 직업의 자유든 이런 자유를 누릴 수 있어요. 한국의 헌법도 신체의 자유, 몸의 자유로부터 출발하는데, 자유가 왜곡되면서 진보진영조차도 모든 자유와 개인의 가치의 출발점인 몸의 자유를 찾지 않게 되었어요. 저는 이것이 아주 심각한 결과를 낳았다고 봅니다. 실제로 몸의 자유는커녕 자유를 지킨다는 명목으로 학살했고 고문했어요. 사람의 몸을 훼손하는 정도가 아니라 유희를 했잖아요? 4·3 때를 비롯해 6·25 전후를 통해서.

희일 노근리까지.

세화 그게 아주 심각했던 때가 여순 전후, 4·3 전후였죠. 전쟁 직후의 양상이 그랬는데, 거듭 말씀드리지만 인간의 몸이 가장 중요한 자유의 출발점인데, 그걸 학살하고 억압하고 감옥에 처넣고 고문했던 세력이 자유를 표방하는 그런 역설, 이루 말할 수 없는 역설이 오래 지속되면서 굳게 뿌리내리고 말았어요. 그래서 민주화세력조차도 자유의 가치에 대한 존중이 부족했다고 봐요. 시민 단체든 진보정치 조직이든 선후배 등의 위계화 속에서 개인의 가치가 거의 억압되었어요. 제가 보기엔 이 문제를 아직도 해결하고 있지 못한 거예요. 리버럴들이 어느 정도 해결해 줬어야 진보가 그 어깨 위에 올라설 수 있는데…. 성소수자 문제도 마찬가지고, 여성 문제도 마찬가지고, 몸의 소중함, 몸의 자유, 이것에서부터 출발해야 하는데 그 기본조차 아직 서 있지 못한 거죠. 시민사회 운동에서 평등을 주장하고 평화, 정의를 주장했어요. 그런데 자유를 주장했나요? 간혹 언론의 자유는 얘기했어요. 억압이 있었으니까. 평등, 평화, 녹색. 이런 것은 많이 주장했는데 자유는 뒷전이거나 누락되었어요. 왜? 긍정적 의미는 빼앗겼고, 나쁜 의미로 왜곡되었으니까 기피한 거죠. 수구적 보수세력한테 빼앗기다 보니까. 다 그랬어요. 지들이 다 자유 붙였잖아요. 저는 한국의 분단 상황에서 자유의 의미를 훼손한 윤리적 범죄행위를 꼭 말하고 싶고요. 그런 것에 자유주의세력은 물론, 진보세력조차도 휘둘리고 있는 점을 지적하고 싶은 거예요.

희일 독일에서 공부하고 왔다는 한 교수가 최근 이런 이야기를 하더라고요. 한국은 1987년이라는 불완전 혁명을 경유했다면, 서유럽의 경우는 6·8혁명을 겪었다는 거예요. 한국의 경우

선거제도 등 형식적 민주주의는 갖추게 되었지만, 개인의 자유와 사회·경제적 평등 같은 실질의 민주주의는 진척이 더딘 반면에, 서유럽의 경우는 6·8혁명을 통해 사회문화 영역 안에도 자유의 폭이 확장됐다는 거죠. 다소 도식적인 감은 있지만, 일리 있다고 생각해요. 선생님이 말씀하셨듯, 내 몸과 정신에 대한 자유, 사랑, 그리고 해방. 이런 개인적 자유에 대한 변화가 서유럽에서는 몇십 년에 걸쳐 진행이 된 거죠.

성소수자 예를 들어 보죠. 1969년 6월에 '스톤월 혁명 Stonewall riots'이 뉴욕 그리니치 빌리지Greenwich Village에서 빵 하고 터졌어요. 6·8혁명의 자장 안에 놓여 있다고 봐야 할 거예요. 뉴욕에 '스톤월 인Stonewall inn'이라는 바가 있

스톤월 혁명이 촉발된 스톤월 인. 2016년에 미국의 국가기념물로 지정되었다
[CC BY-SA 4.0] Rhododendrites

어요. 저도 한 번 가봤습니다. 성소수자들이 춤을 추고 노는 곳이에요. 그런데 당시에는 경찰들이 걸핏하면 단속을 했어요. 닭차를 끌고 와서 풍기단속을 빌미로 줄줄이 잡아가곤 했죠. 6월 28일, 그날도 경찰들이 그 술집을 기습했어요. 평상시처럼 술집에 있던 성소수자들을 잡아서 닭차에 밀어 넣고 있었죠. 그런데 갑자기 마샤라는 흑인 트랜스젠더가 머리핀을 집어던지며 경찰들에게 욕을 했어요. 그러자 옆에 있던 다른 유색인 트랜스젠더가 병을 집어던졌죠. 다른 흑인 트랜스젠더도 주먹을 날렸어요. 한 번도 그런 적이 없었죠. 세 명의 트랜스젠더가 저항을 한 게 불꽃을 터뜨린 거예요. 머리핀 하나가 세계를 바꾼 거죠. 갑자기 그곳에 있던 다른 성소수자들도 격렬하게 저항하기 시작했어요. 집기며, 유리창이며 다 부수고 난리가 났죠. 경찰들은 도망갔지만, 흥분한 성소수자들은 거기에서 멈추지 않았어요. 당할 만큼 당했다, 이제는 도저히 못 견디겠다. 일주일간 뉴욕 한복판을 거의 점령하다시피 했어요. 경찰서들을 방화하고, 배트를 휘두르며 트럭을 몰고 다녔죠. 숨어서 살던 성소수자들이 모두 거리로 쏟아져 나왔어요. 자신의 실존과 삶의 권리를 외친 거죠. 그 자유를. 그게 스톤월 혁명이에요. 그런데 성소수자 운동만 그랬던 게 아니잖아요. 60년대, 70년대 페미니즘도 들끓었죠. 또 흑인 민권운동도 폭발했었죠. 미국과 서유럽은 이렇게 싸운 역사가 있어요. 민주주의가 확장되는 과정이 동반됐죠. 개인의 자유가 증폭됐고요.

반면에 한국은 반공, 독재를 경유하며 개인의 자유가 확장될 가능성이 상당 부분 차단된 거예요. 그나마 1987년이 어떤 계기를 마련할 수도 있었지만, 안타깝게도 선거제도와 정치적 변화에만 그치고 사회문화적 영역, 경제적 영역에서의 평등은 지체되고 말았던 거죠. 이 과정을 푸시해야 했던 민주당은 되레 그 자리에서만 멈춘 채 민주화운동 이력을 훈장처럼 달고 피해자 코스프레하며 허송세월을 보낸 거고요. 그 영향이 지금까지 오고 있다고 봐요.

그나마 한국 사회의 좌파와 진보세력이 개인의 자유와 사회적 평등을 위해 고군분투하고 있지만, 또 일부는 정치적 올바름과 정체성 정치에 기대면서 한계를 드러내는 것 같아요. 검열과 말 단속이 늘어나는 대신 상상력은 등한시됐죠. 자유의 무한한 증진에 대한 상상 말이에요. 도덕적 인간은 양산되는데, 자유의 인간은 외려 줄어든달까. 1968년 프랑스 파리에서 학생들이 아스팔트 위에 랭보의 시를 휘갈기고, 바리케이드 앞에서 피아노를 치며 노래를 불렀던 경험들이 우리에게는 한 번도 없었던 거예요. 자유와 도덕을 함께 증진하는 방법을 어떻게 찾을 수 있을까. 경제적 평등과 개인의 자유를 함께 도약시키는 방법은 어떻게 찾을 수 있을까. 결국 상상력과 투쟁밖에 없다고 생각해요. 어렵더라도, 가보지 않은 길들을 계속 걸어야겠지요.

세화 이를테면 사회민주화라고 할 때 민주화가 '줄탁동시'여야 되거든요. 병아리가 알에서 깨어나려면 그 안에서 쪼아야 하는데 그게 '줄'이고, '탁'은 밖에서 어미 닭이 알을 치는 것, 그래서 줄과 탁이 동시에 일어나야 병아리가 깨어난다는 게 줄탁동시인데, 한국의 민주화는 주로 '탁'만 주장합니다. '줄'은 안 하고요. 집단 안에서 개별자의 주체적인 역량이나 개인의 가치, 자유라는 것을 쟤들이 전유하고 왜곡해 버렸으니까 거기에 접근하지 않고 사회가 민주화되면 거기에 따라서 구성원들이 자유로워질 거라고 본 거죠. 그러니까 '민주주의여 만세' 식으로 자유는 꺼내지 못하는 식이 돼버렸고, 그 결과 지금도 조직이나 집단 속에서 개인들이 억압되고 있는 현실이잖아요? 각 가정에서도 마찬가지고. 학교에서도 마찬가지고.

자유가 우리 몸이 거하는 모든 곳에 자리 잡혀야 한다고 할 때 몸이 거하는 곳이 어디예요? 가정과 학교, 일터입니다. 각 가정에서 모두가 자유로워야 하고 억압되지 않아야 하죠. 하지만 여성은 여전히 억압되어 있고 아이들도 억압되어 있죠.

희일 노동자도 억압되어 있고요.

세화 네, 일터에서 노동자도 억압되어 있고요. 학교에서는 학생들이 억압되어 있고, 교사들도 억압되어 있고. 몸이 거하는 모든 곳

에서 자유로워야 하는데, 거기서부터 출발하지 않고 이 사회
를 민주화하면 된다, 이러니까 뭔가 허공에 떠 있고 내실이 없
는, 그러다 보니까 별일이 다 일어나는 거예요.

저는 한국에서 남자들은 페미니스트가 돼야 한다고 보는데
그만큼 여성에 대한 억압 구조가 견고하니까요. 사회를 민주
화하면 된다고 하지만 출발점은 개인의 가치, 몸의 자유에서
출발이 돼야 하거든요. 그런데 진보진영조차 그러한 점을 여
전히 짐으로 갖고 있다는 얘기를 하고 싶었던 거예요.

'불평등·기후위기 해소'와 '조세혁명·소유 개념 변화'가 진보정치의 화두 돼야

희일 네, 이제 이야기를 조금 더 확장하면 좋을 것 같아요. 요즘 유
럽에 좌파들이 돌아오고 있다는 분석이 제기되더라고요. 제
생각도 그렇습니다. 지난 10여 년간 우익들이 득세했던 것은
유럽 사회의 주된 화두가 이민 문제에 붙잡혀 있었던 탓이 크
죠. 외부로부터 위협이 오니까 우리가 지금 똘똘 뭉쳐 전통적
가치를 지켜야 한다는 우익의 발언권이 높아졌다고 봐야 할
것 같아요. 불평등과 실업 등 신자유주의 모순의 극대화, 테러
에 대한 공포, 난민 유입의 가속화. 이런 것들이 우익이 득세
하게 된 배경이죠. 난민과 이주노동자에 대한 혐오를 부추기

면 되니까요. 책임은 지지 않는 혐오 장사. 하지만 이번에 독일도 그렇고 이탈리아도 중도좌파가 권력을 잡았어요. 또 스칸디나비아 국가들 있잖아요. 노르웨이, 스웨덴, 핀란드 등 5개 국가에서도 중도좌파가 권력을 잡았는데, 이게 60년 만에 처음이래요. 이렇게 중도좌파가 동시다발적으로 다시 발언권을 갖게 된 이유를 거칠게 두 가지로 요약하면, 첫째는 코로나 영향. 팬데믹이 지속되면서 불평등 문제가 수면 위로 올라왔다는 거죠. 두 번째는 기후위기였어요. 독일과 이탈리아는 이번 여름에 유례없는 물난리와 산불을 겪었잖아요. 두 가지를 동시에 겪으며 정치 담론의 축이 이민의 문제에서 사회적 자본의 통제 문제로 이동한 듯한 느낌이에요. 아마도 기후위기가 심화될수록 체제 전환에 대한 요구가 더 거세질 가능성이 높다고 보여요.

한국에서도 진보진영 쪽에서 불평등과 기후위기로 축을 옮기자고 말은 하고 있는데 아직까지는 유의미한 궤적이 그려지지 않는 것 같아요. 가령, 탄소중립을 비롯해 기후 문제의 경우도 계속 자본에 유리하게 끌려가는 이유가 기후·생태 운동 자체의 힘이 아직까진 미약해서예요. 그나마 유럽은 '멸종 반란', 미국은 '선라이즈 무브먼트' 같은 조직들을 위시로 기후·환경 운동 진영의 파워가 상당하죠. 한국에도 물론 헌신적인 기후 조직과 활동가들이 존재하지만, 코로나 팬데믹 때문에 시위 자체가 여의치 않고, 대중들 호응도 아직 미진한 탓에 어려움이 있는 것 같아요. 어제죠, 기후정의 선언을 하고 여러 단체가 간만에 모여 집회를 하더라고요. 참 반갑더라고요. 응원하는 마음이 큽니다. 이제 코로나가 좀 가시고 그러면 싸움도 제대로 붙었으면 좋겠어요.

한편으론 이번 선거가 참 중요한 것 같아요. 대선의 장이라는 게 누가 되고 누가 안 되고 당락의 문제를 넘어서 캠페인의 장이잖아요. 대의되지 않는 목소리들의 볼륨을 높일 수 있는 순간이니까. 대중 투쟁도 중요하지만, 선거 공간도 놓치면 안 되죠. 민중경선이 됐든 뭐가 됐든 흩어져 있던 목소리들이 한데 모여 불평등과 기후위기에 관련된 이야기를 사정없이 던져야 한다고 봐요.

세화 기후위기의 심각성은 아무리 강조해도 부족하지요. 느닷없는 얘기로 들릴 수 있지만, 이젠 아동에게도 투표권을 줘야 할 때가 아닌가 싶어요. 어린이가 직접 투표할 수는 없고 부모가 대신해야겠지만 그래도 부모니까 아이의 자리에서 기후위기를 조금은 더 심각하게 보고 그런 방향에서 정치적 선택을 하지 않겠어요? 자본의 강력한 동력은 차치하더라도 한국처럼 50대 이상 70대 남성이 정치의 장을 쥐락펴락하는 곳에서는 이 엄중한 문제를 제대로 대처하기 어려워요.

다른 얘기입니다만 제가 얼마 전에 문재인 정권 비판하면서 《한겨레》 칼럼에 '급진성'과 '변혁성'을 얘기했어요. 변혁성의 내용에서는 부동산과 연결된 계층화에 의한 불평등의 대물림 문제를 제대로 인식해야 한다는 것이고요. 우리는 지금까지 부의 대물림에 대해서는 많이 얘기했어요. 그게 시샘이든 비판이든 도전이든 부의 대물림에 대해서 많이 얘기했는데, 그게 제가 볼 때는 사람들의 시선이 그쪽으로 가게 돼 있기 때문이기도 한 거죠. 미디어의 영향일 수도 있고요. 왜냐하면 부의 대물림은 미디어가 보여주지만 부의 대물림과 대척점에 있는 가난의 대물림은 미디어가 잘 안 보여줘요. 가난의 대물림이 잘 안 보이는 또 다른 이유는 제가 볼 때는 계급화, 계층화가 부동산 문제와 같이 지금처럼 명료하게 보이지 않았기 때문이에요. 이제는 명료해졌거든요. 토마 피케티의 『자본과 이데올로기』를 보면 19세기 초하고, 19세기 후반하고 부가 어떤 변화를 보여줬는지 소설을 통해서 얘기하고 있더라고요. 가령 제인 오스틴Jane Austen이나 발자크Honoré de Balzac의 시대가 에밀 졸라Émile Zola의 시대와 달랐다는 거예요. 같은 19세기인데. 부가 세습되는 건 똑같은데 부의 내용에 변화가 있었다고. 그게 자본주의의 진행 과정과 연결이 돼요. 앞서 말씀드렸지만 개천에서 용 나는, 그 잔상이 아직 우리에게 남아 있어요. 하지만 이미 신화가 된 거예요. 지금은 전세 살거나 사글세 사는 집안의 아이가 아무리 똑똑해도 부모 사이의 차이를 노력으로 채울 수 있는 시기가 아니라는 거죠. 이미 끝났어요. 그래서 최소한 조세혁명 없이는 안 된다고 봐요. 진보정치의 가장 강력한 화두로 얘기해야 할 것 중의 하나가 조세혁명이에요. 피케티도 조세혁명과 연결되는 얘기를 했는데, 일시소유를 강조하고 있어요! 영구적인 소유가 아니라 일시적인 소유. 일시소유 이데올로기. 내가 뭘 갖고 있다는 건 일시소유일 뿐이야, 라는 것이 이데올로기가 되어야 한다는 거죠.

희일 소유와 점유의 차이?

세화 그렇죠. 지금까지 소유는 영구적인 소유인데 그게 아니고 일시소유로 바꿔야 한다! 이걸 진보정치가 앞으로 강력하게 제기해야 한다고 봐요. 기후위기와도 맞물려 있어요. 일시소유여야 자본주의의 축적 이데올로기에서 벗어날 수 있어요. 자본주의가 "축적하라, 축적하라"잖아요. 진보정치가 변혁적이고 급진적인 것을 내놔야 할 때가 됐다는 거죠.

희일 슬슬 나오기는 하더라고요. LH부터 시작해서 대장동까지.

세화 분노가 이루 말할 수 없는 상황이니까요.

패션쇼에 등장한 부자 증세!
증세는 세금 폭탄인가 복지의 재원인가!

희일 저번에도 얘기했지만, 어느 지점에선 포퓰리즘이 필요합니다. 인기에 영합해서 매 순간 스스로를 배반하는 포퓰리즘이 아니라, 대중들의 분노를 정확하게 이해하고 그것을 언어로 만드는 포퓰리즘 말이에요. 예를 들면, 심상정 후보. 한편에선 토지공개념 이야기를 하다가 또 다른 편에선 그린벨트 해제에 관한 이야기를 해요. 이것저것 다 한꺼번에 추수하고픈 욕망 때문에 엇박자가 빚어지는 거죠. 잘 보이지 않더라도 시대의 분노를 조금 더 날카롭고 대중적으로 벼리는 작업이 필요한 것 같아요.

미국에서 코로나 기간에 감소한 노동자계급 소득이 3조 7천억 달러래요. 아마존, 테슬라 같은 소수의 빅테크 자본이 그 기간에 벌어들인 수익이 3조 5천억 달러고요. 거의 같은 거죠. 그래서 신자유주의의 심장이라고 하는 미국 내에서도 좌파진영이 계속 부자 증세를 목청 높여 외치고 있어요. AOC(Alexandria Ocasio-Cortez), 즉 오카시오 코르테스라는 미국 진보진영의 스타 정치인이 있는데, 이번에 이 친구가 패션쇼에 초대를 받았어요. 그런데 "Tax the Rich(부자에게 세금을)"라는 문구를 커다랗게 박은 드레스를 입고 패션쇼에 갔더라고요. 꽤 인상적이었어요. 논란이 일었지만 그만큼 부자 증세 의제를 시민들에게 확연히 이미지로 보여준 거죠. 국회의원이 자신의 의상에 정치적 언어를 입히려면 그 정도는 해야겠죠. 반면, 한국에서는 여전히 부자 증세 담론이 거의 보이지 않는 것 같아요. 민주당이야 뭐 국힘당과 함께 다정하게 부자 감세를 하고 있고, 진보정당들도 뭔가 눈치를 보는 것 같고요.

세화 안타까운 점인데요. 사실은 한국의 낮은 국민부담률에 대해 집요하게 따져야 하거든요. 참으로 답답한 게 조선일보를 비롯한 사익추구 집단이나 기득권 세력이 걸핏하면 세금폭탄론을 꺼내 들고 퍼뜨리잖아요. 근데 그게 먹힌다는 거예요. 조세와 사회보장기여금을 합친 게 국민부담률이에요. 재분배의 재원이 되는 비율이죠. 핀란드, 덴마크를 비롯한 북유럽이나 프랑스는 그 비율이 50퍼센트에 가까워요. 독일이 40여 퍼센트, OECD 평균이 34퍼센트 정도입니다. 한국은 26~28퍼센트에 머물러 있어요. 북유럽이나 프랑스에 비하면 절반 조금 넘는 수준이죠. 거기에 한국은 국방비가 엄청나게 들어가요. 피에르 부르디외Pierre Bourdieu가 말한 '국가의 왼손'에 들어가는 비용이 아주 적다는 것을 뜻하는 거죠. 피에르 부르디외가 국가에 오른손과 왼손이 있다는 얘기를 한 건 신자유주의의 작은 정부론에 일침을 가하기 위해서였어요. 국가에는 오른손이 있고 왼손이 있다. 오른손은 뭐냐? 국민을 관리하고 통제하는 영역, 즉 군대·경찰·사법조직·고위관료조직 이런 쪽이고, 왼손은 교육·복지·건강 이런 쪽을 말해요. 오른손이 국민을 통제하는 거라면 왼손은 국민을 보듬는 역할을 하죠. 부르디외에 따르면, 신자유주의가 주장하는 '작은 정부론'은 국가의 왼손은 잘라내고 국가의 오른손을 키우겠다는 거였어요. 국민이 내는 조세는 우선 오른손 비용에 들어가요. 그다음에 왼손으로 가게 됩니다. 그러니까 국민부담률이 높아진다는 것은 주로 왼손 쪽을 위해서 늘어나는 거죠. 지금 한국의 국민부담률이 26~28퍼센트밖에 안 된다는 것은 다른 나라와 마찬가지로 오른손 비용으로 다 쓰고 거기에 국방비까지 들인 나머지를 왼손 비용으로 쓰기 때문에 유럽에 비해서 1/3 내지 1/4 수준밖에 안 되는 거예요. 교육, 복지, 보건 등은 흔히 북유럽이나 유럽의 복지국가, 사회국가에 비해서 지극히 미진한데, 놀라운 일은 한국 사회에 조세 저항이 크게 작용하고 있다는 거예요. 저는 이 문제를 진보정치 세력이 정면으로 치고 극복해야 한다고 보는 거예요. 조·중·동이 조세 저항에 앞장서고 있는데 문재인 정권의 홍남기가 그 장단에 맞추고 있는 상황이지요. 코로나 사태로 어려움을 겪고 있는 자영업자들을 지원하는 데에는 야박하기 이를 데 없죠. 사회적 약자들이니까요.

희일 OECD 최하위죠.

세화 최하위. 그러면서 계속 강조하는 게 국가의 재정건전성이에요. 그게 GDP 대비 국가부채비율인데, 그 비율은 한국이 OECD 국가 중에서 가장 낮은 나라일 거예요. 일본만 해도 200퍼센트가 넘는 상황인데, 우리는 50퍼센트 수준밖에 안 되는 것으로 알고 있어요. 유럽은 북유럽 국가를 제외하면 거의 다 100내지 150퍼센트 수준이고. 이런 상황인데도 계속 그런 얘기를 하고 있어요. 왜 국가부채비율이 우리보다 훨씬 높은 유럽 국가들이 자영업자들에 대한 지원을 적극적으로 하고 있나요? 국민이 있어야 국가가 있기 때문이지요! 중학교에서 배우나요? 국가의 3대 요소. 국민이 있어야 국가가 있잖아요. 우리는 국가주의가 여전히 강력하게 관철되고 있는 겁니다. 이걸 어떻게 극복해 나갈 것이냐. 가계부채는 OECD 최고인 반면에 국가부채는 가장 낮은 나라예요. 그런데 국가적 재난 상황에 국민을 위해서는 가장 적게 쓰고 있어요. 놀랍게도 조세 저항의 말발이 먹혀요! 기가 막힐 일이지요. 여기에 대해 진보진영이, 원내 정당인 정의당은 물론이고 강력하게 발언하고 그래야 하는데 왜 그렇게 하지 못하는지 답답하고 그런 면이 있어요.

희일 조세 저항이라는 것도 만들어진 담론 같은 거예요. 조·중·동을 비롯한 주류 언론들과 심지어 민주당까지 포함된 기득권 세력들이 한국은 원래 조세 저항이 센 나라라고 프레임 자체를 굳혀버린 거죠.

세화 그런 게 있어요.

희일 누가 세게 치고 나와서 "야, 조세 저항 아니야. 이건 조세 복지 야!"라든지, 과감하게 프레임을 바꾸는 방식으로 싸워야 게임 이 될 텐데 여전히 질질 끌려가는 느낌이 있어요.

세화 오세훈이 다시 서울시장이 됐는데, 전에 투표하자고 했다가 안 되니까 물러나게 됐던 사안이 무상급식이었잖아요? 저는 그 점도 기득권 세력들이 얼마나 치밀한지를 보여주는 예라고 생각해요. 국민에게 복지 경험을 갖지 않게끔 하려는 겁니다. 복지 경험이 많으면 많을수록 조세 저항이 약해져요.

제가 20여 년 살았던 프랑스에 주거 복지제도가 있어요. 제 가 월세의 20~30퍼센트 정도를 국가보조로 받았어요. 그들 의 법률에 '모든 사람은 위생 조건에 맞는 주거공간을 9평방 미터 가질 권리가 있다'고 되어 있거든요. 한 사람당 세 평 정 도죠. 그에 준해 소득이 많지 않으면 월세의 일정 정도를 국 가에서 보전해 주는 것이죠. 또 그들의 법률 중에는 '1만 명 이상의 지자체는 전체 주택의 20퍼센트 이상 공공임대주택을 가져야 한다'는 조항이 있어요. 그래서 알리에Allier에는, 옛날 성주가 살던 성이 많은 도인데 그 성에 서민들이 살고 있어요. 공공임대주택 20퍼센트 조항에 맞추려고 과거 영주가 살던 성을 개조해서 공공임대주택을 만든 거죠. 이런 혜택을 받게 되면 조세 저항이 약해질 수밖에 없어요. 유럽의 사회국가나 사회복지국가라고 불리는 나라에서는 보편적인 모습인데, 가령 내가 서민이고 노동자인데 세금으로 50유로를 더 내면 부자들은 500유로를 더 낼 테고, 그러면 나에게 복지로 돌아오는 게 100유로가 된다는 걸 경험으로 아는 거예요. 그러니까 그들 사이에는 부자들과 달리 조세 저항이 크게 먹혀들지 않아요. 우리 경우에는 오세훈이 시도했듯이 복지 경험을 거의 갖지 않도록 하니까 '왜 내가 1원인들 더 내야 해? 나에게 돌아오는 게 없는데!' 하는 거죠. 이런 걸 조선일보 등이 악용하고 있기도 하고요.

희일　코로나가 절호의 기회인 것 같기도 한데, 이런 위기의 순간에 국가가 재정지출을 통해 시민들의 삶에 책임을 져야 한다는 인식이 그나마 공유되고 있잖아요. 이게 보다 확장되려면 진보세력들이 더 큰 목소리를 내야 하겠죠.

세화　맞아요. 그건 정말 솔직히 얘기해야 해요. '조세 더 내야 한다!' '세금 더 내야 한다!'

제가 프랑스에서 정치 토론을 즐겨 봤어요. 선거 때가 되면 그걸 보는데, 좌우 정당 대표가 나오잖아요? 그들이 가장 많이 다루는 주제가 '의무 징세(prélèvement obligatoire)'예요. 징세율을 얼마로 할 거냐? 이게 제일 많이 나오는 얘기예요.

좌파는 조금 늘려야 된다, 우파는 줄여야 한다. 이게 가장 핵심적인 논의죠. 세금을 조금 늘려야 된다, 세금을 조금 줄여야 한다. 우파가 주장하는 것은 한국에서도 자주 들을 수 있는 얘기죠. 일자리 늘려야 하고 기업을 활성화해야 하니 세금을 줄여야 한다. 좌파는 복지는 이래야 하고, 불평등이 심해졌으니 그걸 완화하려면 부자들과 기업한테서 세금을 더 징수해야 한다. 그걸 선거철마다 들었어요. 그들은 국민부담률을 1~2퍼센트를 높일 것이냐, 내릴 것이냐가 선거 쟁점의 핵심인 거예요. 한국에서는 이런 얘기를 들은 적이 없어요. 진보정치가 아직 이르지 못해 그저 신기득권 세력과 구기득권 세력 사이에 내가 잘났고 네가 못났다 따위의 인물 공세로 나날을 보내고 있지요.

한국의 버니 샌더스는 누구?
버니 샌더스 현상은 대중 투쟁이 만든 것!

희일 정말 말씀하신 대로예요. 기득권들은 신구로 나뉘어 서로 못났다 밤낮으로 싸움질이고, 우리 진보세력은 여전히 주춤거리고 있는 것 같아요.

우리 대담 기획안 중에 버니 샌더스와 관련된 꼭지가 있더라고요. 버니 샌더스의 'Not me, Us' 운동을 살펴보는 것도 유의미한 일일 것 같습니다. 알고 보면, 버니 샌더스 현상을 촉발한 게 바로 '부자 감세안'이거든요. 버니 샌더스는 사실 하나의 기표이고, 그 운동을 가능하게 했던 근저의 힘은 미국 청년 진보세력이 쥐고 있었다고 보는 게 맞는 분석일 거예요. 2007년, 2008년 금융위기가 터지고 나서 청년들이 월스트리트 점거 운동을 했잖아요. 몇 날 며칠 뉴욕 시청 앞에 앉아서 데모를 했어요. 청년들 분노가 엄청났었죠. 그때 나온 게 우리에게도 잘 알려진 '1% Vs 99%'라는 표현. 그런데 오바마는 외려 위기에 책임이 있는 금융자본을 구제해 주고, 부자 감세를 추진했어요. 위기의 책임자들을 구제해 주는 것뿐만 아니라 부자 감세까지 한다고! 이곳저곳에서 울분이 막 쏟아져 나왔어요. 그때 그 감세안에 반대하는 필리버스터가 국회에서 진행됐었죠. 머리 희끗한 노인네가 장장 8시간 넘게 아무도 없는 국회 연단에 선 채 홀로 고군분투했어요. 국회 안은 그 노인을 제외하고 아무도 없었지만, 국회 밖은 난리가 났어요. TV로 시청하던 청년들이 버니 샌더스가 도대체 누구냐고 눈을 번뜩거렸죠. 월스트리트 점령 운동 이후에 패배감과 분노를 곱씹던 청년들 눈에 부자 증세를 외치는 버니 샌더스라는 노인은 하나의 사건이었어요. 알고 보니, 버몬트Vermont라는 시골 지역에서 80년대에 시장을 지냈고, 지금은 상원의원을 하고 있는데, 민주당이 아니라 그냥 무소속의 사회주의자라는 거예요. 기가 막혔죠, 사회주의자라니. 청년들한텐 세상을 비춰주는 새로운 키워드처럼 인식된 거예요, 사회주의라는 말이. 그리고 시간이 지나 버니 샌더스는 2015년 대선에 처음으로 출마해요. 자신의 본거지인 벌링턴Burlington시에서 8명 정도의 노인네를 앉혀놓고 초라하게 대선에 출마하겠다고 선언했죠. 그런데 그 소식을 듣자마자 미국 전역에서 수천 명의 청년들이 버니 샌더스 캠프로 달려갔어요. 캠프와 자원 활동가들을 자처했던 거예요. 그리고 한 달 뒤 유세를 하는데, 수만 명이 모였어요. 8명에서 수만 명으로, 정말 기적적인 도약이었어요.

신자유주의의 심장인 미국에서 갑자기 왜 저러지?'라는 궁금증이 바짝 생겼죠. 그때부터 지금까지 계속 그들을 팔로잉해 왔던 것 같아요. 순전히 호기심 때문에. 평생 변방의 괴짜 사회주의자로 외롭게 살아온 노인과 청년들의 드라마틱한 결합이잖아요. 세계 정치사에서도 보기 드문 현상일 거예요. 금융 위기를 통해 계급적 자각을 하게 된 청년들이 "여러분, 대안이 있어요, 사회주의라는 대안이"라고 외치는 버니 샌더스와 결합해 힐러리와 민주당의 간담을 서늘하게 하며 역사적인 풀뿌리 선거 캠페인을 구축했던 거죠. 그저 단순한 선거 캠페인이 아니라 풀뿌리 조직들과 노동 조직을 긴밀하게 엮어내는 하나의 운동이었어요. 'Not me, Us', 내가 아니라 우리.

미국에도 당연히 사회주의 전통이 있었죠. 1920~1930년대 유진 데브스Eugene Debs를 경유하며 세를 키웠고, 1948년경에만 해도 여론 조사에서 미국인 39퍼센트가 사회주의를 지지했었어요. 그게 매카시McCarthy와 냉전 체제를 경유하며 싹이 다 잘려나간 거예요. 그런데 버니 샌더스와 청년들이 만나면서 미국인 43퍼센트가 사회주의를 지지한다는 여론조사가 발표됐죠. 미국이 발칵 뒤집혔어요. 2016년 대선에서도, 2020년 대선에서도 민주당 기득권과 월스트리트의 조직적 저항이 아니었다면 버니 샌더스는 대통령이 되었을지도 몰라요. 개중에 제가 가장 눈여겨본 게 DSA(Democratic Socialists of America, 미국 민주적 사회주의자)라는 그룹이에요. 민주당을 왼쪽으로 견인하기 위한 조직이라고 볼 수 있죠. 회원 수 5,000명 남짓, 평균 연령은 68세인 늙은 조직이었는데, 2016년 버니 샌더스 경선이 끝나자마자 선거캠프에 있던 청년들이 죄다 DSA로 몰려간 거예요. 순식간에 평균 연령이 68세에서 33세로 뚝 떨어지고, 회원 수도 5만 명으로 급증했죠. 지금은 회원 수가 9만 명에 이르고, 전국에 조직이 300~400개 사이로 늘어났어요. DSA 안에는 사회주의, 생태사회주의, 기후운동, 뉴딜주의자 등 다양한 경향이 존재해요. 의회 전술과 대중 투쟁을 동시에 진행하죠. 시의회에서부터 국회의원에 이르기까지 계속 후보들을 내고 있고, 평상시에는 노조 조직, 주거 권리, 에너지 공공성 등 대중 투쟁을 전개합니다. 아까 말씀드렸던 미국 진보의 젊은 상징이 된 AOC도 이 그룹의 회원이에요. 전국에 걸쳐 꽤 많은 시의원과 하원의원들을 배출했습니다. 뉴욕 시의회에 6명의 청년 사회주의자들을 진출시키기도 했어요. 현재 미국을 왼쪽으로 견인하는 가장 중요한 조직 중에 하나로 성장한 거예요. 이들이 금과옥조로 여기는 게 있습니다. 버니 샌더스가 청년들에게 유일하게 가르쳐준 지혜일 거예요. "조직하라, 조직하라, 그리고 또 조직하라." 그래서 DSA가 가장 중점을 두는 게 조직 활동입니다. 카센터를 운영하는 DSA 멤버는 지역 공동체를 도우면서 자연스럽게 마을 주민들과 이야기를 나누게 되죠. 술집을 운영하면서 마을의 사랑방 역할을 하는 사람도 있고요. 어느 허름한 주차장을 빌려 회원들이 함께 회합도 갖고 파티도 열더라고요. SNS, 메타버스 등이 활개 치는 세상이지만, 이들은 놀랍게도 19세기, 20세기 초반에 진보세력이 해왔던 조직 방식을 다시 재현하고 있는 거죠.

종종 버니 샌더스 현상을 한국 정치인과 비교하는 걸 볼 수 있어요. 이재명이 버니 샌더스다, 이런 이야기도 많았죠. 그냥 웃음밖에 안 나오더라고요. 발가락이 닮았나 보죠? 그리고 엊그제도 누군가 이런 칼럼을 쓴 걸 읽었어요. 왜 심상정은 한국의 버니 샌더스가 못 되는가? 질문 자체가 잘못된 거예요. 버니 샌더스 현상을 만들어낸 건 버니 샌더스가 아니라 대중투쟁이에요. 그걸 짚지 못하면 다 쓸데없는 소리죠. 제가 몇 년 동안 이들의 움직임을 관찰하며 얻은 깨달음이 있어요. 어떤 사회든 대중들의 분노로 인해 사회에 균열이 나기 마련인데, 결국 균열을 따라 어떻게, 누가, 그 분노를 조직화하느냐에 따라 대중 투쟁과 선거 전략의 운명이 갈린다는 거죠.

미국의 경우엔 금융위기를 그냥 지나치지 않았어요. "왜 이 사태를 일으킨 금융 자본은 처벌을 받지 않고 민중만 고통을 받지? 아, 열 받아, 다 점령해." 그렇게 시작된 대중의 분노가 월스트리트 점령 운동, 버니 샌더스 현상을 경유하며 유의미한 힘으로 조직된 거죠. 비록 조 바이든이 대통령이 됐지만 기존의 신자유주의 정부들보다 왼쪽으로 기울어진 건 사실이에요.

반면, 한국에는 IMF라는 큰 계기가 있었는데, 탤런트 김정은이 광고에 나와서 "여러분 부자 되세요." 하는 순간 모든 게 휘발되고 말았어요. 물론 그 이후에도 단속적으로 여러 계기들이 존재했었죠. 지금도 LH나 대장동 사태처럼 폭발력을 가진 균열이 있잖아요. 하지만 그냥 균열로만 존재합니다. 제가 말하고 싶은 요점은 로자 룩셈브루크Rosa Luxemburg가 말한 것과 같아요 "여러분, 혁명은 크리스마스 선물이 아닙니다." 누군가 한 사람이 백마 타고 와서 주는 게 아니죠. 결국엔 그 균열과 분노의 결을 따라 어떻게 말을 쌓아 올리고, 조직하느냐에 따라 달린 거죠.

네, 말이 중요한 것 같아요. 선생님이 진보신당 비례대표 후보였을 때 택시 정치 광고를 찍으셨잖아요. 유튜브로 봤어요. 저는 영화 만드는 사람이잖아요? 그걸 보고 속상한 거예요.

더 잘 만들 수도 있었을 텐데 아쉽더라고요. 결국은 이미지든 영상이든 다 말이잖아요. 그래서 진보신당을 지지하는 영화감독들 몇몇을 모아서 광고를 찍을까 잠시 고민했었어요. 결국 그때 제 개인사가 겹쳐져 그 계획은 무산됐지만, 그때도 그렇고 지금도 그렇고 그런 생각이 더 강해지더라고요. 말이, 언어가 중요하다. 대중들을 설득하고 계속 건넬 수 있는 그 말들. 벽이 부서질 때까지 계속 말을 해야 돼요. 벽에 균열이 갈 때까지.

국민과 비국민의 경계 해체, 진보의 몫으로 떠안아야

세화 제가 '마중' 활동을 하잖아요? 외국인 보호소에 갇혀 있는 외국인을 지원하는. 국민과 비국민의 경계를 여는 문제는 진보가 맡아야 할 영역이죠. 하지만 아직 거기까지 가기에는 워낙 버거운 상황이에요. 한국에는 워낙 저항적 민족주의의 성격이 강하게 남아 있는 면도 있고요. 결국 먼 얘기이기는 하지만 국민과 비국민의 경계를 해체하는 것이 역시 진보의 몫이라는 것은 분명하다고 보고요, 그것이 지금 특히 기후위기 문제라든지 코로나 사태를 통해서도 다시금 확인되는 것이 아니냐, 이런 생각을 하게 됩니다.

피케티도 이 점을 『자본과 이데올로기』에서 사민주의의 한계로 지적하고 있더군요. 사민주의 정권이 유럽과 북유럽 곳곳에 들어섰는데, 그들 모두 자국 내 이해관계에 머물러 국제적 빈부격차를 줄이지 못한 상황에 해외에서 이민자들이 막 들어오고 난민 문제가 발생하니까 사회가 전체적으로 우경화되었다고 말하고 있어요. 그 문제가 참 어려운 문제이지만 어렵기 때문에 의미 있는 문제일 수도 있다고 봅니다. 그걸 해결하는 건 진보정치의 몫이어야 하고, 그걸 해결하는 과정에서 결국 편안함을 추구하는 인간의 욕망과 부딪치게 되지요. 그걸 어떻게 극복할 것인가. 그래서 지난번에 잠깐 말씀드렸지만 '소유에서 관계로, 성장에서 성숙으로'라는 말이 진보의 주요 화두가 되어야 한다고 보고 있죠. '성장에서 성숙으로, 소유에서 관계로!' 제가 왜 '소유에서 관계로'라는 표현을 쓰냐면, 기후위기 상황 아래 자연과 동물을 소유의 대상이 아닌 대등한 관계로 봐야 한다는 점을 들 수 있겠지요. 지금까지는 철저히 소유, 착취, 지배, 정복의 대상이었는데 그 결과가 지금과 같은 기후위기로 나타나고 불평등 심화로 나타난다고 보기 때문이에요. 그리고 '성장에서 성숙으로'는 소유 이데올로기에 따라 그동안 성장에 집착했다면 관계는 성장하는 게 아니라 성숙해야 하는 것이므로.

희일 말씀에 이어서 더 확장하면, 확실히 한국 사회에는 GDP 이데올로기가 있어요. 한국만큼 세계를 바라보는 시야가 폐쇄적인 나라도 드물 것 같아요. 우리가 세계를 바라보는 시각은 거의 나르시시즘에 갇혀 있죠. 두유 노 강남스타일? 두유 노 김치? 두유 노 BTS? 두유 노 〈오징어 게임〉? 식민지와 압축적 근대화를 겪으면서 강한 국가에 대한 열망, GDP 성장에 대한 집착, 그리고 피해 민족주의에 여전히 닻을 내리고 있어요. 그러다 보니, 대통령을 비롯해 집권 여당 어느 누구의 입을 통해서도 다른 국가에 대한 이야기를 꺼내는 걸 본 적이 거의 없어요. 그건 진보진영도 마찬가지고요. 누군가 조사를 했대요. 한국 정치인들 입에서 다른 나라들 사정에 대해 이야기하는 비율을 조사했더니 정말 놀라울 정도로 없다는 거예요. 선진국이 됐다고 자화자찬하지만, 실상 세계와의 관계 속에서 우리를 성찰하는 과정이 아예 보이질 않는 거죠.

이게 중요한 이유가 선생님 말씀처럼, 소유가 아니라 관계를 지향하는 사회가 되어야 하기 때문이에요. 기후위기, 난민 문제 등 한국 사회가 글로벌 시야 속에서 책임 문제도 다채롭게 사유해야 해요. 가령, 지금 한국 1인당 탄소 배출량만 놓고 보면 세계 6위예요. 그야말로 탄소 악당. 탄소 악당이라는 게 다른 의미가 아니에요. 한국 자본주의가 이윤을 증식하기 위해 배출하는 탄소 때문에 3세계 어느 나라의 한 귀퉁이는 부서져 내리고 있다는 뜻이에요. 해수면이 상승해 삶의 터전을 잃거나 가뭄에 굶고 있다는 의미예요. 기후 문제는 세계의 문제라고 하면서, 기득권과 정치인들은 결코 세계의 풍경을 언급하지 않죠. 기후 문제뿐 아니라 채굴과 에너지 등 우리의 삶은 한 국가로 분리될 수가 없죠. 시민은 곧 세계의 시민이에요. 폐쇄적인 경계를 무너뜨려야 비로소 온전한 시민이 될 수 있다고 생각해요.

세화 개방성! 국민과 비국민 사이의 경계를 개방하는 것. 이것이 앞서 강조했습니다만 당연히 진보정치의 중요한 역할 중의 하나! 당연한 일인데 지금 워낙 약세인 데다가 시야도 좁고 그렇죠. 한국이 선진국이 됐다고 하지만…

프랑스의 대표적 일간지가 《르 몽드(세계)》잖아요? 한국에서 가장 진보적인 신문은 《한겨레》예요. 신문 제호가 상징적으로 차이를 말해주고 있죠. 《르 몽드》 같은 신문뿐만 아니라 텔레비전 뉴스를 봐도 세계 뉴스가 꽤 많아요. 우리 뉴스에서는 해외 소식은 가십 같은 그런 것 말고는 보기 어렵지요. 미국 소식은 그나마 좀 볼 수 있는 편이고.

희일 뭐만 터져도 막.

세화 미국에 홍수가 났다, 이런 얘기는 좀 하죠. 그런 정도고 그 외의 지역은 거의 볼 수 없는…. 1980년 5월에 제가 프랑스에 있었는데 광주 항쟁이 일주일 동안 프랑스 공영 TV의 톱뉴스였어요. 민중의 움직임, 세계의 움직임에 그대로 포커스가 가

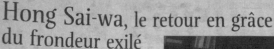

2004년 8월 27일자 《르 몽드》 1면에 실린 이라크 사태. 17면엔 파리에서 택시 운전사를 하던 난민 홍세화가 귀국하여 진보 성향의 한겨레신문사에서 일하고 있다는 기사가 "반항의 망명객, 귀환하다"라는 제목으로 실려 있다.

있는 거죠. 그들이 식민 종주국이었다는 점을 부정적으로 거
론할 수 있겠지만, 한국이 우물 안 개구리, 근시안인 것은 이
루 말할 수 없는 정도인 거죠.

희일 어느 순간 미얀마가 잊혔잖아요, 어떻게 됐는지도 모르고. 저
도 그렇지만 다 냄비들이야. 잠깐 와~ 하고, 바로 잊어버리잖
아요.

'세계의 시민'이 된다는 건 멋진 일인 것 같아요. 주체의 재구
성이잖아요. 우리가 온갖 사람들과 사물들과 유기적으로 연
결되어 있다는 걸 깨닫게 되는 거죠. 평등, 연대, 책임의 문제
를 전혀 다른 시각에서 좀 더 확장된 형태로 사유할 수 있어
요. 자본주의와 기득권에 편향된 사회에선 각 주체들을 '이기
적인 존재'와 '정치적 소비자'로 끊임없이 호명합니다. 그래야
관리가 편하니까요. 주식을 뼈다귀처럼 던져주면 우르르 달
려가고, 양당제 팻말만 걸어놔도 자기들끼리 싸우면서 다정하
게 두 길로만 걸어가죠. '시민'이란 거저 되는 게 아닌 것 같습
니다. 내가 모르는 사람들과 긴밀히 연결돼 있다는 걸 자각하
고, 서로 공통의 삶의 조건을 위해 연대할 때 비로소 시민이
출현합니다. 당연히 이런 시민 주체들이 많아지면 사회가 긍
정적으로 변하게 되겠죠. 진보정치의 관건 중 하나는 '시민의
탄생'입니다. 언젠가는 반드시 도래할 그 시민들 말이에요.

교육은 우리를
어떻게 배신해 왔는가

#구조화된 불평등 #계층화 #능력주의와 공정 담론의 배신

#불평등의 합리화 #계급이 학벌을 규정하는 시대

 #공교육 파행 #인적 자본주의 심화 #대물림을 은폐하는 교육

#학교 등급과 사회적 등급 #자기를 배반하는 의식과 관성

#한국 교육의 역사적·제도적 질곡 #시민 실종 #교육혁명

#대학평준화 #대학무상화 #교육의 공적 기능 회복

불평등을 합리화하는 능력주의와 공정 담론

홍세화(이하 '세화') 제가 태어나서 생전 처음으로 부른 노래가 동네에서 배운 노래인데요, 제가 창경국민학교 다녔어요. 그 학교 학군 중에 낙산이 들어 있었어요. 1950년대 중반, 부산으로 피난 갔던 분들이 휴전이 되니까 먹고살 길을 찾아 서울로 왔는데, 살 만한 곳이 없으니 곳곳에 판자촌을 형성했어요. 낙산도 그중 하나였어요. 그 지역 학군이 서쪽은 창경국민학교, 남쪽은 창신국민학교였지요. 부근에 혜화국민학교와 효제국민학교가 있었어요. 혜화국민학교는 그 당시 혜화동에 있었는데 잘사는 동네였고, 효제국민학교는 주로 동대문시장, 평화시장의 상인층 자식들이 다니던 학교예요. 제가 창경국민학교 들어가기 전부터 불렀던 노래가 있어요. 여섯 살쯤부터? 제가 여덟 살에 학교 들어갔으니까… 동네 형들 쫓아다니면서 막대기 하나 어깨에 걸고 제식훈련을 했거든요. 맨 꽁무니에 어린놈이 동네 형들 따라 발자국 맞춰 쫓아다니면서 부른 노래죠. 반세기가 훨씬 지난 지금, 아직도 기억하고 있는… 이런 것이었어요. "창경! 창경! 거지 떼들아, 깡통을 옆에 차고 혜화학교로!" 그 노래 박자에 발을 맞춰서 제식훈련 흉내를 냈던 거지요. 그다음 가사가 "창경! 창경! 거지 떼들아, 깡통을 옆에 차고 효제학교로!"였지요. 창경국민학교 아이들이 가난했으니까 노래에 그 정서가 반영된 거라고 할 수 있겠지요.

아무튼 창경국민학교 졸업생 둘이 경기중학교로 갑니다. 제가 6학년 1반 반장이었는데, 그 반 학생 수가 84명이었어요. 그때는 남녀가 분리되어 있었는데 1반부터 4반까지는 남자반이었고 5, 6, 7반은 여자반이었어요. 6학년 3반 반장이 정운찬이었는데, 저하고 정운찬 둘이 경기중학교에 들어갔던 거죠. 이후 두 사람의 향방이 달라졌는데 그 배경에 대해선 간단하게 말하기 어려울 것 같아요. 정운찬은 나중 이명박 정권 때 총리가 되었지요. 그 전에 서울대 총장도 지냈고요. 그가 총리로 있던 시절에 작은 에피소드가 하나 있어요. 정 총리가 당시의 용산 참사 문제를 해결하겠다고 약속했어요. 그 자신이 가난한 서민층 출신인 데다 심성도 착한 사람이어서 그의 본심에서 나온 약속이었다고 믿어요. 하지만 지지부진한 상태

'용산 참사 해결 촉구' 총리 공관 앞 1인 시위 ©이상엽

로 시간이 흘러가자, 시민사회 단체에서 1인 시위를 조직했어요. 저는 '학벌 없는 사회' 공동대표 자격으로 참여하게 됐는데 총리 공관 앞에 서게 됐지요. 여당 당사 앞이나 국회 앞에서 1인 시위를 하는 사람도 있었는데 하필이면 총리 공관 앞에서 한 시간 동안… 그때 사진이 남아 있는데. 정 총리를 만나지는 못하고 경찰들이 둘러싸고 있어서 피켓을 들어 올리느라 무척 힘들었던 기억이 남아 있어요.

요컨대 우리 세대만 해도 개천에서 용 날 가능성이 아주 높지는 않지만 그래도 가능했었다는 거예요. 당시엔 대부분의 사회 구성원이 가난했고, 부유한 사람들의 부의 크기도 지금에 비하면 범접 못 할 수준은 아니었다고 할 수 있어요. 지금은 개천에서 용 나기가 로또 1등에 당첨될 만큼 어려운 데다, 부모들 사이의 부의 격차가 워낙 크게 벌어져 있기 때문에 자식이 아무리 노력해도 부모들 사이에 존재하는 부의 격차를 따라잡을 수 없을 만큼 계층화가 공고해지고 있다는 겁니다. 그렇다면 구조화된 불평등을 가장 중요한 문제로 제기해야 하는데, 능력주의를 주로 얘기하고 있고, 공정을 얘기하고 있어요. 저는 능력주의나 공정 담론이 불평등을 합리화하는 기제가 되고 있다고 봅니다.

이송희일(이하 '희일') 선생님, 그 '학벌 없는 사회'는 지금 잠정적으로 해산된 것 같기는 한데, 처음 시작했을 때 느끼셨던 것과 그 이후에 느끼신 게 다를 것 같아요. 그거 시작하실 때 마음은 어떠셨고, 그것을 잠정적으로 정리하게 됐던 사연도 말씀해 주시면 좋을 것 같아요.

세화 저는 안타깝게 생각했지만 젊은 회원과 활동가가 참여하지 못하는 현실적 문제가 컸어요. 광주에는 아직 남아 있어요. 당시 해산키로 결정하게 된 가장 중요한 이유는 '지금은 학벌에 의해서 계급이 규정되는 시대가 아니라 계급에 의해서 학벌이 규정되는 시대'라는 거였어요. 뒤바뀌었다는 거죠. 그러니 학벌보다 불평등 문제에 집중해야 할 시점이라는 주장이었죠. 여전히 한국 사회에서는 학벌이 차지하는 비중이 크죠. 예를 들면 "너 어느 대학 나왔어?" 이 말이 갖는…

희일 상징적인 게 있죠.

세화 심각하죠. 돌이켜 보면 학벌 문제와 함께 갔어야 했던 게 아닌가 싶기도 해요. 그런데 앞서 말씀드린 대로 젊은 활동가가 충원되지 않았던 현실적인 이유가 있었어요. 새 회원 확보도 잘 안되고 몇몇 젊은 활동가가 있었는데 모두 알바를 해야 했어요. 알바를 하면서 활동을 지속하기가 버거웠던 거예요. 활동가의 역량이 소진되는 상황. 어쩌면 그게 해산 쪽으로 가게 했던 결정적인 원인이었던 것 같아요. 광주는 지역 기반이 튼튼한 편이고…

희일 처음에 그 운동을 시작하게 된 배경이 어땠나요?

세화 그에 대해선 제가 아직 귀국하기 전에 벌어진 일이라 정확히
는 모릅니다. 귀국하니까 곧바로 김상봉 교수가 권유하여 동
참하게 됐어요. '학벌 없는 사회'의 역사는 산파 역할을 했던
김상봉 교수가 잘 알고 있죠.

희일 초대 공동대표를 하신 게 아니었나요?

세화 저는 만들어진 지 1년 뒤인가 귀국을 했고, 연세대의 홍훈 교
수님과 공동대표를 맡게 되었어요. 실제로는 김상봉 교수가
주도했던 단체였고 채효정 씨 등이 열심히 활동했었죠.

희일 지금도 '교육공동체 벗'에서 글도 쓰고 활동하고 있더라고요.

세화 편집위원장일 거예요.

희일 직함은 정확히 모르겠는데.

세화 경희대 사이버에서 쫓겨나고.

희일 그것 때문에 몇 년을 시위하고 아프고.

세화 거리 강연하고, 캠퍼스에서.

희일 '학벌 없는 사회' 운동 전과 후, 그래도 많은 변화가 있었어요. 예를 들면, 사소한 것일 수 있는데, 선생님은 페이스북을 안 하시잖아요? 페이스북 계정을 제가 2014년도에 만들었는데 그때 한참 유행했던 게 뭐냐면, 프로필 학력란에 "학력 차별에 반대하는 이유로 저는 학교를 기재하지 않습니다."라는 문구를 넣는 거였어요. 지금까지도 많은 분들이 그러고 있어요. 당시 『해리포터』 책이 유행이었잖아요? 그래서 출신 학교를 기재하지 않는 대신에 호그와트 마법학교를 나왔다고 적는 분들이 꽤 많았어요. 재미있는 현상이잖아요? 어쨌든 학벌 문제의 심각성을 알았기 때문에 각자의 계정에 그렇게 신경을 썼던 거겠죠. 지금도 나름 진보적인 분들의 계정에 가보면 학력을 기재 안 해요. 그렇게 기재 안 하는 분들에게 애정이 가더라고요.

한국의 교육 현실에 인문학적 슬픔 느껴

세화 (웃음) 제가 교육 문제에 지대한 관심을 갖게 된 데에는 두 아이를 통해 프랑스의 교육을 보게 된 경험이 크게 작용했어요. 두 아이는 유치학교부터 대학원까지 프랑스의 공교육 과정을 거쳤어요. 저 자신 한국에서는 이른바 KS라는, 학생으로서는 특혜층으로 한국의 교육을 경험한 반면에, 프랑스에서는 이주 노동자, 난민의 자식인 두 아이를 통하여 프랑스의 교육을 지켜보게 됐던 거죠. 다양한 지점과 층위에서 질문이 생겼어요. 결국 한국은 분단체제 아래 일제강점기의 유제를 극복하지 못하는 등 정상적인 네이션 스테이트Nation State, 즉 국민국가의 내실로서 공공성이나 시민 형성이 제대로 되지 않은 곳에 경쟁지상주의와 신자유주의가 덮치면서 공교육의 파행이 심각한 수준에 이르게 되었다고 봅니다. 가령 한국에서도 학생, 교사, 학부모를 교육의 세 주체라고 말하고 있긴 합니다만, 주체라기보다는 대상이라고 보는 편이 더 진실에 가깝습니다. 먼저 철학 교육의 예를 들 수 있겠어요. 그들은 고3 때 집중적으로 철학 교육을 하는데, 예를 들면 재작년 바칼로레아 Baccalaureat(논술 및 철학을 필수로 하는 프랑스의 대학 입학 자격시험) 철학 문제 하나가 "시간에서 벗어날 수 있는가"라는 질문이었어요. 고3 학생들이 이런 물음들을 만나고 자기 생각을 피력하는 겁니다.

최근에 제 지인 한 분이 프랑스의 교육을 보고 인문학적 슬픔을 느꼈다고 말했는데 그의 말에 공감했습니다. 나만 그랬던 건 아니었구나, 하는 생각이 들더라고요. 그가 예로 들었던 건 프랑스 고등학생들이 칸트의 「'계몽이란 무엇인가'에 대한 질문에 답함」이라는 글을 만나고 있더라는 것이었어요. 계몽이란 무엇인가? 그것은 미성숙에서 벗어나 성인(成人, 성인聖人이 아니고)이 되는 것으로, 옳고 그름을 구분할 줄 알고, 진실과 거 짓을 구분할 줄 알며, 자기 건강은 스스로 건사할 줄 아는 것. 대략 이런 내용인데 계몽이란 이 세 가지를 미성숙 상태에서 벗어나게 하는 것이라는 거죠. 1781년에 쓴 글인데, 고등학생 들이 이런 글을 읽고 토론하는 것으로 교실 분위기를 알 수 있 었던 거죠. 한국 학생들의 인문학적 소양 수준을 보면 차이를 느낄 수밖에 없는데, 저부터도 그런 교육의 혜택을 받지 못한 것에 인문학적 슬픔이 밀려오는 것을 어쩔 수 없었던 겁니다. 웃픈 얘기인데 제 고교 동창 중에 '태극기 부대' 시위에 나서 는 걸 자랑스럽게 말하는 사람, 문재인 정권을 '좌파 빨갱이 정권'이라고 서슴없이 말하는 사람이 적지 않아요. 교육 엘리 트층이라고 별다를 수는 없겠지만, 그럼에도 잘못된 교육이 얼마나 엄중한 결과를 낳는지 끊임없이 반추하게 됩니다. 저 는 두 아이가 중학교 때나 고등학교 때 글쓰기를 하는 것을 보면서 한편으로는 흥미롭고 부러웠고, 다른 한편으로는 슬프 고 화가 났어요. 중3때 모의 노사협의를 하고, 고2 때 글쓰기 과제 중에 "노동조합이 민주주의 발전에 미치는 영향에 대해 쓰시오." 같은 게 있는 걸 보면서요. 그런 공부를 하는 사회에 서도 극우 정치세력이 이주노동자와 난민 등 문제를 실업 문 제와 연결·부각하여 30퍼센트에 육박하는 지지율을 얻고 있 는데, 한국에서는? 자연스레 이런 물음이 나오는 거예요. '선 진국'이니 '글로벌 스탠다드'니 이런 얘기를 하지만…

희일 한국의 경우, 압축적인 근대화 과정을 겪으며 인적 자본주의가 심화된 측면이 크게 작용한 것 같아요. 오죽하면 예전엔 상아탑을 우골탑이라고 불렀잖아요. 교육이 시민으로서의 교양과 철학을 위해 존재했다기보다 그저 자본의 확대재생산을 위한 노동력 공급 과정으로 기능해 온 거죠. 회사와 공장을 계속 가동하는 데 부품처럼 사람을 쓰기 위해서 말이죠.

프랑스의 예를 말씀하셨는데, 제가 90학번이에요, 사회학과. 1학년 때 중간고사 문제 때문에 학과가 난리가 난 적이 있어요. '노동사회학' 수업이었는데, 시험 문제가 주관식으로 딱 하나가 나왔어요. "1987년 이후의 노동운동에 대해 논하시오." 동기들 대부분이 황당해했어요. 왜냐하면 경험한 적이 없으니까. 다들 관련 강의 서적만 달달 외워 왔는데, 난데없이 주관식 문제 하나만 달랑 나온 거죠. 다들 얼굴이 붉으락푸르락 난리가 났더라고요. 동기 중 한 녀석은 아무 말도 못 쓰다가 이렇게만 달랑 적고 나왔어요. "우리 아버지가 소 팔아서 학교를 보냈는데, 이런 시험 문제나 나오네요." 황당하죠. 저를 포함해서 운동권 동기 서너 명만 뭔가 신나게 시험지를 채웠던 기억이 나네요. 나머지는 절반도 채우지 못한 시험지를 제출하고 나서 다들 분통을 터뜨렸던 기억. 그래도 다른 학과에 비해 꽤 개방적인 분위기라고 생각했는데도 그랬어요. 주입식, 암기식 교육을 내내 받다가 주관식 문제 하나 때문에 단체로 충격을 받은 거지요.

서구 사회의 충격적인 연구 결과_
교육이 대물림을 은폐하는 수단으로 작용!

세화 사회학과 출신이라고 하시니까 이런 얘기를 해볼까요? 2차
대전 이후에 프랑스를 비롯한 유럽의 교육사회학자, 특히 좌
파 학자들이 지대한 관심을 갖고 추구했던 질문 중에 '교육을
통해서 계층 이동이 가능한가'가 있었어요. 교육을 통해 계
층 순환이 이뤄질 수 있느냐. 그 연구에 피에르 부르디외 같
은 학자가 참여했던 거죠. 20년간의 연구 결과는 비관적이었
어요. 교육을 통하여 계층 이동은 일어나지 않고 교육은 다
만 대물림을 가려주는, 합리화하는 과정에 지나지 않는다는
거였죠. 기업가의 자식 기업가 되고 부자의 자식 부자 되듯
이, 변호사의 자식 변호사 되고, 의사의 자식 의사 되고, 광부
의 자식 광부 되는 식으로 대물림되는데, 교육이 그것을 가려
주는 역할을 한다는 겁니다. 마치 교육을 통하여 걸러지는 것
처럼, 그래서 경쟁에서 이기면 된다는 식으로, 누구에게나 기
회가 있는 것처럼 합리화하는 과정이라는 거였죠. 1960년대
에 나온 결론이었어요. 이 결론과 1968년 5월의 변혁적인 국
면이 결합돼서 프랑스 대학이 완전 평준화되고, 바칼로레아
의 수준을 대폭 낮춰서 노동자나 서민들의 자식도 대학에 가
게 하는 대학 교육의 대중화를 이루게 되었죠. 여전히 엘리트
교육, 그랑제꼴grandes écoles(프랑스 고유 학제로 일종의 대학이

지만 졸업 후 석사학위가 나오는 등 특혜가 주어진다. 소수의 엘리트에게만 입학을 허용한다.) 같은 문제가 남아 있지만요. 최근에 마크롱 정부가 국립행정학교(ENA)를 없애겠다고 했다네요. 아무튼 피에르 부르디외 같은 학자들에 의한 연구 작업들, 『재생산(reproduction)』이라는 책이 나오고 '지적 인종주의'라는 개념도 나왔죠. 'reproduction'을 '재생산'이라고 옮기곤 하는데 마치 물건을 계속 생산한다는 느낌이 들어서… 저는 '대물림'이라고 옮기고 싶어요. 그들은 그런 개념과 진단을 반세기 전에 했던 것이죠. 대물림된다면 그 결과로 나타나는 불평등을 어떻게 완화시킬 것이냐가 싸움의 내용이 될 수 있겠지요. 그런데 우리는 여전히 '경쟁은 누구한테나 열려 있으니까 불평등을 해소하는 것은 네 능력에 따른 것'이라고 주장한다는 거죠.

비근한 예가 문재인 대통령도 인용한 "기회는 평등할 것이며, 과정은 공정할 것이며, 결과는 정의로울 것입니다."라는 말입니다. 절대로 그렇지 않지요. 기회는 애당초 불평등하고 과정은 경쟁으로 포장됐을 뿐이고, 그래서 평등한 기회와 공정한 과정이란 말은 불평등을 합리화하는 수사에 지나지 않아요. 기회는 애당초 불평등해요. 자식이 자기 부모를 선택할 수 있나요? 자기 부모를 강남에 있는 부모로 선택할 수 있나요? 아니지요. 두뇌의 용량이나 아이큐를 선택하여 태어날 수 있나요? 어림도 없죠. 지금의 암기 위주 학교 수업 과정이나 평가 방식을 볼 때, 구체적인 수치는 얘기할 수 없지만, 가령 아이큐가 110인 아이가 130인 아이를 아무리 노력해도 따라잡을 수 없다고 봅니다. 그런데 계속 "하면 된다!"라고 얘기하면서 모든 학생들을 끝없는 경쟁의 늪에 빠뜨리고 있는 것인데, 그런 교육이 기회의 불평등이 결과의 불평등을 낳는 대물림 구조를 가려주는 역할을 하고 있다고 보는 거죠.

그게 벌써… 제가 파리에 있을 때니까… 프랑스 리옹 지역에서 원단을 소규모로 생산하는 여성 기업인과 만난 적이 있어요. 애가 셋인 분인데, 한국에 다녀오더니 저에게 "네 나라는 망가질 거야."라고 해요. 네 나라는 혁명이 필요하다면서 아이들을 어떻게 그렇게 학대할 수 있냐고 하더라고요. 자기도 엄마인 터라 한국 방문 동안 아이들에게 관심이 갔던 거예요. 그런데 아이들이 잘 안 보이는 거야, 아이들이. 도대체 아이들이 다 어디 갔나? 안 보이니까. 이 아이들이 다 학원 가 있고, '0교시'라는 게 있다는 얘기까지 들은 거죠. 미쳤다는 거예요. 광란! 이른바 진보 교육감이 등장하면서 그때보다는 나아졌다고 할 수 있겠지만 여전히 광란 상태에 있어요. 이 광란 상태가 앞서 말씀드린 대물림을 가려주는 놀라운 구실을 하고 있는 겁니다. 그나마 우리 세대에는 아직 계층화가 이루어지기 전이라 피라미드 구조의 크기 자체가 워낙 작았고, 피라미드의 상층 부분이 일제가 물러나면서 비게 되었고, 또 전쟁으로 흔들렸어요. 피라미드 크기 자체가 아주 작았는데, 압축

성장이라는 엄청나게 빠른 속도로 피라미드가 엄청나게 커졌고, 그래서 전에는 상층에 끼어들 수 있는 길이 소 팔아 대학 보낸 농민의 자식에게도 있었지만 이제는 끝났단 말이에요. 피라미드 크기도 커지지 않을 뿐 아니라, 상층에 있는, 현재 상층을 차지하고 있는 이들이 자기 자식에게 대물림할 수 있도록 모든 수단을 다 동원하죠. 그걸 여실히 보여준 게 조국 사태예요. 상황이 이런데 하층에 있는 사람이 아무리 노력을 한다고 해도 상층에 올라갈 수 있겠어요? 어림도 없죠. 애당초 머리 좋게 태어나기부터 어렵고요. 피에르 부르디외에 따르면, 부모를 선택할 수 없다는 것이 어떤 의미가 있느냐? 이미 유복한 집안의 경우, 자식의 지능은 부모의 경제적 자본과 문화 자본에 통합된 형태로 부모로부터 물려받는다는 것입니다. 다시 말해, 변호사나 의사가 된 사람들의 자식은 부모의 경제적 자본뿐 아니라 그들의 문화 자본에 병합된 형태로 지능까지 물려받는다는 겁니다. 그렇게 태어나니까 앞으로는 개천에서 용 나는 사례를 보기 어려워진다는 거죠. 정운찬 씨 같은 경우는 계층화가 이루어지기 전이니까 그나마 가능했지만, 앞으로는 볼 수 없다는 거예요. 이게 대물림인데, 그럼에도 아직 희망 고문과 같은 잔상이 남아 있어서 그 틈을 능력주의나 공정 담론이 비집고 들어오고 경쟁지상주의가 횡행한다고 봅니다.

희일 선생님은 서울에서 태어나신 거죠?

세화 서울에서 자랐고요.

희일 계층이라고 하는 게 소득이나 자산만 가지고 구별되는 건 아
니라고 생각해요. 지역 간 편차도 존재하죠. 제가 고등학교를
다닌 게 1980년대 후반이에요. 초등학교와 중학교를 깡촌 시
골에서 다녔어요. 학교 끝나고 돌아오면 여물 썰어야 하고, 고
구마 캐야 해서 공부할 시간이 별로 없었죠. 그래도 희한하게
중학교 때까지는 공부를 잘했어요. 거의 전교 톱이었어요. 그

래서 유학을 갔어요. 한 해 졸업생이 250명쯤 되는데, 거기에서 두세 명 정도는 전주에 있는 고등학교로 갈 수 있었어요. 그런데 첫 시험을 치자마자 바로 절망했죠. 반에서 중간 성적밖에 못 받았어요. 그런 성적을 받은 적이 그때가 처음이어서 꽤나 충격을 먹었죠. 저처럼 시골 중학교에서 올라온 애들이 대부분 그랬어요. 정말 극소수의 머리 좋은 친구들 빼고, 저처럼 처음 성적을 받아 들고는 하얗게 얼굴이 질리죠. 그때 깨달았어요. 애네들이랑 도저히 경쟁이 안 되겠구나. 그 박탈감을 단지 성적만 가지고 느꼈던 게 아니에요. 매끈하게 잘 차려입은 도시 친구들, 하얀 손과 얼굴들. 큰 격차가 존재하더라고요. '개천에서 용' 나는 게 쉬운 게 아니었어요. 말하자면, 계층화라고 하는 게 지역 간에도 있는 거예요. 공간적 차이 말이에요. 도시/시골, 소도시/대도시.

세화 서울도 강북/강남.

희일 강남 쪽에 있는 부유층들이 노른자위고, 그 나머지는 주변화되거나 배제되는 구조죠.

세화 점점 더 심해지고 있죠. 과거에는 가령, 경기중학교에서 경기고등학교 진학할 때 시험 보고 들어갔는데 70~80퍼센트 정도는 본교 출신이 진학했고, 20~30퍼센트 정도는 전국에서 왔어요. 전주에서도 왔고 광주에서도 왔고, 대구·부산에서도 왔어요. 그때만 해도 그랬는데, 지금 같으면 다 서울이고, 그 중에도 강남이겠지요.

희일 지역에서 경쟁을 해서 서울대를 오긴 하는데, 이 비율이 점점 줄어들고 있대요.

세화 심해진다는 것을 저도 느껴요. 제주에서도 왔고 각지에서 와 서 같이 다녔는데 격차가 없었거든요. 지방에서 온 학생들이 더 뛰어난 점도 있었고요. 지금은 학원가를 비롯하여 이구동 성으로 서울과 비서울 사이의 격차가 크게 벌어져 있다고 말 해요. 서울도 강남과 비강남으로 나누어지고.

자본주의 체제에서 능력주의는 승자 독식의
이데올로기로 기능...학교 등급이 사회적 등급으로
내면화되는 참상 끔찍해

희일 이십 대 초반에 스탕달Stendhal의 『적과 흑』을 되게 좋아했어 요. 〈젊은이의 양지〉를 비롯해 수많은 영화와 드라마들이 이 소설을 다양하게 변주했죠. 주인공 쥘리앙 소렐은 야망과 지 적인 능력을 갖고 있는 청년이잖아요. 재산도 없고 신분이 낮은데 사회적 지위를 갖기 위해 고군분투하는 이야기. 사실 능력주의라고 하는 게 자원을 독점하고 있던 귀족 사회에 대한 부르주아의 도전 이데올로기였거든요. 발자크 소설 속의 주인공들도 마찬가지고요. 지적 능력과 영특함을 갖춘 청년들이 개천의 용이 되기 위해 신분제 사회를 돌파하려는 안간힘과 허위의식을 다루고 있죠. 18세기만 하더라도 부르주아의 능력주의는 귀족 체제에 대한 안티테제로서 나름 진보적인 측면이 있었어요. 하지만 신분제 사회가 몰락하고 자본주의가 발달하면서 능력주의는 이제 승자 독식을 위한 강력한 이데올로기로 기능하게 된 거죠. 능력이 없으면 도태되어야 한다는 강력한 믿음의 체계.

세화 능력주의… 쥘리앙 소렐 말씀하셨지만 레날 부인하고, '적'과 '흑'이라는 색깔 자체가 하나는 군대고 하나는 성직자잖아요? 출세할 수 있는 길이, 귀족이 아닌 똑똑한 자가 출세할 길이 그 길이었다는.

'메리토크라시meritocracy', 즉 능력주의라는 말이 영국에서 처음 나온 지는 오래되지 않은 걸로 알고 있어요. 원래는 신분적인 것이 아니라 능력에 의해서 인재를 발탁한다는 것으로 처음에는 주장에 긍정적인 면이 없지 않았는데, 지금 한국에서 말하는 능력주의는 철저하게 계층화된 상황에서 대물림을 가려주고 있어요. 그러면서 불평등을 수용하게끔 하는. 대학 서열화도 마찬가지고, 지금 고등학교 학생들에게 등급을 매기고 있잖아요? 1등급부터 9등급. 소고기 등급 매기는 것도 아니고 미성년자인 학생들에게 이런 행위를 교육의 이름으로 행하고 있다는 것에 저는 이루 말할 수 없는 비감과 분노를 느낍니다. 그러면서 이런 생각이 들지요. '능력주의나 특히 지금 젊은 세대들이 얘기하는 공정이 뭘까'라는 물음에 대해 생각해 본 것인데요, "나는 고등학교 때 3등급이었는데 지금 비정규직이야. 쟤는 4등급이었는데 어떻게 정규직이 돼?" 이런 논리의 속내가 공정이라는 것이에요. 서열화된 대학과 마찬가지로 등급이 내면화되어 있어요. 등급이 학교에 머물지 않고 한국 사회로 확장되어 적용되는 거지요. 내 등급이 2등급이나 3등급이면 1등급한테는 져주지만, 4, 5등급한테는 내가 왜 그들보다 뒤떨어져? 그럴 수 없잖아! 그래서 인천국제공항 같은 곳에서 "4등급인 저 사람들을 시험도 안 치르고 정규직으로 해줘?" "너 어느 대학 나왔어?"라고 묻고 "아, 그래. 그러면 한국 사회에서 네 자리는 그쯤이야."라고 규정하는 데 멈추지 않고 각자가 자기 위치를 스스로 규정하도록 이끌었다고 보는 겁니다. 우리는 각자 가고 싶은 학교와 학과를 선택하는 게 아니고 성적에 의해서 선택되는 거잖아요. 이런 구조에서 자기 위치를 스스로 규정한다는 것, 이게 끔찍하지 않나요? 이런 사회에서는 자기 성숙의 모색이 죽어버려요. 이미 자기 위치가 규정되었으므로. 게다가 모두가 일찍부터 이미 지

처버렸어요. 우리는 대기만성형 인간을 기대하기 어려워요. 노벨상이 준거가 되지는 않겠지만 앞으로도 쉽지 않을 거예요.

희일 선생님, '빌거', '휴거' 이런 말 아세요?

세화 알죠. 빌거, 빌라에 사는 거지. 휴거, 휴먼시아 임대아파트에 사는 거지.

희일 '이백충'은요?

세화 한 달에 이백만 원밖에 못 버는 거지. 삼백충도 있지요.

희일 얼마 전에 제 여동생과 잠시 입씨름을 벌인 적이 있어요. 피에르 부르디외가 얘기했던 것처럼 계층 간의 '구별 짓기'는 내재적인 것이 아니라 차이를 드러내기 위해 외재적인 방식으로 작동하잖아요. 간만에 만나 수다를 떠는데 여동생이 그런 말을 하더라고요. 초등학교 다니는 자식들한테 명품 사주는 게 부담스럽다는 거예요. 그래서 물었죠. "명품을 왜 사줘, 애들한테?" 그랬더니, 명품 옷을 안 입으면 학교에서 무시당한다는 거예요. 그래서 어쩔 수 없이 지출을 할 수밖에 없다고 하더라고요. 우리는 참 이상한 세계에 살고 있어요. 초등학교 때부터 옷, 아파트 평수, 거주지, 부모의 소득에 따라 이미 구별 짓기가 철저하게 이루어지잖아요. 그리고 중학교, 고등학교로 넘어가면 학원과 사교육, 논문 공저자를 비롯해 각종 스펙 쌓기 등 계층 간에 격차가 더욱 벌어지게 되는 거고요. 개천의 용이란 말은 이제 의미가 없어진 것 같아요. 낙타가 바늘귀 들어가는 것만큼 계층 이동이 힘들어진 거죠.

박근혜 정국 때 정유라가 얘기한 말이 있잖아요. 현재 한국의 모순에 대해 가장 날것의 무의식을 드러낸 거라고 봐요. "능력 없는 부모를 원망해. 돈도 실력이야." 당시에 사람들은 이 말에 크게 분노했지만, 사실 틀린 말이 하나 없죠. 외려 정확한 표현, 진실의 증언. 뼛속까지 찌들어 있는 한국 사회의 능력주의에 대해 이보다 더 명확한 증언이 어디 있겠어요. 부모의 돈과 백그라운드 자체를 능력으로 생각하는 거죠. 너무 당연하게 여기는 거예요. 그때 이대생들이 시위하는 걸 보면서도 갸우뚱했어요. 정유라 입시가 자신들의 공정성을 훼손했다고 시위를 하는 건데, 문뜩 공정이란 무엇일까, 그런 의문이 드는 거예요. 명문대에 입학하려고 부모의 돈, 백그라운드, 문화적 자본, 사회적 자본 등 보이는 것과 보이지 않는 것까지 다 투입됐을 텐데, 과연 그것은 공정한 걸까. 정유라의 입시 부정은 불공정한 것이고, 출발선 자체가 다른 우리 사회의 불평등은 과연 공정한 것일까. 부모의 백그라운드가 없는 저소득 계층의 자식들 눈에 비싼 사교육을 받은 명문대 학생들의 공정 타령은 과연 공정한 걸까. 최하위 계층의 경우 70퍼센트 이상이 명문대 들어갈 확률이 아예 없다는데 말이죠.

그리고 탄핵 정국 때 또 한 가지 의문스러운 게 있었어요. 탄핵 과정 자체가 공정 타령을 하고 있는 우리 사회의 모습과 겹쳐 보인다는 거예요. 왜 우리는 선출되지 않는 비선의 권력에는 그렇게 분노하는데, 한국 사회의 지독한 불평등에 대해서는 외면하는 걸까. 사회적·경제적 비선 세력들, 공정한 대가를 지불하지 않고 사회적 부를 사유화하는 그 진짜 비선 실세들에 대해서는 왜 분노하지 않는 걸까. 투표라는 게임의 룰이 비선출 권력에 의해 오염됐다고 분노했던 게 혹시 능력주의의 또 다른 버전이 아닐까 하는 의심이 들더라고요. 마치 우리가 부정 입시에만 그렇게 열을 내고 분노하는 것처럼 말이죠. 점점 심화되고 있는 불평등과 양극화에는 그다지 관심이 없는데, 줄곧 공정, 공정, 공정을 외치는 모습과 흡사한 것처럼 느껴졌어요.

조국 사태도 마찬가지라고 생각합니다. 엊그제인가 기사를 봤더니 서울대 교수들이 연구 논문에 자기 자식이나 친구 자식들의 이름을 올리는 케이스가 상당수 발견됐다고 하더라고요. 의학 논문의 경우는 40퍼센트나 된대요. 말 그대로, 자기들끼리 스펙 품앗이를 정말 열심히 하고 있는 거죠. 조국 사태는, 보수적이든 진보적이든, 우리 사회 최상위층 계층이 어떻게 자신들의 자원을 편법적으로 이용하고 부를 대물림하는지 적나라하게 보여줬잖아요. 그런데도 "다들 그러고 사는 거 아니었어?"라고 말하는 민주당 기득권 세력의 태도 때문에 많은 사람들이 분노했던 거고요. 그리고 당시 조국의 도덕성을 비판하기 위해 시위를 하던 학생들도 마찬가지예요. 이대생들과 마찬가지로 '순수한 입학생'을 강조하며 자신들의 게임 룰이 오염됐다는 것만 강조하지 결코 사회적 불평등에 대해서는 분노하지 않아요. 또 그들이 무임승차한 그 불평등이라는 기차에 대해서는 일절 언급을 안 하죠. 무섭도록 다함께 입을 다물죠.

그런데 어떤 분이 또 그렇게 진단하더라고요. 우리가 능력주의라는 이데올로기를 비판하고는 있지만 우리도 사실 능력주의 이데올로기에 사로잡혀 있는 것은 아닐까? 능력주의를 문제 삼는 것보다 차라리 자본주의가 문제라고 이야기하는 게 낫지 않을까? 일정 부분 동의해요. 이데올로기 비판도 당연히 긴요하지만, 불평등과 실제적 모순들을 드러내는 것이 보다 현명한 전략 같기도 해요.

세화 우리 교육의 문제점… 저는 이런 생각을 해요. 저는 종종 '익숙해지는 것을 경계해야 한다'는 말을 해요.

희일 익숙함에 살해당한다. 브레히트Bertolt Brecht도 그 비슷한 이야기를 했죠.

세화 아 그래요? 익숙해지는 것에 대해 경계해야 한다! 나쁜 것에 익숙해지면 차차 그것을 덤덤하게 받아들이게 되고, 그러면 더 나쁜 것을 아무 저항 없이 받아들이게 되고, 또 그 나쁜 것에 익숙해지면 그보다 더 나쁜 것을 아무 저항 없이 받아들이게 되고, 또 익숙해지고…. 지금 한국의 교육 현실이 그렇게 됐다고 보는 겁니다. 앞에서도 잠깐 말씀드렸지만 미성년자인 아이들, 학생들에게 소고기 등급 매기듯 1등급, 2등급 등으로 등급을 매기는 건 인문학적 토대가 있는 유럽에서는 교사뿐만 아니라 학부모들조차도 학생들도 그렇고 상상하기 어려운 일이거든요. 미성년자에게 석차를 주지 않아요. 석차가 없어요. 제 아이들은 한 번도 석차를 받은 적이 없어요. 성년이 된 다음에는 자신이 책임을 져야 하니까 석차를 주기도 해요. 우리와는 반대 상황이죠. 아이들한테 상처를 주면 안 된다는 인권적·교육적 측면에서도 석차나 등급을 주지 않지만, 학문적 측면에서 석차나 등급을 매기는 게 불가능하다고 보는 겁니다. 절대평가는 할 수도 있지만 상대평가를 어떻게 정확히 할 수 있느냐는 거죠. 수학이나 자연과학 같은 정밀과학의 경우에 군이 석차나 등급을 매겨야 한다면 그럴 수도 있지만 인문사회과학은 불가능하다는 겁니다. 학생들한테 글쓰기하고 토론을 하게 했는데, A보다 B가 얼마나 더 잘했다고 어떻게 정교하게 평가할 수 있겠어요. 그래서 인권적·교육적 측면에서도 하지 않지만 학문에 충실하기 위해서도 안 하는 거예요. 대학입학 자격시험에도 합격/불합격으로 구분할 뿐, A 학생은

1등급, B 학생은 3등급, 이렇게 평가할 수 없다는 거예요.

우리는 등급 매기는 걸 아주 당연하게 받아들이고 있고 그것에 익숙해졌어요. 나쁜 것에 계속 익숙해진 결과지요. 좋은 것에 익숙해지면 어떻게 될까? 그게 차차 당연시되죠. 그 대상에게 고마워하기보다 조금만 삐끗해도 화를 내는 상황이 벌어지기도 합니다. 더 좋은 것 없나 두리번거리고. 인간관계뿐만 아니라 제도에 대해서도 그런 위험이 있는데, 우리 교육 문제는 정말 심각한 수준에 있음에도 조금도 충격을 받지 않을 만큼 익숙해졌다는 겁니다, 사람들이 다.

저는 이런 말도 하는데요, 학생 대다수에게 학교는 긴 시간과 많은 돈을 들여서 자기를 배반하는 의식을 형성하는 곳이라고요. 이른바 1등급을 위한 들러리가 될 뿐만 아니라 그들에게 자발적으로 복종하는 의식을 형성할 수 있으니까요. 대다수의 서민층이나 노동자 자식 들의 경우, 계층 상승의 가능성이 있고 모두에게 기회가 다 열려 있는 것처럼 포장된 환경 속에서 자기 돈 들여 열심히 공부하고 학원 다니고 그러지만, 결국 그들이 형성하는 의식이 어떤가 하면, 자기가 도달할 수 없는 지배세력의 이데올로기를 내면화함으로써 그들에게 복종하는 거예요. "쟤들은 1등급이었어. 나는 2~3등급밖에 못했는데…" 하면서 그들에게 복종하는 거죠.

그뿐이 아닙니다. 우리가 공부에 엄청난 시간을 들이잖아요. 이것이 구조적 불평등과 고통을 수용하게끔 만드는 측면이 있어요. 세계 최장의 학습시간이 세계 최장의 노동시간을 수용하게 만드는 작용을 한다고 보는 거예요. 한국이 선진국에 들어섰다는데 선진국 어디에서 한국처럼 기본급은 조금 주면서 성과급을 줄 테니 2시간 더 일해라, 4시간 더 일해라, 이런 식으로 하나요? 용납되지 않아요. 우리는 학습시간을 그토록 길게 보냈기 때문에 긴 노동시간도 수용하게 되지 않나 싶은 거지요. 거듭 말하게 되는데 자본주의사회에 살면서 사회 교과목에서 자본주의에 관해 비판적인 공부는 거의 없지요. 그러니 대다수는 자기 돈 들여서 자기를 배반하는 의식과 관성, 이런 것을 학습하는 게 한국의 교육이라고 말하게 되는 겁니다.

희일 7년 전에 〈야간비행〉이라는 영화를 찍었는데, 거기에 이런 대사가 나와요. 제가 만든 대사가 아니라 취재하다가 발견한 거예요. 일선 학교에서 실제로 그런 말이 오간다는 게 끔찍하더라고요. 선생님이 공부 열심히 하라고 학생들한테 훈계하는 장면에 들어가는 대사예요. "1등급은 닭을 주문하고, 2등급은 닭을 튀기고, 3등급은 닭을 배달한다!" 선생님이 선창하면 학생들이 복창하는 방식으로 그 신scene을 찍었었죠.

제가 그 영화를 찍게 됐던 배경이, 몇 년 전 대구에서 일어난 한 중학생의 자살 사건이었어요. 학교 폭력 때문에 생긴 비극이었죠. 그 학생이 건물 옥상으로 올라가는 엘리베이터에 주저앉아서 주먹으로 눈물을 훔치는 CCTV 사진을 봤어요. 그

소년의 생전 마지막 모습이었대요. 그 사진을 보고 일주일을 앓았어요. 마음이 너무 아프더라고요. 학생들은 계층별로 서로 구별을 짓고, 공부만 잘하면 뭐든지 용서가 되는 능력주의가 횡행하고, 서로 약점과 차이점을 노려 차별을 일삼고, 그 와중에 할 줄 아는 건 폭력밖에 없는 아이들이 인정투쟁을 벌이며 서로에게 상처를 입히는 거죠. 그렇게 학교 폭력이 양성되는 공간이 학교예요. 그 학생 이야기를 영화로 찍어야겠다고 결심할 무렵에, 또 다른 하나의 이야기를 접했어요. '쌍용자동차' 사건이 좀 지나고 많은 노동자들이 후유증을 앓고

학생들에게
등급이 매겨지는
교육 현장과
학교 폭력의 비극.
영화 〈야간비행〉
중에서

있을 때였죠. 한 해고 노동자 아들의 인터뷰를 우연히 읽었어요. 선생님이 교실에서 학생들 다 있는데 이렇게 말했대요. "너네 아버지 쌍차 해고자라며?" 그래서 아들이 그 학교를 관뒀다는 인터뷰였어요. 읽는 제 눈이 흐려질 정도로 참담하더라고요. 학생의 존엄을 가르쳐야 될 학교가 존엄을 파괴하고 있는 거죠.

그렇게 두 개의 이야기를 엮어서 영화를 찍었어요. 능력만 추출하는 그 진공의 공간에서 아이들이 망가지고, 또 희망을 찾아가는 과정을 그려보고 싶었어요. 베를린 영화제에서 처음 상영했는데, 관객들이 충격을 받았다며 이렇게 물어보더라고요. "너네 나라는 정말 그래?"

마르크스가 그런 얘기를 했죠. "지배 이데올로기란 지배계급의 특수한 이익을 모든 사람의 보편적 이익인 것처럼 보이게끔 작동하는 것이다." 공정과 능력주의를 제외하고 나머지 삶의 형태를 무가치한 것으로 취급하는 이 강력한 이데올로기. 한국 사회의 지배 이데올로기인 거죠.

조국 사태가 터졌을 때 정말 절망적이더라고요. 조국 지지자들은 스펙 품앗이와 각종 위조와 편법에 대해 이거 가지고 뭘 그러냐고 하고, 다른 한쪽에선 공정하라, 공정하라 시위를 하더라고요. 별개의 주장처럼 보이지만, 둘 다 능력주의를 지고지순의 이데올로기로 내면화하고 있다는 점에서는 그냥 판박이에 불과한 거예요.

한국 교육의 역사적 질곡과 제도적 질곡이
'생각하지 않는 교육' 양산

세화 시민이 형성되지 않았으니 그런 일들이 발생한다고 봐요. 대한민국은 민주공화국이라고 1948년에 선언을 했으면, 민주공화국의 시민을 길러내는 것이 대한민국 공교육의 일차적 소명이죠. 그건 너무나 당연한 거예요. 유럽에서는 국민국가가 오래됐으니까 그것이 공교육의 당연한 소명으로 자리 잡을 수 있었는데, 한국은 그렇지 않았죠.

한국의 교육이 왜 이렇게 됐나? 제가 두 가지 질곡 얘기를 하는데 하나는 역사적 질곡이에요. 일제강점기에 공교육의 틀이 잡힌 것을 말합니다. 이 땅에 처음 근대식 학교가 세워진 곳이 북촌이거든요. 1894년 갑오개혁이 있고 근대식 학교가 처음 세워지게 되는데, 교동소학교·매동소학교 등이에요. 지금도 북촌이라고 불리지만 그때도 북촌이었는데, 잘 아시는 바와 같이 경복궁과 창덕궁 사이가 북촌이죠. 조선 500년 동안 지배했던 양반 관료들의 거촌이었던 북촌. 지배세력은 당연히 거기부터, 새로운 문물을 도입할 때 자기 자식들부터 가르치는 거죠. 그게 1894년 일이었고, 1895년에 고종에 의해 '소학교령'이 반포됐죠. 공부하는 과목은 이런 과목들이다, 그런 게 담겨 있고, 비용은 어떻게 한다, 관립소학교/공립소학교/사립소학교를 구분하고 교장은 어떤 직급으로 한다, 교사는 어떻게 채용한다, 등이 담겨 있습니다. 김홍집 내각이었는데 학부대신, 지금으로 치면 교육부 총리가 이완용이었어요. 그게 1895년에 반포된 소학교령인데, 1894년에 소학교를 처음 다니기 시작한 애들이 크니까 중학교 보내야 되잖아요. 역시 북촌에 만든 게 관립중학교. 그 학교가 바로 경기중고의 전신으로 첫 이름이 관립중학교였어요. 나중에 관립일중학교가 됐는지 모르겠는데 아무튼 처음에는 하나밖에 없었으니까 그냥 관립중학교로 시작됐던 거예요.

이렇게 구한말에 근대식 교육이 시작되긴 했지만 금방 나라가 망했어요. 일제강점기 35년간 학교의 구조라든지 학습 방식이라든지 이런 게 다 당시의 국가 정체성인 군국주의, 전체주의에 맞춰 교육이 행해지게 됐지요. 한마디로 황국신민을 길러내는 학교였던 겁니다. 1948년에 민주공화국이 됐으면 황국신민을 길러내는 학교에서 민주공화국의 시민을 길러내는 학교로 완전한 탈바꿈, 그야말로 환골탈태가 있었어야 했는데 그렇지 못했죠. 분단과 전쟁으로 실기했어요. 그런 불행이 없었다면 우리는 새 나라의 주인을 길러내기 위한 교육을 어떻게 할 것인가를 놓고 사회 전체가 프랑스 역사가 알려준 에타 제네로Etats-Generaux(삼부회)가 필요했던 것이죠. 제가 프랑스의 에타 제네로 얘기를 꺼낸 것은 그것이 결국 혁명을 불러온 계기가 되었다는 점 때문입니다. 아무튼 전 사회가 토론에 나서는, 너무나 당연한 요구였는데 분단과 전쟁으로 실기를 했어요. 뿐만 아니라 일제 부역 세력을 청산하지 못했어요. 오히려 그들이 거의 모든 사회 부문의 헤게모니를 장악했어요. 교육 부문뿐만 아니라 국방 부문, 법조 부문 등을 그들이 장악하면서 일제강점기 당시의 방식이 그대로 온존됩니다. 그렇게 민주공화국의 주인인 민주시민을 길러내야 한다는 공교육의 소명이 실종돼 버린 채 70년의 세월을 보낸 거예요.

4, 5년 전부터 교육계에서 민주시민 교육을 얘기해요. 민주시민 교육을 민주공화국이 들어섰을 때 시작했어야 했는데 지금에 와서 얘기가 나오는, 참으로 황당한 상황인 것이죠. 이점에서 역사적 질곡이 우리 교육을 무겁게 짓누르고 있다고 보는 겁니다. 학교의 구조도 그렇고 학습 방식도 그렇고 전체주의적 방식 그대로 남아 있어요. 가령 학교에 구령대가 있어요. 요즘엔 줄은 안 세운다고 하지만 초등학교 때부터 집합시키는 것도 군대식이지요.

이러다가 1990년 전후해서 이른바 교육개혁이라고 펴는 게 신자유주의 교육개혁이거든요. YS 때. 그다음 김대중 정권으로 이어지면서 신자유주의 교육을 받기 시작하면서는 소비자가 되는 거예요. 황국신민에서 민주공화국의 시민이 되는 대신 신자유주의 지배 아래 고객이 된 거예요. 학교는 학생들에게 등급을 부여하는 서비스 장소가 됐어요. 학부모들은 자식들이 학교에서 무슨 공부를 하는지 아예 관심 없어요. 무슨 교육을 받는지에 대해서는 일말의 관심도 없고 오로지 내 자식이 몇 등급인가에만 관심이 있다는 것에서 저는 공교육의 죽음을 봐요. 이렇게 학교는 학생들에게 등급을 부여하는 서비스를 하는 곳이 되고, 교사는 고객이 된 학부모들의 "왜 내 자식이 3등급밖에 안 되느냐" 등의 민원에 시달리게 되고. 과거 국가주의 교육 방식의 잡무는 잡무대로 남아 있는데 민원까지 처리해야 하는 이런 상황에서 과연 교육이 제대로 이루어질까요? 교사의 자질이 곧 교육의 질이라고 할 때, 교사의 자질에서도 가야 할 길이 멀지만 교육에 활력을 부여하지 못하게끔 방해하는 요인들이 워낙 많은 거예요. 그 위에 교실에서 널브러지게 잠을 자는 학생들 앞에서 무슨 신이 난다고 열성적으로 교육에 임하겠어요? 학생들이 시민이 되는 대신 고객이 된 구체적인 모습이 중고등학생 특히 고등학생들이 교실에서 잠을 자는 거예요. 유럽의 교실에서 그런 일이 있을까요? 우리보다 훨씬 자유롭다는 유럽이죠. 하지만 어떻게 잠을 자요? 어림도 없는 일이에요. 시민이라면 자유와 권리를 누리는 만큼 지켜야 하는 기본적인 책무가 있는 건데, 그런 것이 한국의 학교에선 다 무너진 거예요. 신민일 때 복종하던 타성이 나보다 난 놈, 나보다 힘센 놈에 대한 복종만 남아 있는 한편, 민주시민성을 형성하지 못해 고객이 된 겁니다. 흔히 민주시민성의 요건으로 주체성, 비판성, 연대성을 꼽잖아요. 사회를 비판적으로 볼 줄 아는 눈이 있어야 하고, 주체적인 시민이어야 하고, 민주공화국의 주인이니까. 그리고 시민끼리 연대한

다. 하지만 그런 것은 다 실종되거나 무너지고, 친구를 누르고 이겨야 1등급이 될 수 있는, 친구가 1등급이 되면 그만큼 내가 1등급이 될 가능성이 줄어드는 제로섬 게임! 대학 서열화는 비판적 능력을 키우는 교육을 하기 어려운, 생각하는 교육을 하지 않게끔 강제합니다. 생각하는 교육을 시켰다가는 등급을 정확하게 매길 수 없기 때문에 못 하는 거예요.

비근한 예를 들어볼까요? 제 아이들이 중학교 2학년 때 "사형제도에 대해서 어떻게 생각하나요?"를 주제로 글을 썼어요. 글을 쓰면 20점 만점에 너는 12점이라고 점수를 주었어요. 절대평가만 하는 거죠. 그런데 한국에서 학생들에게 글쓰기를 하게 하여 너는 3등급이고, 너는 5등급이다, 이렇게 등급을 매긴다면 5등급 받은 부모나 학생이 그걸 승복하겠어요? 어림도 없지요. 그래서 생각하는 교육을 못 하는 거예요. 그래서 "다음 나라들 중에서 사형제도가 실질적으로 폐지된 나라는 어디인가?" 따위의 질문을 할 뿐이지요. 객관적 사실에 대한 숙지 여부로 등급을 매겨요. 사유하는 인간인데 사유하지 않도록 하는 거예요. 사유하지 않는다는 것은 데카르트적 의미에서 의문을 품지 않는다는 것이기도 하지요. 의문을 품지 않으니까 생각하지 않고, 생각하지 않으니까 당연히 비판력이 생길 수 없고, 비판력은 없는데 등급이 매겨지니까 자기보다 높은 등급에게 복종하게 되고, 자기보다 한두 등급 높은 자한테는 껌뻑 죽고, 나보다 한 등급이라도 낮은 사람한테는 "왜

네가 정규직이 돼? 내가 아직 안 됐는데." 이런 모습을 보이게 되는 거죠. 이렇게 역사적 질곡과 제도적 질곡이 우리 교육을 단단히 포박하고 있는 상황인 겁니다. 대학 서열화가 강제한 '생각하지 않는 교육', 객관적 사실에 대한 숙지만을 요구하는 교육이 일제강점기 때 생각할 필요가 없었던, 복종만 하면 됐던 점과 너무나 잘 맞아떨어진 것이지요. 비판력 없이 등급에 의해 규정되는 불평등을 수용하고 내면화함으로써, 불평등에 대해서는 문제 삼을 줄 모르고 오로지 공정 얘기만 하는, 불공정이라는 것에 대해서는 분노하지만 불평등에 대해서는 조금도 분노할 줄 모르게 된 거죠.

희일 잘 참고.

교육 시장의 포로가 된 학생들,
대학 평준화·무상화 그 외 교육혁명의 방법들

세화 예, 그런 상황이 되어버렸지요. 이런 문제들을 어떻게 극복할 것인가? 지금 진보적 교육운동계에서 강력하게 주장하고 있는 게 대학 무상화, 대학 평준화예요. 대학을 평준화하는 하나의 방도로 대학 무상화도 함께 내걸어야 하지 않나, 그렇게 보는 거죠. 저는 대학무상화도 '교육자본 형성비용의 사회화'

라는 점에서 대학 평준화만큼이나 중요하다고 보고 있어요.

희일 지역에 있는 대학교뿐만 아니라 일선 학교의 학생들 수가 줄
어들어서 문 닫는 학교도 많아지고 있는데, 저는 그게 인구
문제 때문만인 건지 헷갈릴 때가 많더라고요. 인구가 줄어서
생기는 문제인 건지, 원래 학교가 많았던 건지.

세화 워낙 대학이 많았지요. 줄어들어야 마땅하죠.

희일 어쩔 수 없이 줄어들고 있죠.

세화 대학이 줄어들 수밖에 없는 이 상황을 교육혁명의 기회가 되
도록 해야 하지 않나, 그런 생각을 하는 것이죠.

희일 영화 찍을 때 학교를 촬영하려고 조사해 보면 전국에서 폐교
수가 매년 급증하는 게 보여요. 학생들이 다니는 학교에서는
촬영이 쉽지가 않아서 폐교를 찾거든요. 가장 많이 폐교되는
게 대학교. 산속에 있는 학교들도 꽤 많더라고요.
요즘 지역 소멸, 농촌 소멸이 공공연하게 이야기되는 상황이
잖아요. 농촌의 경우엔 병원, 교통 등 가장 기초적인 기반 시
스템도 붕괴되고 있지만, 학교들도 폐교되고 있어요. 과연 지
역과 농촌에서의 교육 문제가 평준화와 무상화만으로 해결될

수 있을까, 그런 궁금증이 듭니다. 수도권 집중이 기형적일 정
도로 심해지고 있고, 지역에서는 인구뿐만 아니라 다른 자원
들도 줄고 있잖아요. 과연 대학 무상화나 평준화에 대한 접근
만으로 이 문제가 해결될 수 있을까 하는 거죠. 확실히 교육
문제는 사회의 총체성을 반영하고 있는 것 같아요. 다각적으
로 검토할 수밖에 없는 문제지요.

또 한편으로는 교육운동이 꽤 많은 동력을 상실한 것 같아
서 그것도 걱정이 들어요. 저는 전교조 1세대예요. 고등학교
때 전교조를 지지한다며 전 학년이 운동장을 맴돌았었죠. 하
지만 요즘에는 안타깝게도 전교조가 잘 안 보이는 것 같아요.
존재감 자체가. 저야 교육 문제에 대해서는 잘 모르지만, 여러
사람들의 헌신과 노력이 있었음에도 예전처럼 교육운동 담론
이 잘 보이지 않는 것 같아 안타까운 마음이에요. 선생님 생
각하시기에, 무상화 외에 교육운동을 더 확대할 수 있는 방법
이 뭐가 있을까요?

세화 힘을 합쳐야 하는 건 맞고요. 제가 알기로는 전교조도 대학
무상화, 대학 평준화 주장을 하고 있어요. 다른 교육운동 단
체들도 많이 모이고 있고요. 이명박근혜 때 시간을 놓쳐버리
고 위축된 면이 있었는데, 문재인 정부에 대한 실망이 크지요.
코로나 사태 때문에 적극적으로 문제를 제기하기 어려웠던 상
황도 있지요.

지금 대선을 앞두고 본격적으로 이 문제를 얘기해야 한다고 보고요. 교육혁명! 개혁이라는 말도 부족하죠. '교육혁명'을 해야 한다고 봐요. 교육의 세 주체가 모두 고통받고 있을 뿐만 아니라 학문도 왜곡되고 있으니까요. 대학 무상화는 대학 평준화로 가기 위한 하나의 당근이랄까, 그런 의미도 있는데 실상 대학 무상화도 대단히 중요한 과제예요. 앞서 말씀드린 대로 교육자본 형성비용을 사회화하는 것이죠. 지금은 거의 모든 교육자본의 형성비용을 개인이 지불하고 있지요. 일부를 국가가 지불하고 있다고 해도 거의 모든 사회구성원은 자신이 획득한 교육자본의 형성비용을 자기가 지불했다고 인식하고 있어요. 당연하죠. 내가 의사 자격증, 변호사 자격증을 갖고 있다, 교사 자격증을 얻었다고 할 때 그 자격을 획득하기까지 엄청난 비용을 쳐들였고, 치열한 경쟁을 통하여 내가 얻었으니 특권의식과 보상의식이 자리 잡게 돼요. 의사의 예를 들면, 치열한 경쟁에서 줄곧 1등급을 차지했고 오랫동안 비싼 대학 등록금을 냈어요. 사교육비도 많이 들었지요. 특권의식, 보상의식이 스며듭니다. 프랑스, 독일이나 북유럽 등은 자국민은 물론 유럽연합 출신들에게는 대학 교육이 모두 무상이에요. 미국하고 다른 점인데, 그래서 교육자본을 통해서 자격을 얻어서 의사·변호사·교사가 되었다면, 내가 노력했지만 그 비용의 많은 부분을 국가가 지불했다고 할 수 있으므로 공공성에 대한 인식, 사회 환원의식이 일정 정도 가능합니다. 사회의 공공성이 건실하게 확충될 수 있어요. 조세 저항도 크지 않을 수 있고요. 한국은 그런 경험이 거의 없죠. 교육비 무상화가 고등학교까지 확대되기는 했지만, 가장 많이 들어가는 게 사교육이고 대학 교육이기 때문이죠. 내가 교육자본을 획득하고 자격증을 따기까지 그 비용을 내가 댔다, 그러니까 내가 수혜 받아야 한다, 이런 인식이 강하죠. 대학 무상화는 대학 평준화로 가는 당근이라고 했는데, 그건 주로 사학들, 지금 위기의식을 가지고 있는 사학들을 견인하기 위한 의미에서 당근이라는 표현을 쓴 거고요. 재단이 튼튼한 대학들은 거의 없고, 그런 점에서 대학이 달라지고 교육이 달라지는 계기를 마련할 수 있겠다는 생각을 하는 거죠.

희일 지금 미국은 학자금 때문에 시끌시끌하더라고요. 학자금 대출 규모가 1조 5천억 달러를 넘어섰다죠. 학생들이 졸업하고도 학자금 대출을 갚느라 허덕인대요. 금융위기를 거치면서 정부 보조금은 줄고 학비는 계속 올라가기 때문이에요. 최근에는 학자금 상환 유예기간을 놓고 정치권에서 논쟁이 벌어지고 있어요. 진보진영에서는 학자금을 탕감하자고 주장하면서 더 나아가 대학 무상화를 요구하는 반면에, 보수 쪽에서는 어림도 없다고 맞서고 있는 형국이죠. 몇 년째 서로 한 치도 안 물러서고 팽팽하더라고요. 조 바이든 공약은 진보 쪽 주장에 힘을 실었었는데, 지금은 많이 후퇴한 상황이고요. 이렇게 미국처럼 교육 기관이 사기업화되고, 시민들이 교육을 받았다는 이유로 빚에 허덕이는 게 정상적인 건지 의구심이 들더라고요. 교육을 받는 게 아니라, 교육 시장의 포로들이 된 것 같아요. 물론 미국보다는 상황이 낫다고 말할 수도 있겠지만, 한국에서도 매년 학자금 대출 규모가 증가하고 있어요. 수만 명의 학생이 학자금 상환에 허덕이고 있기도 하고, 취업 불이익을 받아 악순환 속에 갇혀 있어요. 정말 이게 말이 되나 싶어요. 저 나라든 이 나라든 신자유주의 체제하에서 교육이 철저히 시장 논리에 종속돼 버린 거죠. 사회라고 하는 공동체에 공헌하고 협력할 수 있는 시민을 만들어내는 게 아니라, 인적 자본주의와 교육 시장을 위한 수단으로서만 학생들을 대상화하고 있는 거죠. 요람에서 무덤까지 인격의 시장화. 교육운동은 무상화뿐만 아니라, 교육의 공적 기능을 회복하는 것이 1차적이어야 되지 않나 싶어요.

세화 맞아요. 공공성을 확충하자는, 말 그대로 리퍼블릭republic이 공공성에서 출발한 것인데. 리퍼블릭의 라틴어 어원이 'res publica', 즉 'public things' '공적인 일들'을 뜻하잖아요? 고대 로마 시대에 모든 시민에게 깨끗한 물을 제공해야 한다는 '물의 공공성'이 오늘 우리가 교육의 공공성, 의료 공공성을 말하게 된 연원이고, 그래서 사회 공공성이 리퍼블릭의 출발 정신이거든요.

희일 한국에서도 코로나 초반기에 학비에 대한 이야기가 나왔었어요. 비대면 교육으로 전환하면서 수업을 줌으로 하는 데다, 부모님이 자영업을 하시거나 벌이가 시원찮은 경우에는 학생들의 대학 등록금이 너무 비싸다는 거죠. 일정 부분을 돌려주든지 학비를 좀 인하하든지 해야 되는 것 아니냐, 그런 이야기가 잠시 나왔었죠. 하지만 그 이후로 쏙 들어가 버렸어요. 이런 위기 상황 속에서도 공적 부조에 대한 목소리가 이렇게 작나, 아쉽더라고요.

세화 앞서 제가 생각하는 교육에 대해 말씀드렸는데, 저는 한국 사회 구성원들이 생각하는 사람이라고 보지 않아요. 생각한 적이 거의 없으니까요. 머릿속에 입력하려고 애는 쓰지만 생각하는 시간이 없어요. 가정에서도 생각한 적이 없고, 학교 다닐 때도 생각한 적이 없어요. '독서는 사람을 풍요롭게 하고, 글쓰기는 사람을 정교하게 한다'고 해요. 독서가 사람을 풍요롭게 한다는 건 누구나 다 이해할 수 있는 이야기인데, 왜 글쓰기가 사람을 정교하게 할까? 인간의 의식 세계에 있는 생각들은 거의 대부분 정리되어 있지 않아요. 마치 안개 속에 있는 것과 같아요. 글쓰기나 토론을 통하여 자기 생각을 정리할 시간을 갖게 되는데, 바로 이걸 생각하는 과정이라고 할 수 있어요.

실제로 생각하는 과정을 가지면, 예컨대 앞서 나온 사형제도에 대해서 생각한다고 가정하면 오늘은 이렇게 생각되는데 내일은 달리 생각될 수 있잖아요? 또, "나는 이렇게 생각하는데 너는 달리 생각하네? 항상 너하고 나는 생각이 맞는다고 봤는데." 이런 경험을 많이 할수록 확신의 함정에서 벗어나 열린 사람이 될 수 있다고 봐요. 우리 학교에서는 그런 경험을 거의 하지 않아요.

그런데 심각한 문제는 생각의 성질이 고집이라는 점에 있어요. 막연하든 아니든 갖고 있는 생각은 그것을 고집하도록 하기 때문이지요. 데카르트도 강조했듯이 생각한다는 것은 우선 '회의한다, 의문을 품는다'인데, 생각의 성질은 고집인 것이죠. 그래서 '생각하다'와 '생각'이 정반대의 성질을 가져요. 즉, 동사인 '생각하다'의 과정을 거치면 그 생각에 대해 의문을 품을 가능성이 열려 있지만, '생각하다'의 과정 없이 주입되거나 입력을 통해 생각을 갖게 될 때 그 생각에 대해 의문을 품지 못하고 막무가내로 고집하게 된다는 것입니다. 한국의 교육은 '생각하다'의 과정은 없이 '생각'만 집어넣어요. 그것도 그게 정답이라고 하면서요. 사람들이 의식 세계 안에 담고 있는 생각을 정답으로 여겨요. 회의하지 않으니까 모두가 다 닫힌 사람이 됩니다. 고집도 무척 세요. 사람들과 만나면서 벽을 느낄 때가 많잖아요. 저는 한국 사회가 선동은 가능하지만 설득은 무척 어려운 사회라고 봐요. 선동이 기존에 가지고 있던 생각을 강화·증폭·극단화하는 것이라면, 설득은 기존에 가지고 있던 생각을 변화시키는 것이지요. 강화나 증폭, 극단화는 가능하지만 변화와 전환은 불가능합니다. 콩도르세Condorcet 는 사람을 '생각하는 사람'과 '믿는 사람'으로 구분했는데, 저 는 '열린 사람'과 '닫힌 사람'으로 구분할 수 있다고 봐요. 그리 고 한국 사회 구성원들은 거의 다 닫혀 있는 사람이에요. 부 부 사이에도 설득이 안 되죠. 대부분은 설득을 포기한 채, 생 각이 다른 채로 한 지붕 아래 살아갑니다.

운동론에서 나오는 말입니다만 이른바 사회운동에는 세 가 지가 필수불가결이라고 합니다. 곧 조직하고 학습하고 선전· 홍보하라는 것이지요. 운동은 곧 현실을 변화시켜야 하기에 운동이라고 지칭하는 것인데, 이를 위해서는 뜻을 같이하거 나 처지가 같은 사람들을 조직해야 하고, 학습을 통해 역량 을 강화해야 하고, 선전·홍보를 통해 조직 바깥으로부터 연 대를 이끌어내야 합니다. 다름 아닌 "조직하라, 학습하라, 선 전하라"지요. 이 원칙에 따라 작은 운동단체에도 조직부와 교선부(교육선전부)가 있는 것이잖아요. 하지만 선동만 가능 할 뿐 설득이 되지 않는, 닫힌 사회 구성원들이므로 선전·홍 보가 거의 되지 않습니다. 유명무실해요. 그러면 학습은 할까 요? 선전·홍보와 마찬가지입니다. 설득을 포기한 채 살아간 다는 말은 아무도 설득되지 않는다는 뜻이고, 이 말을 뒤집 으면 모든 사람이 다 설득될 게 없는 사람들이라는 뜻이니까 요. 학습할 이유가 없지요. 예를 들어 민주노총이든 그 산하

노조든 좋은 교육 프로그램을 만들어도 조합원들이 자발적으로 찾아오지 않아요. 설득될 게 없는 사람들이니까요. 건강이나 주식투자 같은 게 주제일 때만 옵니다. 계급 문제를 다루거나 인문학을 주제로 하면 제 발로 찾아오는 사람이 없어서 동원해야 해요. 이렇게 학습을 하지 않으니 역량이 강화될 수 없고 선전·홍보가 유명무실하니 조직 바깥으로부터의 연대도 기대할 수 없습니다. 운동의 건강성을 확보하지 못한 채 조직만 남았어요. 결국 조직 안의 알량한 권력을 놓고 정파 간에 서로 경쟁하고 조직원을 동원하는 일이 가장 중요한 일인 양 벌어지게 됩니다. 저는 생각하는 교육을 하지 않고 정답을 입력시키는 한국의 교육이 설득될 게 없는 사람, 회의하지 않는 사람, 닫힌 사람들을 만들었다고 봐요. 기가 막히는 일은 그렇게 서민층과 노동자들 대다수가 자신의 계급을 배반하는 의식을 형성한다는 거예요. 그것도 자기 돈 들여서요. 뿐만 아니라 그 의식에 대해 회의하지 않은 채 막무가내로 고집한다는 것입니다.

공영방송의 전범 보여준 EBS 〈위대한 수업〉

희일 이쯤에서 교육의 장소를 다차원적으로 바라보는 것도 유의미할 것 같아요. 물리적인 공간인 학교 말고도, 이제는 TV·인터

넷·유튜브와 같은 시각 매체로부터도 다양한 정보를 전달받
잖아요. 요즘 아동들은 갓난아기 때부터 유튜브를 보면서 자
아를 형성한다고 하더라고요. 한편에서는 공교육이 무너졌다
는 얘기들을 많이 하지만, 학교 공간을 제외한 다른 공간들과
매체들의 공적인 교육 기능에 대해서는 별로 관심을 기울이
지 않는 것 같아요. 특히 한국에서는. 예를 들면 공영방송. 교
육이 단지 생애의 한 시점에 국한되는 게 아니라 평생교육이
라고 가정한다면, 시민교육의 중요한 채널 중 하나로 공영방
송을 꼽을 수 있겠죠. 영국의 BBC처럼 상업성에 치우치지 않
고 시민들에게 다양한 정보와 세계관을 제공하는 것 자체가
시민교육의 일환이라고 생각되거든요. 최근에 이런 생각을 하

게 된 계기가 있었어요. 국감장에서 KBS 사장을 앉혀놓고 국힘당과 민주당 의원들이 호통을 치는 장면을 봤는데, 너무 어이가 없더라고요. 왜 〈오징어 게임〉을 KBS는 못 만드느냐, 그렇게 하지도 못하면서 감히 시청률을 올려달라고 하는 거냐고 막 나무랐거든요. 아니, KBS는 넷플릭스가 아니잖아요. 공영방송을 바라보는 한 나라의 국회의원들 수준이라는 게 그렇게 처참합니다. 엉망진창이잖아요. 공영방송을 상업방송으로 여기는 거죠.

제가 이런 얘기를 왜 하냐면, EBS 때문에 그래요. 최근에 EBS가 시청료 지분을 더 달라고 요구를 하는 상황이에요. 전 더 줘야 한다고 생각해요. EBS야말로 어린 아동부터 성인에 이르기까지 다양한 교육 콘텐츠를 제공하는 곳이잖아요. 시청료를 더 줘야 퀄리티가 더 올라가죠. 단적으로 이번에 EBS에서 기획한 〈위대한 수업〉이라는 강좌 프로그램이 있는데, 정말 엄청나더라고요. 폴 크루그먼Paul Krugman, 주디스 버틀러 Judith Butler 등 세계 석학들의 인터뷰를 따서 방영하고 있는데, 시청자들 반응이 폭발적이었어요. 그런 양질의 콘텐츠가 공중파를 통틀어 없었으니까요. 당연히 KBS 규모의 방송국이 기획했어야 할 프로그램인데, 안 그러고 있죠. 계속 상업방송의 콘셉트만 모사하고 있어요. 하지만 EBS는 적은 예산으로도 발품을 팔아 팬데믹 기간에 전 세계를 돌아다니며 석학들을 만나 취재한 양질의 강의들을 우리에게 공짜로 들려주는 거잖아요. 심지어 〈위대한 수업〉 제작진은 공영방송의 위엄까지도 보여줬어요. 주디스 버틀러 강의도 한 꼭지 들어 있었는데, 트랜스젠더를 옹호한다는 이유만으로 우익 기독교와 극우 페미니즘 세력이 EBS 홈페이지에 몰려가 난리를 쳤죠. 아마 KBS였다면 바로 주디스 버틀러 강의를 삭제했을 거예요. 그동안 그래왔으니까요. 하지만 EBS 제작진은 "그래서 뭐? 퀴어인데 어쩌라고?" 이렇게 말했어요. 성소수자 차별에 반대한다는 메시지를 정확히 공론장에 던져놓은 거죠. 그것 자체가 공영방송이 과연 어떠해야 하는지를 보여주는 모범적 사례였어요. 극히 교육적인 거죠. EBS의 〈위대한 수업〉 프로그램은 방송의 공적인 순기능과 더불어, 시민교육의 가능성을 훌륭히 예시했다고 생각돼요.

물론 학교가 핵심이에요. 학교는 시민사회 전체에 영향을 미치는 상징적 공간이기 때문이죠. 한 어린 존재를 우리가 어떻게 키울 것인지에 대한 사회 철학이 총체적으로 투영되는 공간이 학교잖아요. 학교의 공공성이 무너지면 다른 영역의 공공성도 함께 무너지는 것 같아요. KBS를 향해 〈오징어 게임〉을 왜 못 만드느냐고 호통을 치던 저 아둔한 국회의원들의 수준으로 전락하는 거죠. 선생님이 말씀하신 것처럼, 학교 공간에서 우선 '생각 없음'이 만연되면, 다른 시민사회 영역에서도 마찬가지가 되는 것 같아요. 저도 가끔 이런저런 강의를 가는데, 강의 듣는 분들이 질문을 거의 하지 않거나, 의문을 표시하지 않아요. 반론을 제기하는 경우는 극히 드물고요. 대학생들도 그렇고, 일반인들도 마찬가지예요.

세화 학생들에게 생각하도록 요청한 적이 없잖아요. 요즘 젊은이들은 자기 생각이 없다고 말하기도 하잖아요. 하지만 생각하라고 요청하지도 않았고 물어본 적도 없어요. 저는 올바른 교육이라면 생각하는 사람, 회의하는 인간을 만들어야 한다고 강조합니다. 끊임없이 의문을 제기하는 사람을 길러내는 것이 교육, 특히 인문학이라고 보는 거죠. 이 점에서 한국의 교육은 철저하게 실패한, 실패에 머무는 정도가 아니라 이루 말할 수 없는 폐해를 남기고 있는 그런 면을 보게 돼요. 불평등 체제 아래 자기가 당하고 있는 구조와 방식에 대해서 제대로 파악하지 못하고 있어요. 교육을 통해 자기의 계급적 처지와 부딪치고, 이 자본주의사회 속에서 '어떻게 살아야 하나' 고민하는 과정 속에서 진보적이거나 사회비판적인 의식도 형성해야 하는데 한국의 교육은 그 가능성을 완전히 없앴어요. 자신의 계급과는 관계없이 선배를 '잘못' 만나서 그 길로 어설프게 들어섰다가 이게 아니구나 싶으면 등을 돌리는데, 세상은 그런 사람들이 합리화할 거리로 가득 차 있어요.

교육 주체로서 실종된 자아 되찾아 민도 높여야

희일 〈다가오는 것들〉이라는 프랑스 영화가 있는데, 학교 선생님이 주인공이에요. 이자벨 위페르Isabelle Huppert가 그 역을 맡았죠. 영화 초반에 고등학교에서 학생들이 파업을 하는 시퀀스가 등장합니다. 그런데 선생님이 학교에 들어가려고 하니까, 학생들이 막아서요. 그리고 자기들끼리 서로 논쟁을 합니다. 선생님을 학교에 들여보낼지 말지를 서로 논의하고 토론하는 장면이죠. 웃기기도 한데, 한편으론 등골이 서늘했어요. 만감이 교차하더라고요. 우리는 상상조차 할 수 없는 장면이잖아요. 고등학교 때도 저렇게 자기 주관 뚜렷하고, 비판적 의식을 갖고, 자유로운 주체가 되기 위해 안간힘을 쓴다는 게 참 생경했어요. 한국 학교와는 그림이 겹쳐지지 않는 거예요. 책상에 엎드려 잠을 자거나, 다른 아이들을 괴롭히거나, 세상과는 담 쌓고 공부만 열심히 하거나….

세화 제가 인문학적 슬픔이란 말씀을 드린 것도 그런 맥락인데… 놀고먹는 애들이… 정말 자유분방하고, 고등학교에 콘돔 자판기가 있을 정도로…. 그런데도 학생들의 진급 여부에 학생 대표가 교육의 세 주체의 하나로 참여하더라고요. 제 딸이 고2에서 고3 올라갈 때, 인문계 고등학교니까 바칼로레아 시험 준비를 해야 하는데, 딸네 반 학생이 서른두 명이었어요. 학급에서 위원회가 열린 거예요. 교사 세 명, 학생 대표 두 명, 학부모 대표 두 명, 이렇게 일곱 명이 뭘 논의했냐 하면 학생 하나하나에 대해 진급하라고 권유할까, 아니면 2학년을 한 번 더 하라고 유급을 권유할까. 이 안건을 놓고 교육의 세 주체 대표가 운영위원회를 연 거예요. 그래서 서른두 명 중 스물두 명에게는 진급을 권유하고 열 명에게는 유급을 권유했어요. 결정을 내리지는 않고 권유만 하는 것이죠. 열 명이 다 승복을 했어요. 고2를 한 번 더, 1년을 더 하는 거예요. 바칼로레아 합격해서 대학 가는 게 목표인데, 지금 3학년 올라가서는 어렵겠다, 2학년을 한 번 더 해라, 그런 거였는데. 그런 위원회에 학생들이 참여하면서 스스로 교육의 주체라는 것을 인식하게 되는 거예요.

우파 정부 시절에 교육비를 줄이니까 고등학생들이 대규모 거리 시위에 나섰는데, 그때 《르 몽드》에 실린 사설 제목이 "고등학생들이 민주주의를 준비하고 있다"였어요. 《조선일보》와는 대별되는 모습인데, 저는 그런 프랑스에서도 극우파가 극성이라는 점을 자꾸만 상기하게 돼요.

바칼로레아 첫날 시험은 항상 철학이에요. 계열별로 세 개의 논제를 주고 네 시간이 주어지는데, 세 주제를 다 쓰는 게 아니고 하나를 택해 글을 쓰는 거예요. 논제는 앞서 말씀드린 대로 이런 거예요. "신이 없다면 인간의 모든 행위가 용인되는가?", "적게 일하는 게 잘 사는 길인가?", "부당한 일을 겪어야 정당한 게 뭔지 알 수 있는가?", "욕망에는 한계가 없는가?", "시간을 벗어날 수 있는가?" 저도 무엇을 어떻게 써야 할지 막막한데 학생들은 보통 일고여덟 장을 써요. 우리 학생들은 자기소개서 쓰기도 버거워할 만큼 글쓰기 훈련도 안 되어 있죠.

희일 요즘에 아르바이트가 있대요. 자기소개서 대신 써주는.

세화 이런 결과를 낳은 게 말씀드린 역사적 질곡과 대학 서열화라는 제도적 질곡인데, 그 핵심은 제가 여러 차례 강조했지만 생각하는 교육을 하지 않는다는 점에 있어요. 공자님의 말씀을 기록한 『논어』에 학이불사즉망學而不思則罔 사이불학즉태思而不學則殆가 있어요. 학이불사즉망, 즉 배우기만 하고 생각하지 않으면 얻는 게 없다. 우리 교육 현실이 2,500년 전 공자님 말씀 그대로잖아요! 배우기만 하고 생각하지 않으면 어떻게 되느냐? 즉망, 얻는 게 없다. 세속적인 표현으로 바꿔 말하면 '말짱 꽝!'이라는 거죠. 사이불학즉태, 즉 생각하기만 하고 배우지 않으면 위태롭다. 이 구절은 우리와 상관없어요. 생각하기가 없으니까요.

'배우다'와 '생각하다'의 주어는 서로 다릅니다. 배우다의 주어는 '우리'입니다. 모두 같은 내용을 배우니까요. '생각하다'의 주어는 '우리'가 아니라 '나'입니다. '나'라는 존재, '나'가 여자일 수 있고, 성소수자일 수 있고, 가난한 집안이나 이주노동자의 아이일 수 있는데, 그런 '나'가 인간과 사회에 대해 '나'로서 생각하는 과정을 가져야 하는데 '생각하다'가 없으니 '나'도 없어지는 거예요. 그래서 교육을 통한 계급적 자각이나 자기 정체성에 대한 인식이 불가능한 거예요. '생각하다'가 없으니까. '생각하다'가 없다는 것은 거듭 말씀드리지만 '나'가 없다는 거니까. 한국 교육에 '우리'가 주어인 '배우다'만 있는 건 두말할 것도 없이 똑같은 내용의 숙지 여부로 한정해야 서열을 매길 수 있기 때문입니다. 학교 교육을 통해서 비판력을 기르거나 계급의식을 갖는 것이 애당초 불가능한 것도 이렇게 '나'가 사라진 것과 관련되죠.

유럽의 경우 완벽할 수는 없지만 사회 환경도 다르고 학교 교육을 통해서도 '생각하다'가 있기 때문에 '나'의 계급적 정체성이 교육 안에 당연히 담길 수밖에 없는 그런 과정이 있는 거죠. 제가 교육에 대한 말씀을 많이 하게 되는 것은 이리저리 생각해 봐도 생각하지 않은 교육이라는 문제를 극복하지 않는다면 많은 한계가 뚜렷해 보이기 때문이에요. 민도를 어떻게 높일 것이냐? 한국 사회의 인문학적 교양 수준을 어떻게 높일 것이냐? 조제프 드 매스트르Joseph de Maistre라는 19세기 반동적 보수주의자는 "모든 민주주의 국가의 국민은 자기 수준의 정부를 가진다."라고 말했어요.

희일 그 말을 제일 많이 쓰는 사람들은 민주당 지지자들이죠.

세화 그런가요? 그래서 민도, 사회문화적 소양의 문제, 인문학적 토대, 토양. 이런 면에서 역시 교육의 중요성은 이루 다 말하기 어려운 것인데 앞서 말씀드린 대로 역사적 질곡과 제도의 질곡에 완전히 포박돼 있는 형국이네요. 뜻있는 교사들이 학교 현장에서 얼마나 힘들어하는지!

희일 이명박근혜 때 사람들이 잠시 교육의 중요성을 이야기했죠. 역사를 잃은 민족 어쩌고 그런 말들이 횡행했잖아요. 가만히 보면 자신들에게 유리한 이데올로기가 교과서에 적시됐느냐, 그렇지 않느냐에만 젯밥이 있었던 거예요. 교육 자체에는 관심이 없었던 거고요. 이명박근혜 때는 세상에서 교육이 가장 중요한 것처럼 굴던 사람들이 민주당이 집권 여당이 되고서는 교육 관련 이야기가 싹 사라졌잖아요.

세화 한편 그런 말을 하잖아요. 교육에 대해서 아우성치고 비판적이고 부정적으로 얘기하지만, 교육 덕분에 우리가 이만큼 산업화를 이루게 된 것 아니냐, 이런 반론들이 나오죠. 카피하고 노동자들을 몰아붙여 생산해 온 단계를 넘어서야 하니까요. 설령 그런 반론을 수용하더라도 그런 시절은 이제 끝났다고 말하고 싶죠. 지금까지는 어떻게 통했는지 모르지만 앞으로는 그렇지 못하니까요.

언론은
누구를 위해 복무하는가

#언론의 소명 #공익과 진실 #언론권력

#유튜브 #1인 미디어 #SNS #탈진실 #확증편향 #미디어 리터러시

#알고리즘의 통제와 감시 #반지성주의

#영웅 설화 내러티브(심형래·황우석·조국) #DAUM 아고라

#김어준 딴지 게시판 #여론 조사 #음모론

#공동체적 감각의 확장 #언어의 민주주의 #시민의식 형성

언론의 소명은 진실과 공익!
이에 반하는 사악한 사익 추구 집단

홍세화(이하 '세화') 제가 프랑스에 있는 동안에 《한겨레》 신문을 구
독했어요. 《르 몽드》하고요. 《르 몽드》가 중도라면, 우파 신
문으로 《피가로Le Figaro》가 있지요. 여기에 대응하는 한국
신문으로 《한겨레》와 《조선일보》를 꼽을 수 있을 텐데, 《피
가로》와 《조선일보》의 차이는 각각 프랑스 사회의 보수와
한국 사회의 극우 또는 수구를 반영한다고 할 수 있겠네요.
제 나름으로 네 신문을 분석해서 책을 써볼까 하는 생각을
가져본 적이 있었는데, 능력도 부족하고 게을러서 포기했
죠. 가장 중요한 차이는 공공성에 바탕을 두고 있는 보수인
가, 아닌가에 있었어요. 그들에게는 기본적으로 사회 공공
성에 대한 공유 지점이 있어요. 그다음에 좌파, 우파로 갈라
진다면, 우리는 애초 공익과 사익으로 나누어진다고나 할까
요. 신문의 목표가 공익이잖아요? '공기公器'라고 하니까, 공
적 그릇에는 당연히 공익을 담아야 하죠. 그래서 저들은 공
익이라는 목표의 교집합이 있고, 그다음에 좀 오른쪽으로
당기거나 왼쪽으로 당기는 이런 모양새라면, 한국의 경우는
공익과 사익이 떨어져 있어요. 그래서 예컨대 《조선》, 《동아》
같은 경우는 그릇은 공기, 즉 공익을 담아야 하는 그릇인데
사익 추구의 도구가 되어 있는 모양새라는 거죠. 조선이나

동아로 표상되는 집단은 일제와 타협하고 굴종했던 뿌리에서 자라났고, 해방 이후에도 계속 정치권력에 굴복하고, 협력하고, 유착하면서 기득권을 유지·확장해 온 세력의 이해관계를 대변해 왔다고 할 수 있겠지요.

교과서적으로 '진실을 드러내 공익을 지향한다', 이것을 언론의 소명이라고 말할 수 있겠지요. '진실'과 '공익'이지요. 《한겨레》나 《경향신문》을 진보신문이라고 말하기도 하지만 제가 볼 때는 중도에 가까워요. 그래도 진실을 담아 공익을 지향한다는 공기의 소명에 충실한 편이라고 할 수 있어요. 물론 불온한 좌파에 속하는 저에게는 불만스런 신문이긴 하지만요. 사회 전체에서 《한겨레》나 《경향》이 차지하는 자리나 처지를 살펴봐야 하겠지요. 반면에, 《조선일보》, 《동아일보》 같은 신문은 그들이 지금껏 누려왔고 또 누리고 있는 기득권을 유지·강화하기 위한 수단으로, 사익 추구를 위한 수단으로 신문을 만들고 있는 모습이에요. 그러니까 공기라는 그릇, 즉 공익을 담는 그릇이라는 얼굴을 하고 자기들의 사적 이익을 극대화하는 데 필요한 정치·사회·경제 환경을 조성하기 위해 '공기'여야 하는 신문을 '무기'로 삼고 있는, 그래서 제가 "사악한 사익 추구 집단"이라고 표현한 적이 있어요. 그들은 족벌자본이면서 언론권력이죠. 그러한 그들의 기득권을 최대한 확장·강화하기 위해 신문을 무기로 삼고 있으니까요.

이런 문제들이 제대로 정리되지 못한 상황에서, 유튜브나 1인 미디어, SNS 등이 쏟아져 나오면서 한국의 미디어 환경은 혼탁의 도가니 속에 있다고 말해야 할 지경이 아닌가 싶어요. '탈진실'이라는 괴이한 조어가 스스로 말하듯 진실과 거짓조차 제대로 구분되지 않는 상황입니다. 진실과 거짓, 옳고 그름의 구분이 사익 추구에 바탕을 둔 진영 논리나 호오 감정, 확증편향에 의해 압도된 양상이라고나 할까요. 심지어는 가짜 뉴스들까지 횡행하는데, 이런 파행을 저는 《조선》, 《동아》 같은 신문이 오랫동안 권력과 유착해 사익을 추구해 온 토양에서 비롯되었다고 보는 겁니다. 워낙 기초가 안 돼 있었으니까요. 결국 기자들이 '기레기'라는 조롱의 대상이 되고 말았는데요, 하지만 기자들을 모두 싸잡아서 비난하는 풍조는 뜻있는 기자들을 위해서는 물론이고 언론의 역할을 돌이켜 볼 때 참으로 안타까운 일입니다. 이를 바로 잡으려면 근본에 충실할 수밖에 없지 않겠는가, 다시 말하지만 공적 그릇이라는 언론의 소명에 맞게 진실을 밝혀서 공익을 추구해야 한다는 점을 다시 강조하게 됩니다. 이를 위해서도 시민들 사이에 '미디어 리터러시media literacy'[9]가 폭넓게 자리 잡혀야겠지요.

---

9 개인이 여러 대중 매체에서 전달되는 정보들을 비판적인 시각으로 해석하고 창의적으로 검토하여 재창조하는 능력을 말한다. 넓은 의미로는 미디어의 올바른 이용을 촉진하는 사회 운동을 가리킨다.

정치권력·자본권력, 유튜브·SNS·1인 미디어!
심화되는 확증편향, 언론 공공성은 어디로

이송희일(이하 '희일') 언론, 신문 등 우리들이 익히 알고 있는 레거시
언론들도 있지만 디지털 자본주의와 매체 기술이 발달하면서
유튜브나 SNS 같은 1인 미디어들로 그 영역이 다양하게 분기
됐죠. 그 어느 때보다 공론장의 의미를 성찰해야 하는 시대인
것 같아요.

예전엔 위르겐 하버마스Jürgen Habermas의 공론장 이야기
에 쉽게 동의하지 못했어요. 하버마스는 공론장이 17, 18세
기 영국을 시작으로 프랑스로 확장된 것으로 봤죠. 지식인
들이 카페나 살롱에서 책, 예술, 인물 비평 등 다양한 주제
로 수다를 떨다가 점차 정치적 이야기로 그 영역을 넓혔는
데, 이를 공론장의 시발점으로 본 거예요. 논쟁과 합의를 통
해 어떤 유의미한 정치적 결론이 도출되기도 하고, 또 그렇게
다양하게 쏟아져 나오는 비판들 때문에 국가권력의 힘을 견
제하는 기능이 존재했다는 거죠. 그런데 자본주의가 더욱 심
화되고 문화산업이 덩치를 불리면서 공론장이 점차 상업화
된다고 분석했어요. 광고주 입김에 종속되고, 소비문화 패턴
에 의존하고, 또 정치권력이 수시로 개입하면서 자율성이 침
해되고 제 역할을 못한다는 거죠. 하버머스는 그것을 '공론
장의 재봉건화'라고 진단했어요. 서구 중세처럼 공론장이 권

력에 또다시 포획된다는 거예요. 예전에 저는 그 분석이 다소 낭만적인 데다 도식적이라고 생각했어요. 지식과 담론이라는 게 어떤 시대, 어떤 매체를 경유하든 권력과의 관계를 초월해 자율적으로 존재할 수 없으니까요.

그런데 《워싱턴포스트The Washington Post》의 변화를 보고 생각이 조금 달라졌어요. 《워싱턴포스트》는 경영 악화에 시달리다가 2013년에 아마존 창업자 제프 베조스Jeff Bezos가 인수했죠. 당시 많은 사람들이 놀랐어요. 아마존을 비롯해 대기업의 행태를 비판해 온 《워싱턴포스트》가 과연 자율성을 가지게 될까, 걱정과 의문이 들었죠. 그러다 2016년 버니 샌더스가 미국 정치판에 신드롬을 일으키자 《워싱턴포스트》가 하루에 거의 열 개가 넘는 비판 기사를 연달아 게재하는 사건이 일어났어요. 역사에 남을 기록적인 편향이랄까. 자본의 입장에서 사회주의자 후보가 혹시라도 대통령이 될까 봐 그게 두려웠던 거죠. 버니 샌더스는 월스트리트 규제와 부자 증세, 그리고 아마존 같은 플랫폼 기업들의 독과점을 맹렬히 비판해 온 눈엣가시였으니까요. 《워싱턴 포스트》뿐 아니라 당시 미국 언론 대다수가 버니 샌더스 신드롬 때문에 패닉 상황이긴 했어요. 월스트리트 자본과 민주당-공화당 양당의 다크 머니dark money도 언론 매체에 그 사회주의자 후보를 비난하는 광고를 계속 살포했어요. 그 일련의 과정을 지켜보는데, 어쩌면 '공론장의 재봉건화'라는 개념이 맞는 분석인가 싶더라고요.

그리고 하버마스는 1인 미디어 형태로 공론장의 형식이 이렇게 다변화될 줄은 몰랐겠죠. 이제는 한 사람당 하나의 계정으로 유튜브와 SNS라는 매체를 이용해 다중에게 메시지를 발신하는 시대가 됐잖아요. 하지만 점점 더 확증편향이 심화되는 것 같아요. 저 같은 경우에도 정말 쓸모없는 걸로 시비를 걸거나 댓글을 다는 사람들을 그냥 차단합니다. 예전엔 정성을 다해 대꾸도 하고 그랬는데, 시간이 갈수록 귀찮아져서 그냥 차단 버튼을 누르게 돼요. 그러니까 이렇게 차단한 사람과 차단하지 않은 사람들 사이에 벽이 생기고, 확증편향이 점점 더 굳어지게 되는 거죠. 우주가 서로 달라지는 거예요. 거기에다 알고리즘이 이 편향을 더욱 부추기고 있어요. 엊그제 미국의 페이스북 내부 고발자가 언론에 나와 페이스북을 대대적으로 비판했어요. 페이스북이 청소년한테 유해하고 확증편향을 심화시키는 알고리즘에 기반해 있다고 말입니다. 겉으로는 자유언론, 민주주의의 공론장인 것처럼 행세했지만 실제로는 알고리즘에 의한 통제와 감시가 이루어지고 있다는 거예요. 민주주의를 역행시킨다는 거죠. 그 내부 고발 때문에 엊그제 미국이 한바탕 시끄럽더라고요. 멀리 갈 것도 없이, 우리가 유튜브 동영상 한 편만 봐도 유튜브는 알고리즘에 따라 자동으로 그와 유사한 콘텐츠를 반복적으로 제공합니다. 어르신들이 알고리즘을 따라 보수적으로 편향된 세계를 강화하게 되는 것도 마찬가지 경로예요. 1인 미디어가 처음 나왔을 때만 해도 공론장의 확장, 민주주의의 심화, 이런 이야기들이 많이 나왔지만, 실상은 편향의 심화였던 거예요.

그나마 예전에 종이언론 시대에는 《한겨레》, 《경향》, 《뉴욕 타임스》, 《르 몽드》 같은 레거시 언론들이 나름의 역할을 하며 중심을 잡기 위해 많은 노력을 기울였죠. 하지만 디지털-인터넷 시대로 접어들면서 대부분의 매체들이 클릭 수 장사 때문에 언론 본연의 기능을 대부분 상실해 버렸죠. 그냥 텍스트와 사진을 복사하거나 제목만 자극적으로 부착하는 게 언론의 역할이 아니잖아요. 사실 그에 대한 반대급부로 가짜 뉴스에 대한 경계, 기레기라는 표현 등이 등장한 게 어쩌면 당연한 리액션이었는지도 모르겠어요. 하지만 최근에 생긴 '마이기레기닷컴'은 꽤 문제적이더라고요. 단순히 형편없는 수준의 인터넷 언론들을 비판하는 걸 넘어, 자신들과 다른 입장을 피력하는 기자들의 신상을 털어서 그걸 공개해요. 경악할 만한 일이죠. 언론 역할을 안 하는 매체를 비판하는 거야 그렇다 치더라도, 자기들과 생각이 다른 기자에게 '기레기'라는 딱지를 붙이고, 신상 공개라는 사적인 처벌을 하겠다는 거잖아요. 반지성주의와 '캔슬 컬처Cancel Culture'의 전형이에요. 자신과 다른 어떤 표현들을 견디지 못하고 집단으로 몰려가 타자의 존재를 절멸시켜야 한다는 과잉의 이데올로기예요. 이런 폭력적 분위기에서는 그나마 정론지의 기자들마저 겁을 먹고 스스로를 검열하는 사태가 빚어질 수밖에요. 한편으론 자본과 정치로부터 자유롭지 못한 데다 이렇게 편향으로 분리된 세계에서 공론장이 형성되는 게 점점 어려워지게 된 거죠.

제 페이스북 친구 중에 기자들이 좀 많은 편인데, 요즘 한숨이 많아졌더라고요. 무슨 말만 해도 공격이 들어온다고. 참 착잡해요. 우리는 어떤 세계로 흘러가고 있는 거지? 어떻게 공론장을 세울 수 있는 걸까? 어떻게 말의 공공성을 회복할 수 있을까?

세화 신문의 '문' 자가 '들을 문聞' 자거든요. '듣다'. 그런데 지금 사람들은 듣지 않아요. '사람의 입이 하나이고 귀가 둘인 것은 입으로 말하기보다 귀로 듣기를 두 배로 해야 하기 때문'이라는 옛말이 있지만, 오늘날 사람들은 한 귀로 듣고 다른 귀로 흘려보내는 정도가 아니라 아예 듣지를 않습니다. 제가 하고 싶은 얘기는, 자기가 이미 가지고 있는 생각과 같은 얘기는 듣지만 다른 것은 가차 없이 배척해요. 그런 식으로 홍해가 갈라지듯 진영이 나뉘졌어요. 예컨대 서초동 시위에 가는 사람들에게는 광화문 시위에 편드는 듯한 언론은 모두 기레기, 광화문 시위에 가는 사람들에게 서초동 시위 편을 드는 듯한 언론은 모두 다 기레기, 이런 식이지요. 자기와 다른 생각을 가진 상대편은 모두 기레기가 되는 상황이 되었어요. 이를테면 모든 기자들이 절반한테는 기레기가 될 수밖에 없는 구조라고나 할까요. 거기서 핵심적인 문제는 '공익, 진실'이 실종되고 있다는 점이죠. 앞서 교육 얘기 하면서도 말씀드렸습니다만 한국 사회에서 선동은 가능하지만 설득은 되지 않아요. 인간이나 사회나 본디 복잡한 것인데 단순하게 자기 편한 대로 인식하고 반응할 뿐인 거예요.

앞서 잠깐 그런 말씀이 나왔습니다만, 정치권력과 자본권력으로부터의 독립. 이게 언론이 제 소명을, 공익과 진실을 위한 소임을 할 수 있는 전제 조건인데, 한국의 언론은 오랫동안 정치권력에 복속·굴종해 왔죠. 그런데 민주화와 함께 정치권력이 약화되는 긍정적인 측면이 있는 한편, 그보다 자본권력이 더욱 막강해졌다는 부정적인 측면이 더 클지 모른다는 생각도 들어요. 과거에는 정치권력에 저항하는 기세가 나름대로 기자 정신에 담겨 있었다면, 오늘날에는 한국 사회를 지배하는 물신주의가 더욱 팽배해지면서 자본권력에 자발적으로 복종하는 흐름이 강해지고 있으니까요. 언론도 자본주의 체제 내 경쟁구조에서 기업으로 살아남아야 하니까 광고를 따기 위해 자본권력에 복속되는 상황이 펼쳐지고 있는 거죠.

민주화를 언론의 자리에서 보면 양가적입니다. 한국 언론은 1970년대 동아일보 광고 사태[10]나 1980년대의 보도통제 등 정치권력으로부터 엄청난 탄압을 받았는데, 민주화되면서부터는 자본권력에 휘둘릴 수밖에 없는 이런 형편입니다. 정론지라면 오히려 더 어려워졌다고 볼 수도 있어요. 신문들이 그런 상황에 처해 있다면 공영방송이 더 제 역할을 해야 하는데, 공영방송의 지배구조가 정치권력과 연결되어 있기 때문에 민주화가 됐다고 하지만 여전히 정치적 독립성은 BBC 등에 비해서 낮은 수준에 머물러 있어요. 그 속에서 자본권력에 대한 자발적 복종까지 결합되는, 지난번에 '연합뉴스'에서 황당한 일도 일어났었지요, 한심한 일들이 벌어지고 있지요.

이런 상황인데, 앞서 말씀하신 1인 미디어나 유튜브, SNS 등이 보여주는 것은 무엇보다 제가 앞서 말씀드린 듣지 않는 문제에, 듣는 것은 자기가 갖고 있는 생각을 강화·증폭시킬 수 있는 것만 골라서 듣는 문제까지 결합되어 혼탁한 양상이 지속되고 있네요. 이게 교육 얘기할 때도 말씀드린 선동과 설득

10 《동아일보》 백지 광고 사태는 1974년 12월 박정희 유신 정권의 언론 탄압으로 동아일보에 광고를 내기로 했던 회사들이 무더기로 해약하고, 그 결과로 동아일보에서는 광고를 채우지 못한 부분을 백지로 내보내거나 아예 전 지면을 기사로 채워버린 사태를 말한다. 이 사태로 동아일보 광고가 해약되었을 뿐만 아니라, 동아일보 계열사인 동아방송에도 사태의 영향력이 퍼져서 이듬해 1월 11일 보도 프로그램 광고가 무더기로 해약되어 방송 광고 없이 프로그램을 진행하거나 공개녹화를 포함한 일부 방송 프로그램이 연속으로 폐지되었고, 뒤이어 전체 방송 시간마저 단축되는 등 심각한 타격을 입었다. 광고를 평상시처럼 싣지 못한 동아일보 백지 광고 사태는 무려 7개월간 이어져, 동아일보와 동아방송에 경영난을 가져왔다. 결국 동아일보 경영진이 당시 박정희 대통령의 군사독재에 반대하는 시위에 나갔던 직원들을 강제로 해고함으로써, 사태가 종결되었다. 당시 해고당한 직원들은 동아자유언론수호투쟁위원회를 결성하여 민주화운동에 나섰다. (위키 백과)

의 차이와 관계되는데, 1인 미디어나 유튜브도 장사를 해야 하니까, 불가능한 설득보다는 가능한 선동 쪽으로 가는 경향을 보이게 되니까요. 앞으로 이런 경향이 더해지면 더해지지 줄어들 것 같지 않고, 그러면 더욱 갈라지면서 말씀하신 확증편향이 더 강해지는 위험이 있지 않나 싶어요.

미디어 리터러시라는 측면에서 보면 언론의 보도든 분석 기사든 칼럼이든 그것들을 읽으면서 판단력을 키워야 하는데, 그보다는 인물에 대한 호오 감정에 치우쳐 있어요. 공익과 진실이라는 이름의 거울을 통해 진실과 거짓, 옳거나 그름을 분별해야 하는데, 그보다는 일정 정치인에 대한 것도 호오, 내 마음에 드느냐 안 드느냐로 끝내는 거죠. 그것이 바뀔 가능성은 거의 없죠. 왜냐하면 나의 기존 생각과 다른 말은 애당초 듣지 않으니까요. 이런 것들이 지금 우리의 현실, 언론과 관련된 현실인 것 같습니다.

심형래·황우석·조국,
영웅 설화 내러티브와 반지성주의의 재생산

희일 말씀하신 것처럼 언론과 미디어가 정치권력과 자본권력으로부터 온전히 자율성을 획득하기가 꽤 어려운 것 같아요.《경향》,《한겨레》같은 경우도 몇 번 한국 성소수자 진영의 반발을 일으켰었죠. 기독교계의 성소수자 혐오 광고를 실었거든요. 아무리 경제적으로 힘들고 광고의 유혹을 벗어나기 힘들다고 해도, 스스로 진보 정론지를 표방하는데 과연 혐오 광고를 실어주는 게 온당하냐는 거예요. 상단 칼럼에는 성소수자 차별 반대, 하단 광고에는 성소수자 혐오. 그 자체로 형용모순이죠. 여러 차례 마음이 심란했었어요.

또 한편으로 제가 걱정하는 것은 반지성주의의 끝없는 재생산이에요. 디지털 자본주의가 발달되고 우리 일상생활까지 잠식하면서, 이제 레거시 미디어에 의존하지 않아도 각자의 아이디와 계정을 통해 메시지를 다중에게 전달할 수 있는 세계에 도달했어요. 카메라 장비와 인터넷, 와이파이 등 값싸고 질 좋은 재현 수단에 대한 접근성이 용이해졌고, 누구나 자신의 아이디와 계정으로 1인 미디어가 될 수 있죠. 자본주의자들은 기술의 발전이 공론장을 확대하고 더 많은 민주주의를 창조할 거라고 주장했죠. 하지만 그 반대급부로 확증편향의 세계가 펼쳐지고 있고, 그 속에서 반지성주의가 끝없이 출몰하고 있는 지점도 눈여겨봐야 돼요.

잠시 제 이야기를 들려드리고 싶어요. 2007년, 심형래 감독의 〈디워D-War〉라는 영화가 개봉했었어요. 평론가들이 그 영화에 대해 비판적으로 글을 쓰자, 그 영화 지지자들이 단체로 몰려가 평론가들을 비난하더라고요. 좀 황당했어요. 영화 한 편 가지고 왜들 저러지? 그래서 제 개인 홈페이지, 그것도 몇

사람 오지도 않는 작은 홈페이지에 그에 대한 소회를 남겼어
요. 영화를 영화로 봐야지, 애국주의로 보면 안 되지 않냐, 그
런 글이었죠. 그런데 다음 날, 난리가 났어요. 홈페이지는 폭
파되고, 제 이름은 며칠 동안 포털 실시간에 오르내리고, 전화
통은 방송국과 언론 매체들 때문에 불이 나고, 저는 순식간에
'매국노'로 매도됐어요. 심지어 안티 이송희일 카페가 3개나 생
겼더라고요. 한 달 동안 거의 밖을 나가지 못했어요. 영화제
행사 때문에 갈 일이 생기면, 안티 카페에 좌표가 찍혔거든요.
안전 문제도 있고 해당 단체에 폐를 끼칠 것 같아 모든 일정
을 접고 그냥 집에서 두문불출했죠. 무섭기도 했고요. 도대체
이게, 개인 홈페이지에 몇 줄 쓴 것뿐인데 천하의 몹쓸 매국노
가 된 거예요. 누가 예상이나 했겠어요, 몇 줄의 문장 때문에
다음 날 공공의 적이 될 줄이야.

누군가 제 홈페이지에서 글을 복사해 옮긴 곳이 바로 다음 Daum 포털의 아고라였어요. 지금은 없어졌지만 당시만 해도 가장 활발하게 운영되던 커뮤니티 중 하나였죠. 디워 사태가 처음 시작된 곳이 바로 그곳이었어요. 그런데 그전에 황우석 사태 역시 그곳이 진앙지였어요. 참 공교롭죠. 우리는 황우석 사태를 통해 반지성주의가 어떻게 작동되는지를 봤잖아요. 대중들은 황우석을 불세출의 영웅으로 치켜세우는 동시에, 엘리트 집단으로부터 따돌림을 받는 피해자로 설정했어요. 그를 따돌리는 세력은 서울대를 비롯한 한국의 지배적인 의료권력이라고 주장했죠. 대부분의 영웅 설화 내러티브와 쏙 빼닮았어요. 지배층으로부터 따돌림을 당하지만 그걸 극복한 난세의 영웅이 민중과 국가에 커다란 행운을 가져다준다는 내러티브 말입니다. 그래서 황우석을 비판하는 과학자들과 언론을 지배 엘리트라고 우기거나, 황우석 사태를 비판적으로 바라보는 시민들을 매국노라고 비난했던 거죠. 심형래 디워 사건도 완전히 똑같은 경로의 우상화였어요. 〈디워〉에 적용된 CG의 그 찬란한 기술을 전 세계에 알리게 돼서 한국이라는 나라가 너무 자랑스러웠는데, 제가 그 애국심을 모독했다는 거예요. 황우석의 경우에는 '줄기세포의 원천기술'이었다면, 심형래의 경우엔 'CG 기술'이었죠. 그리고 자신들은 영화 말미에 흘러나오는 〈아리랑〉을 들으며 감격에 겨워 눈물을 펑펑 쏟았는데, 충무로 엘리트인 제가 대중들을 무시했다는 거예요. 그동안 심형래 감독은 충무로 엘리트들에게 수난을 당하고 따돌림을 당해왔다고 믿은 거예요. 세상에, 20년 가까이 늘 밀린 월세에 허덕이며 살아가는 가난한 독립영화 감독이 졸지에 충무로 상업영화 엘리트가 된 거예요. 민중들의 애국심을 비난하는 살찐 매국노가 된 거예요.

그렇게 황우석과 심형래에 대한 비판은 죄다 기득권의 억압으로 성토됐죠. 과학자든 언론이든 그 무엇이든 반지성주의는 확증편향의 세계에 갇혀 다른 의견을 듣지 않는 거예요. 때론 인민주의라는 이름으로 비판적 의견 자체를 기득권의 발로라고 주장하며 차단하기도 합니다. 인민주의 이데올로기가 항상 옳지만은 않아요. 외려 나치즘과 파시즘, 트럼프주의에 이르기까지 인민주의는 그 광풍의 땔감이 되어왔지요. 디워 사태 때 자칭 좌파 지식인들마저 '디워 VS 기득권'이라는 프레임으로 그 광풍에 올라타기도 했었어요. 맙소사, 영화를 영화로 봐야 된다는 단순한 그 한마디가 기득권의 발로라니요. 어쨌든 그렇게 황우석, 심형래 사태를 촉발시켰던 다음 아고라가 반지성주의의 요람이었죠. 김어준 딴지 게시판도 마찬가지고요. 놀랍게도, 아고라 이용자의 상당수가 민주당 지지자들이었어요.

세화 그 흐름이 조국까지 온 거고요.

정치적 편향을 재생산하는 구조적 장치들, 음모론과 여론 조사

희일 네, 그렇게 온 거죠. 일련의 흐름들이 지금까지 쭈욱. 기득권을 가정한 채 세상에서 가장 큰 피해를 받는 존재가 난세의 영웅이 된다는 신화에 여전히 정박돼 있는 거예요. 자기 진영의 영웅들을 탄생시키기 위해 끝없이 허상의 기득권들을 가공하고 있어요. 엘리트, 언론, 검찰권력 같은 거 말이에요. 무시무시한 기득권 세력으로 포장되죠.

미국도 사정은 마찬가지예요. 트럼프주의의 원천은 음모론이에요. 여러 가지 음모론이 있었는데 종합하면 이렇습니다. 미국을 지배하는 건 '그림자 정부(Deep State)'인데, 빌 게이츠 같은 갑부들, 민주당 정치인들, 톰 행크스 같은 할리우드 유명 인사들이 아동 성매매를 일삼고 있으며, 중국·러시아와 손을 잡고 미국의 산업적 인프라를 궤멸시키려 든다는 거예요. 특히 힐러리 클린턴이 피자 가게 지하에서 엘리트들에게 아동 성매매를 알선하고 있다는 음모론도 많이 돌았죠. 그걸 진짜로 믿고 어느 소년이 피자 가게에다 총을 쏘기도 했었어요. 그리고 이런 난세를 극복하는 영웅적 메시아가 마침내 출현하는 거예요. 위선적인 엘리트 집단을 무너뜨릴 메시아, 바로 트럼프! 일부 아니냐고요? 한때는 미국 국민 중 40퍼센트 이상이 '그림자 정부'의 존재를 믿고 있다는 여론 조사가 있었어요. 지금도 이 음모론의 영향력은 여전합니다. 음모론이라는 게 참 무서운 것 같아요. 한국이라고 상황이 다를까요? 황우석과 심형래를 불세출의 영웅으로 우상시하며 그에 대한 비판의 말들을 정죄했던 경로와 별반 다르지 않아요. 심지어 김어준은 온갖 음모론을 양산하면서 집권 여당의 나팔수 노릇을 하고 있잖아요.

어제 심란한 기사를 읽었어요. 요즘 선거는 각각의 인터넷 커뮤니티가 지배한다는 거였어요. 이재명 캠프는 엠팍이나 민주당 지지자들이 주로 쓰는 커뮤니티에 들어가고, 윤석열은 어디 우익 커뮤니티에 들어가고, 또 홍준표는 어디 커뮤니티에 들어간다는 거예요. 어떤 정치적 가치가 중요한 게 아니라, 확증편향으로 굳어진 커뮤니티의 파워에 의존하게 된 거잖아요. 각각 캠프의 윗선들이 그 커뮤니티에 상주하면서 실시간으로 반응을 체크한대요. "후보님, 그 커뮤니티에서 이런 얘기가 나오고 있어요." 이러면 당연히 자신의 신념과 철학을 유예하고 편향된 반응에 종속될 수밖에 없죠. 이렇게 공론장이 약해지고, 우리 언어의 공공성도 점차 힘을 잃고, 확증편향의 담론장이 득세할 때 우상화, 음모론, 가짜 뉴스, 정치의 실종, 극우의 언어가 판을 치게 됩니다.

기왕 이야기 나온 김에, '여론 조사'에 대해 잠깐 말씀드리고 싶네요. 여론 조사 역시 정치적 편향을 재생산하는 구조적 장치라고 볼 수 있거든요. 피에르 부르디외가 이런 말을 했죠.

"여론 조사는 이데올로기다. 왜냐하면 객관성을 가장하지만 이미 정해져 있는 답을 투영시키기 때문이다." 요즘 말로 풀이 하면 '답정녀'쯤 되겠네요. "지금 그 정책을 어떻게 생각하십 니까?"라고 질문하면 그 질문을 받은 사람은 여러 가지로 생 각을 하고 자신의 의견을 개진할 수가 있죠. 하지만 대부분의 여론 조사는 두 가지 대답만 가능합니다. 이미 답이 정해져 있어요. '그렇다, 아니다'. 많아 봤자 '아주 그렇다, 그렇다, 아니 다, 아주 아니다' 정도고요. 즉, 여론 조사는 공론장을 넓히는 게 아니라 확 쪼그라들게 만드는 장치예요. 공론장 자체를 아 예 지워버리기도 하죠. 한 시민의 공적 의견을 고작 '그렇다, 아니다'의 획일화된 이분법 안에 욱여넣잖아요. 그러고는 마치 그게 시민의 일반의지인 양, 공론인 것처럼 공표를 해요.

지금 대장동 사태에 대해서 국민들의 불만과 분노가 팽배해 있잖아요. 공론장이 제대로 작동된다면 우리는 금융자본과 토건 세력이 어떻게 결탁을 했고 천문학적인 불로소득을 사 유화하는 이 기형적인 구조를 어떻게 혁파해야 할지 침을 튀 기며 사력을 다해 논쟁하고 있어야 돼요. 하지만 여론 조사 는 이걸 이렇게 왜곡합니다. "이재명이 잘못했습니까, 곽상도 가 더 잘못했습니까?", 혹은 곧바로 지지율 조사로 바뀝니다. 대장동 사태를 경유하며 "당신은 민주당을 지지합니까, 국힘 당을 지지합니까?"

이렇게 여론 조사는 양당제 중심의 선거 일정으로 모든 정치적 공론을 때려 맞추는 장치예요. 그것 자체가 공론인 것처럼 위장하죠. 어떤 사건이 발생하고, 대중의 분노가 일어나면, 그걸 동력 삼아 사회를 유의미하게 변화시켜야 되는데, 여론 조사와 지지율 조사는 정당 정치의 정치공학으로 이 모든 것들을 재빠르게 청소기처럼 빨아들이는 거예요. 여론 조사야말로 부르주아 정당정치가 고안해 낸 가장 탁월한 테크놀로지입니다. 모든 정치적 논의와 선택 과정들이 지지율과 여론 조사에 철저히 종속돼요. 선거제도도 가뜩이나 후진데, 이렇게 양당제 중심의 정치 일정에 종속된 여론 조사와 지지율 조사는 진보정치의 가능성을 계속 지연시키거나 아예 차단하는 기능을 하죠. 무엇보다 공론장을 약화시켜요.

세화 우리가 여론 조사에 거부감이 없는 게, 피에르 부르디외를 말씀하셨지만, 외국에서도 여론 조사를 해요. 하지만 한국처럼 이렇게까지 매일이다시피…

희일 너무 심하죠. 거의 경마장 중계하듯이.

세화 너무 많이 하고 있지요. 여론 조사에 너무 쏠려 있는 형편인데, 그렇게 된 것은 이거냐 저거냐의 이분법적 논리에 갇혀, 앞서 말씀드린 대로 사회 현실은 복잡하고 그 속에 모순들이 난마처럼 얽혀 있는데, 그것을 극복할 방안을 어떤 정책과

운동에서 찾을 것인지 고민하고 드러내야 하는데, 그보다는 사람들의 호오 감정에 기대 누가 더 좋으냐 누가 앞서 가느냐로 시간과 지면을 허비하고 있어요. 공익과 진실보다는 그냥 사람들의 마음에 드는가 아닌가에 호응하고 있는 것이죠.

김어준, 국뽕, 죽창, 문빠…
언론 주눅 들게 만드는 음모론과 반지성적 피해의식

세화 아까 황우석, 심형래로 이어지는 데서 나타나는 반지성주의에 관해 말씀하셨는데, 이것을 조국 사태까지 연결시켜 말할 수 있겠지요. 제가 몇몇 한겨레 후배 기자들한테 "어떻게 한겨레가 김어준에게 마이크를 주냐? 이게 도대체 무슨 상황이냐?"라고 말한 적이 있어요. 김어준을 추종하는 커뮤니티 구성원들이 거의 다 민주당 지지자들이고, 국뽕 민족주의, 죽창 얘기 하니까 거기에 동조해 유니클로 불매운동을 벌이는 편협한 쇼비니즘chauvinism 행태를 보였고, 일식집까지 유탄을 맞았지요. 정론지라면서 제 목소리를 내지 못하는 한겨레라니! 일본의 정치권력과 일본의 민중이나 시민사회를 구분하지 않고 단세포적 반응을 보이는 세태에 대해 비판해야 하잖아요? 유니클로가 미쓰비시도 아니고요…. 거꾸로 일본 여론이 한국의 이명박근혜 정권과 한국의 민중이나 시민사회를 한통속으로 몰아 비난한다면 어떨까 생각할 줄 알아야지요. 한일 간 문제를 정치권에만 맡겨놓을 수 없고 두 시민사회 간 연대의 가능성을 열어두도록 해야 하는데 전혀 그러지 못했던 거예요.

한겨레가 주눅 들 수밖에 없었던 면이 있었지요. 문재인 대통령 지지자들, 이른바 문빠라고 하는 사람들을 포함하여, 한국의 정치 지형에서 《한겨레》 신문의 주 독자층이 그쪽에 있으니까. 단적인 예로 창간 때부터 지켜왔던 대통령 부인 호칭 문제를 들 수 있어요. 결국 '김정숙 씨'를 '김정숙 여사'로 바꿔야 했잖아요? 문자 그대로 퇴보였지요. 이것도 '정신의 신자유주의화'의 영향일지 모르겠는데, 한겨레가 견지해야 할 민주주의 원칙이나 시민성이 고객화된 독자들의 압력에 두 손 든 꼴이었지요. 20세기 초의 일이었을 거예요, 《가디언》지는 아

프리카에서 제국주의를 관철시키려는 영국의 국가이성에 반대하는 논조 때문에 독자의 10퍼센트가 떨어져 나가는 일이 있었어요. 그래도 꿋꿋이 버텼어요. 안타깝게도 한겨레는 그러지 못했어요. 1988년도 창간 당시에 한국의 복잡한 어법이 민주주의 성숙에 걸림돌이 된다고 판단하여 호칭에 차이를 두지 않고 모두 '씨'로 통일한다는 원칙을 갖게 되었고 또 지켜왔는데 그게 30년이 지난 뒤, 이른바 민주화세력의 압박에 의해 무너졌다는 말이에요. 이런 것이 앞서 말씀하신 스스로 민주라고 말하는 세력에게 반지성주의가 어떻게 결합되고 있는지를 보여주는 예라고 할 수 있겠지요. 지난날 '이희호 씨', '권양숙 씨'라고 썼을 때엔 아무 일 없었던 것과 비견되지요. 그만큼 이른바 '노빠'라고 불렸던 사람들에 비해 '문빠'는 달랐던 거예요. 이유나 배경이 어떻든 퇴보라는 점을 부정할 수 없지요. 노무현 전 대통령에 대한 안타까운 감정이 작용했겠지만, 그 저변에는 한국의 언론을 주름잡아 온 조·중·동에 대한 반발심이 한겨레에도 투사된, 그런 면도 있겠지요.

〈디워〉 때도 잠시 그런 걸 느꼈는데, 저는 그 영화를 관람하지 않았지만 대충 감은 잡았었죠. 실은 〈디워〉 때보다는 황우석 때, 이건 보통 심각한 상황이 아니라는 걸 느꼈어요. 민주화세력에게 복병이 도사리고 있구나 싶었어요. 정치권은 말할 것도 없고요.

희일 어마무시했죠.

세화 정치권에서 그나마 다른 소리를 낸 분은 세상 떠나신 김근태 의원 정도였고, 다 거기로 몰려갔어요.

희일 손학규 씨도 그렇고, 웬만한 사람들이 다 몰려갔죠.

세화 노무현 대통령, 유시민 씨, 김어준 씨를 비롯해 어지간한 층은 다. 그런 과정을 거쳤으면 반성적 성찰이라는 것이 있어야 하는데 그런 건 찾을 수 없고 기대할 수도 없는. 이게 다수파의 문제라는 생각도 들죠. 진영 내 다수파는 자기 돌아봄을 하지 않으니까요. 할 필요를 느끼지 않으니까.

희일 진중권 씨가 계속 김어준을 까는 게 한편으로는 이해가 되는 게, 황우석 때.

세화 말도 못 했죠.

희일 감금되기까지 했었죠. 대학교 강의 갔다가 황우석 지지자들한테 둘러싸여서 경찰 부르고 이랬으니까요. 나중에 우연히 진중권 씨를 만났는데, 나는 〈디워〉 때문에 한 달간 집 밖에 나가지 못했다고 얘기하면서 웃은 적이 있어요. 그리고 공교롭게도 두 사태에 안 빠지는 인물이 있죠. 김어준 씨. 편향된 세계관과 음모론, 그의 말들이 계속 공해를 일으키고 있다고 생각해요. 심지어 세월호에도 음모론을 적용하고 있잖아요. 〈더 플랜〉 같은 세월호 관련 다큐를 제작·지원하고 있는데, 이런 이야기들이에요. "이거 전문가들 이야기 믿으면 안 돼. 치밀한 음모가 숨겨져 있어." 언론도 믿을 수 없고, 정치가들과 전문가들도 믿을 수 없다는 거예요. 김어준 씨는 '냄새가 난다'는 말로 끊임없이 음모론을 부추기고 대중들에게 잘못된 신념과 정보를 확산하고 있죠. 음모론은 실제의 모순과 사회의 변화, 그리고 앎에 대한 의지를 가로막는다는 점에서 기득권 못지않게 해악적이에요. 그저 자신들을 가장 투명하고 순수한 피해자로 전시하면서 이목을 집중시키고 상징 자본을 전유하는 전략이랄까. 피해의식이 곧 권력 재생산의 알리바이가 되는 구조. 예를 들면, 이스라엘의 시오니즘Zionism처럼 말이죠. 이스라엘은 여전히 '유대인'이라는, 세상에서 가장 핍박받은 피해자 정체성을 내세우면서 팔레스타인 점령 등 자신들의 파괴적인 폭력을 끊임없이 정당화하잖아요. 선생님 말씀처럼, 황우석·심형래·노무현 그리고 지금의 조국에 이르기까지 이 집단 심리의 경로가 계속 되풀이되고 있는 것 같습니다. 예전에 황우석 지지자들이 황우석 걷는 길에 진달래꽃을 주단처럼 깔았듯이, 최근에는 조국 지지자들이 모여서 조국 전 장관의 자동차를 세차하고 있더라고요. 시간의 차이만 있을 뿐, 같은 풍경이에요. 발터 베냐민Walter Benjamin이 그런 말을 했죠. "신화적 사건의 본질은 '재발再發'이다." IMF를 경유하며 지난 20여 년의 세월 속에서 한국은 피해의식에 의해 촉발된 우상화 과정을 반복해 왔다고 봐야 할 것 같아요. 한 치도 바뀐 게 없어요. 타깃만 계속 바뀌죠. 박탈감과 새로운 신화에 대한 열광, 피해의식과 권력에 대한 도취, 음모론과 반지성주의.

문재인 정부 초기에 그의 지지자들이 영부인의 호칭을 놓고 언론에 가했던 패악질을 보세요. '여사'와 '씨'를 놓고 완장질을 했잖아요. 고 노무현 대통령의 죽음에 《경향》과 《한겨레》 등 진보 언론들의 책임이 크다는 거죠. "여사님이라고 안 불러!"라고 윽박지르고 그걸 또 핑계 삼아 복수를 꾀했던 거예요. 이른바 복수의 정치죠. 그때 기자들이 고초를 많이 겪었죠. 불쌍할 정도더라고요. 《한겨레》 모 기자가 당시에 "니네 나중에 두고 봐."라고 페이스북에 울분을 토로하는 걸 봤어요. 근데 어 이상한데? 시간이 지나면서 점점 《한겨레》 논조가 친여, 친조국에 가깝게 변하더라고요. 아, 우리 사회가 점점 어디로 흘러가는지 종잡지를 못하겠어요.

세화 능력이 부족한 건 어쩔 수 없죠. 그런 점을 느끼긴 해요. 기자의 실력이 탄탄해야 되고, 보편성을 파악하고 추구할 줄 알아야 하고, 국내 문제에 안주하지 않아야 하는데, 제가 보

기엔 우선 공부가 부족하니까요. 한국 기자들을 전반적으로
보면 공부가 부족할 수밖에 없는 조건에 있어요. 일상이 워
낙 바쁘고, 요즘은 술을 덜 마신다고 하지만 도대체 책은 언
제 읽는지 알 수 없는, 실력을 쌓기 어렵죠.

신문·방송, 공동체적 감각과 소명의식 회복하여
민주주의 성숙의 촉매 되어야

세화 아까 얘기로 돌아가서, 상징적인 예로 프랑스에 '드레퓌스 사
건'이 있었다면 한국에는 '유서 대필 사건'이 있다고 하고 그
에 대한 언론의 반응 얘기도 하는데, 프랑스에서 드레퓌스
사건[11]이 터졌을 때 우리가 알고 있는 에밀 졸라Émile Zola

---

11 드레퓌스 사건은 1894년 프랑스에서 포병 대위였던 유대인 출신의 알프레드
드레퓌스(Alfred Dreyfus, 1859~1935)의 간첩 혐의를 둘러싼 사건을 말한다.
드레퓌스는 독일 대사관에 군사정보를 제공한 혐의로 체포돼 별다른 물증 없
이 단순히 필체가 비슷하다는 이유로 종신형을 선고받는다. 드레퓌스의 가족
은 진상을 알아내고 11월 진범인 헝가리 태생의 에스테라지 소령을 고발했지
만, 군부는 그를 무죄 석방하였다. 그러나 소설가인 에밀 졸라가 공개한 「나
는 고발한다(J'Accuse)」라는 제목의 논설을 계기로 사건은 19세기 후반 수년
동안 반유대주의로 프랑스를 휩쓸었던 로마 가톨릭교회·군부와, '정의·진실
·인권 옹호'를 부르짖는 드레퓌스파 간 정치적 항쟁으로 발전했다. 결국 드레
퓌스는 무죄 판결을 받았고 프랑스 공화정의 기반을 다지고 좌파세력의 결속
을 촉진하며, 프랑스의 정교분리 원칙인 라이시테 원칙을 수립하는 계기가 되
었다. 이후 포르투갈과 스페인 그리고 라틴아메리카 전역에서 반교권주의 운
동의 모델이 되었다. (DAUM 백과, 에듀윌 시사 상식)

의 「나는 고발한다」를 실은 《로로르L'Aurore》 신문도 소수파에 속했지요. 다수파 신문들은 에밀 졸라를 비롯, 드레퓌스의 무죄를 주장하는 지식인들에게 이루 말할 수 없는, 그들을 동물로 형상화한 삽화까지 나올 정도였어요. 그런 과정이 그들의 민주주의 성숙에 중요한 계기를 주었던 게 분명한 사실인데요. 한국에서는 그렇지 못한 것이 여전히 '조선', '동아'를 비롯한 기득권 카르텔의 힘이 막강하기 때문이지요. 이렇게 신문의 지형이 기울어진 운동장이라면 앞서 말씀드렸듯이 공영방송이 그들의 존재 이유인 공공성을 가지고 균형을 이루어야 하는데 제가 볼 때엔 아주 미흡해요.

《로로르》
신문에 실린
에밀 졸라의
「나는 고발한다」
[CC0]

희일 MBC는 친여 기관이던데요?

세화 그렇게 돼버렸죠. 아까 말씀드린 BBC와 같은 독립성이 없는, 지배 구조가 정치권력에 의해 좌우되는 문제에서 벗어나지 못한 거죠. 그 위에 기자와 피디의 자질도 한계가 있다고 해야겠지요. 퇴보를 보여주는 또 하나의 예가 황우석 사태 때의 MBC가 조국 사태에서는 그 분위기에 휩쓸린 점을 들 수 있겠지요. 공영 언론으로서 거리두기를 하지 않고 그 한쪽에 스스로 파묻혀 버린….

희일 언론과 공론장에 대해서는 꽤 비관적이었는데, 저번에도 말씀드렸다시피, 그나마 EBS의 〈위대한 수업〉 프로그램을 보며 언뜻 희망의 실마리랄까 그런 게 보였어요. 그 프로그램 피디들이 세계 석학들을 섭외하기 위해 정말 어마무시하게 공을 들였더라고요. 이메일을 계속 보내거나 그래도 답변이 없으면, 그 사람의 SNS에 계정에 가서 열심히 댓글을 달고 선물을 보냈다고 해요. 나중에는 거기에 감동해서 그 학자들이 자기 돈도 들이고 인터뷰 시간도 더 늘여서 했대요. 이렇게 제작진의 노고에 보답하듯이 시민들의 반응도 열광적이었죠. 계속 반지성주의에 대해 이야기를 나눴지만, 또 한편으로 우리들은 지성의 충족에 목말라하고 있었던 건 아닌가 싶어요. 기회가 없었던 건지도 모르겠어요. 그만큼 〈위대한 수업〉은 신선한 충격이었어요. 방송의 공공성과 시민교육의 가능성을 보여준 사건이었다고 생각됩니다.

한나 아렌트Hannah Arendt는 커먼 센스common sense, 즉 '공동체적 감각', 우리가 타인들과 함께 공유하고 있는 세계에 대한 이해와 감각, 그걸 계속 확장해야 한다고 주장했죠. 그 접점을 마련해 주는 게 공론장이고, 언론이고, 여론인 것 같아요. 그래서 우리는 이 영역의 공공성을 포기할 수 없는 것 같아요. 확증편향의 세계 안에서 우리 편만 가지고 싸우는 건 상당히 위험하죠. 《경향》, 《한겨레》, 《한국일보》 세 개만 놓고, 나머지는 나쁜 놈들이야, 이렇게 해서는 또 다른 편향과 적대만 증가할 뿐이에요. 공동체적 감각을 어떻게 확장할 수 있을까? 언어의 민주주의를 어떻게 넓힐 수 있을까? KBS의 공공성 강화라든지, 대안 언론이라든지, 플랫폼 기술의 공공화라든지, 계속 고민하고 움직일 수밖에 없겠죠. 선생님이 더 잘 아시겠지만, 매체 언론도 다각도로 변화를 모색하면 좋을 것 같습니다.

세화 저는 한국에서 보면 언론, 아까도 공공성과 진실이 핵심이어야 한다고 말씀드렸는데, 기자들에게 그런 가치관이랄까 중심적인 지표와 같은 것이 정말 있나라는 생각이 들 때가 있어요. 한국 사회에서 저널리스트나 기자들이 자신의 소명의식으로 진실, 공익을 끌어안고 있을까, 라는 질문을 하게 되는 거예요. 그렇지 못하다는 거죠. 권력과 돈에 휘둘려서…. 《르 몽드》에서도 나온 얘기인데, 기자에겐 접촉과 거리가 필수적이다, 너무 접촉하지도 말고 너무 거리를 두지도 말라, 끝없이 긴장해야 한다는 말을 하거든요. 그런데 한국 신문의 출입처 제도는 그 자체로 접촉만 할 뿐 거리두기를 무척 어렵게 만들어요. 가령 법조 기자들은 검찰에 지나치게 경도된 모습을 보이기도 하고요. 한국의 출입처 시스템은 일본에서 비롯된 것인데, 이 제도에 갇혀 기자 생활을 하니까 차차 관료적 시스템에 젖어드는 경향을 보이는 점도 있다고 봅니다. 부서 이전을 하지만 출입처 시스템에 갇혀 있으면 사회구조와 모순을 총체적으로 파악하기에는 부족할 수밖에 없어요. 그런 일상 속에서 젊은 기자 시절에 끌어안았던 진실과 공익이라는 소명의식, 그것의 담지자라는 생각을 계속 간직할 수 있을까? 그저 하나의 직업인이거나 심지어는 기자직을 권력 지향의 발판으로 여기는 사람도 적지 않고요. 제가 굳이 이 말씀을 덧붙이는 것은 한겨레에서도 많지는 않지만 정치권을 향한 부나비가 된 경우를 보니까요. 과거에 조·중·동 출신들이 그런 행보를 했을 때엔 비난의 눈길을 보냈겠지요. 그래서 더욱 자신은 민주화세력이므로 다르다고 말하겠지만요. 이건 좀 다른 얘기입니다만,《르 몽드》는 2차 대전 직후 창간됐어요. 비시 정권(제2차 세계 대전 중에 나치 독일의 점령하에 있던 남부 프랑스를 1940년부터 1944년까지 통치한 괴뢰정권)하에 4년 동안 나치 독일에 부역했다는 이유로 '르탕'이라는 신문사를 드골이 몰수하여 위베르 뵈브-메리Hubert Beuve-Méry라는 사람에게 신문을 만들라고 요청을 해서 태어난 게 《르 몽드》예요. 1920년부터 20여 년 동안 식민지 조선에서 일제에 부역했던 《조선》, 《동아》가 계속 주름잡고 있는 우리 현실과 비교되는 점인데요, 거기서 제가 계속 강조하는 사회 공공성에 있어서 엄중한 차이가 있을 수밖에 없다고 말하게 돼요. 위베르 뵈브-메리의 말 중에 자주 인용되는 게 있죠. 원래 샤를 페기Charles Péguy라는 사람이 한 말인데, "진실을, 모든 진실을, 오직 진실만을 말하라. 바보 같은 진실은 바보같이 말하고, 마음에 들지 않는 진실은 마음에 들지 않게 말하고, 슬픈 진실은 슬프게 말하라."라는. 한겨레에 몸담고 계셨던 리영희 선생님도 끊임없이 진실을 강조하셨는데요, 기자들에게 기본적인 자질이 부족하다는, 공공성에 대한 인식도 부족하다는 생각이 드는 건 어쩔 수 없네요. 결국 교육은 교사, 언론은 언론 종사자들인 기자와 피디, 이들의 수준이 교육, 언론의 질을 규정할 텐데, 그 바탕에 그 나라 국민의 수준이 있을 수밖에 없고 그것을 끌어올리려면 어떻게 해야 하나? 오랫동안 정치권력에 짓눌려 왔고 지금은 자본권력에 휘둘리고 종속되는 언론의 현실, 그 위에 옳고 그름, 진실과 거짓의 분간보다 진영 논리, 확증편향이 관철되는 상황인데 앞으로 개선될 수 있을지 기미를 찾기가 어려워 보이네요. 유튜브나 1인 미디어를 봐도 마찬가지고요.

확증편향으로 분리된 평행우주,
어느 한쪽이 팽창하면 파시즘 될 수 있어

희일 우리는 평행우주에 사는 것 같아요. 한쪽에는 《조선일보》나 주류 보수 언론들이 있죠. 거의 재벌과 자본의 기관지 같아요. 노골적으로 민주노총과 노조를 적대시하죠. 또 다른 편에는 《경향》이나 《한겨레》 같은 진보 정론지들이 존재해요. 한편으로 인터넷 세계도 평행우주예요. 유튜브, SNS, 페이스북 등 너무도 다른 세계로 나뉘어 있죠. 이쪽은 이쪽, 저쪽은 저쪽, 완전히 다른 우주예요. 확증편향은 세계를 흑백으로 가르고, 어쩌다 한쪽의 우주가 더 커지면 파시즘이 일어날 수도 있는 거죠.

어제인가요? 윤석열 씨가 "전두환이 정치는 잘했어." 그 얘기를 했죠. 비판이 쏟아지니까 사과를 하긴 했는데, 인스타그램에 자기 개한테 사과를 주는 사진을 찍어 올린 거예요. 확 깨더라고요. 저 정도로 머리가 안 좋은 걸까? 저게 모두 전략인 걸까? 혹시 트럼프를 모사하고 있는 건가? 사실 민주당의 무능과 부패가 윤석열을 키운 거잖아요. 민주당에 대한 증오가 윤석열을 대권 후보까지 끌어올린 거예요. 이게 미국 민주당의 무능과 부패가 트럼프를 키운 과정과 거의 흡사해요. 그게 좀 걱정스럽더라고요. 이렇게 확증편향으로 서로 분리된 세계에선 증오의 정치, 음모론, 그리고 파시즘의 기미가 번성

할 수밖에 없으니까요. 어떻게 전두환을 옹호하며 공화국의 기치를 훼손하고, 저렇게 안하무인격으로 개한테 사과를 하는 사람이 지지율 1위를 하고 있는 걸까. 이렇게 윤석열을 키운 민주당도 문제지만, 점점 평행우주로 분리되고 있는 이 납작한 세계도 윤석열 현상의 배경인 거죠.

언론의 탈바꿈, 관건은 시민의식 형성!
국민은 자기 수준의 정부를 가진다!

세화 저는 이런 생각이 들어요. 우리는 두 정치세력에 포박당해 있는데, 하나는 '하면 안 되는 행위를 주로 저지르는 정치세력'이고, 다른 하나는 '해야 할 일을 거의 하지 않는 정치세력'이라는 생각이요. 전자는 국힘당이고 후자는 민주당 세력이죠. 전자보다는 그래도 후자가 낫다는 건 두말할 필요가 없겠지요. 어떤 점에서는 그 때문에 후자가 스스로 전자에 밀착하고 있는지도 모르겠어요. 말씀하신 대로 후자의 무능과 오만이 전자를 부활시켰잖아요. 그래서 후자를 비판하면 바로 나오는 반응이 "너, 저쪽 편이구나!"예요. 이 오래된 질곡에서 어떻게 벗어날 수 있을 것인가. 이 과제를 위해, 교육혁명이 필요하듯이 언론도 탈바꿈이 필요하다고 봅니다. 문제는 둘 다 주체적 시민 형성이 관건이라는 점에 있어요. 가령 언론이 공공성을 확보하려면 시민이 비용을 대야 해요. 지금과 같은 자본주의 체제 속에서 그렇게 하지 않고서는 공공성을 확보할 수 없다는 겁니다. 영국의 《가디언 The Guardian》 같은 경우가 시민들이 자발적으로 지원하는 신문이에요. 《가디언》을 구독하지 않으면서도 《가디언》을 지원하는, 단 몇 푼이라도 내는. 그런 시스템이 있거든요. 후원제라고 할 수 있지요. 1년에 후원자가 80만 명이나 되거든요. 시민들이 《가디언》이라는 신문을 아끼는 면도 있고, 공공성을 다져야 한다는 시민의 자발적 의지가 있어서 가능하겠지요. 특히 종이신문은 앞으로 더 힘들어지는 상황이 될 텐데요. 디지털화되는 이런 흐름 속에서 과연 종이신문이 생존할수 있을까? 한국은 아시다시피 포털에 의존하는 시스템 아래 포털한테서 잔돈푼 얻고 있는데, 그것으로는 유지하기 어려울 수밖에 없지요. 종이신문의 독자는 점점 줄어들고, 어떻게할 것이냐? 결국 시민들의 자발적 지원, 후원. 이것을 제도화할 수밖에 없지 않을까. '프레시안'를 비롯해 몇몇 인터넷 매체가 회원제를 통해서 후원제 시스템으로 하고 있잖아요? 최근에 《한겨레》 신문도 후원제를 시작했고요. 이런 시스템을 정착시켜야 하고 그런 시민의식이 미디어 리터러시 안에 포함되어야 한다고 보는 거죠. 시민이라면 미디어를 제대로 볼 줄알아야 한다는 것과 미디어를 어떻게 지원할 것인가. 두 면을함께 봐야 한다는 것이죠.

희일 그 후견…

세화 후원제일 거예요.

희일 유럽을 볼 때 흥미로운 게 후견인이라는 문화예요. 르네상스
때부터 예술가들이 후원을 받으며 작업을 했잖아요. 보이든
안 보이든, 이 후견인 문화가 전 사회 영역에 미세하게 뿌리
를 내리고 있는 것 같아요. 예를 들면, 유럽의 농촌. 독일 같
은 경우엔 도시인이 사과 하나를 살 때 단지 사과 하나를 사
는 게 아니라 농민의 지속가능한 삶과 농촌의 생태적 보존의
의미까지도 산다고 해요. 공적 존재로서의 농민의 의미, 미래
세대한테 농촌의 자원을 물려줘야 된다는 그 의미까지도 구
매하는 거죠. 그러니까, 후견인이 되는 거예요. 선생님 말씀
하셨던 것처럼 《가디언》이 후원제로 활발하게 운영하게 된
게 시민들의 자발성 덕분인데, 거기에는 이렇게 후견인 문화
가 뒷받침됐다고 봐요. 그게 예술이 됐든, 언론이 됐든, 공공
성이 됐든, 공공선을 위해 함께 지켜나가야 한다는 생각. 사
실 코뮌주의라는 게 거창하면 한없이 거창하지만, 이렇게 소
소하게 공공성을 지켜나가는 것 역시 코뮌주의라고 볼 수 있
잖아요. 한국의 경우엔 압축적 근대화와 신자유주의를 거치
면서 그 끈끈한 공동체 유대 관계의 대부분이 소실된 것 같
아요. 하지만 여전히 시민들 사이엔 그 불씨가 살아남아 있다

고 생각돼요. 공공성을 증진시키기 위해서 그 불씨를 어떻게 더 키우느냐, 그게 관건이겠죠.

다른 한편으론 《뉴욕 타임스》가 살아남는 방식도 고려해 볼 수 있어요. 콘텐츠로 승부를 내서 유료화하는 거잖아요? 메일링을 활용했는데 그게 성공해서 지금까지 계속 확대됐다고 하더라고요. 시민의 자발성을 독려하는 것과 더불어, 콘텐츠 개발에도 신경을 써야 할 거예요.

세화 교육 얘기할 때도 말씀드린 조제프 드 매스트르라는, 19세기 반동적 보수주의자의 말이 계속 저한테는 꽂혀 있는 편인데요. 교육 얘기를 하든 언론 얘기를 하든 마찬가지인데, "모든 민주주의 국가에서 국민의 수준을 뛰어넘는 정부 없다. 국민은 자기 수준의 정부를 가진다." 국민의 수준, 민도라고 할 수 있는 인문학적 소양의 층위, 오늘 얘기한 미디어 리터러시까지 포함된 수준을 어떻게 높일 것이냐, 라는 것이 과제일 수 있겠다. 우리가 하는 작업도 결국 민주주의 성숙의 조건을 다지는 일일 수 있고, 결국 국민의 수준이 관건이다. 지지부진 해결되지 않는 문제들도 결국 국민 수준의 반영일 수밖에 없다는. 하루아침에 이루어질 수는 없지만 그래도 끊임없이 노력을 해야 한다는, 어렵지만 쉽게 포기할 수 없다는, 그런 얘기를 할 수 있겠죠. 우리가 민주주의의 성숙을 바란다면.

희일 선생님과 함께 여섯 번에 걸쳐 애기하면서 또다시 느낀 거지만, 우리가 한 번에 뭔가 다 해결할 수는 없잖아요. 불꽃놀이처럼 한꺼번에 터지는 기적의 혁명 같은 건 없다고 생각해요. 천천히 느리게, 하지만 조금은 더 서둘러 시민의 재탄생도 독려해야겠고, 다 무너져 버린 공론장도 재구성해야 하고, 주먹만 하게 축소된 사회의 공공성도 더욱 확장할 방법을 계속 모색해야 하고. 갈 길이 멀죠. 하지만 결코 포기할 수 없는 길이에요.

세화 멀고 어려운 길이지만 가야 할 길은 가야죠. 제가 좋아하는 말이 있어요. "우리가 가는 길이 어려운 게 아니라 어려운 길이므로 우리가 가야 한다."